Conoce todo sobre programación Shell

Aprende a programar con más de 200 ejercicios resueltos

Conoce todo sobre programación Shell

Aprende a programar con más de 200 ejercicios resueltos

Julio Gómez López
Gonzalo Puga Sabio

La ley prohíbe
fotocopiar este libro

Conoce todo sobre programación Shell. Aprende a programar con más de 200 ejercicios resueltos
© Julio Gómez López, Gonzalo Puga Sabio
© De la edición Ra-Ma 2012
© De la edición: ABG Colecciones 2020

MARCAS COMERCIALES. Las designaciones utilizadas por las empresas para distinguir sus productos (hardware, software, sistemas operativos, etc.) suelen ser marcas registradas. RA-MA ha intentado a lo largo de este libro distinguir las marcas comerciales de los términos descriptivos, siguiendo el estilo que utiliza el fabricante, sin intención de infringir la marca y sólo en beneficio del propietario de la misma. Los datos de los ejemplos y pantallas son ficticios a no ser que se especifique lo contrario.

RA-MA es marca comercial registrada.

Se ha puesto el máximo empeño en ofrecer al lector una información completa y precisa. Sin embargo, RA-MA Editorial no asume ninguna responsabilidad derivada de su uso ni tampoco de cualquier violación de patentes ni otros derechos de terceras partes que pudieran ocurrir. Esta publicación tiene por objeto proporcionar unos conocimientos precisos y acreditados sobre el tema tratado. Su venta no supone para el editor ninguna forma de asistencia legal, administrativa o de ningún otro tipo. En caso de precisarse asesoría legal u otra forma de ayuda experta, deben buscarse los servicios de un profesional competente.

Reservados todos los derechos de publicación en cualquier idioma.

Según lo dispuesto en el Código Penal vigente ninguna parte de este libro puede ser reproducida, grabada en sistema de almacenamiento o transmitida en forma alguna ni por cualquier procedimiento, ya sea electrónico, mecánico, reprográfico, magnético o cualquier otro sin autorización previa y por escrito de RA-MA; su contenido está protegido por la Ley vigente que establece penas de prisión y/o multas a quienes, intencionadamente, reprodujeren o plagiaren, en todo o en parte, una obra literaria, artística o científica.

Editado por:
RA-MA Editorial
Madrid, España

Colección American Book Group - Informática y Computación - Volumen 56.
ISBN No. 978-168-165-766-0
Biblioteca del Congreso de los Estados Unidos de América: Número de control 2019935239
www.americanbookgroup.com/publishing.php

Maquetación: Gustavo San Román Borrueco
Diseño Portada: Antonio García Tomé
Arte: Freepik

A mi gran tesoro, mi hijo Julio.

Julio.

A mis padres, por enseñarme que no hay metas inalcanzables con esfuerzo. Y, como no, a Soledad M.ª, por su gran apoyo y cariño.

Gonzalo.

ÍNDICE

INTRODUCCIÓN 13
CAPÍTULO 1. INTRODUCCIÓN A LA PROGRAMACIÓN SHELL 17
    1.1.1 Tipos de Shell 19
    1.1.2 Shell del sistema 20
    1.1.3 Estableciendo el Shell por defecto 21
1.2 BASH 21
1.3 MODOS DE EJECUCIÓN DE COMANDOS 22
    1.3.1 Comandos empotrados (*built-in*) 22
    1.3.2 Línea de comandos 23
    1.3.3 *Script* 23
    1.3.4 Metacaracteres 24
    1.3.5 Variables de entorno 38
1.4 PERSONALIZAR EL ENTORNO 42
    1.4.1 Ficheros de configuración de Bash 42
    1.4.2 Alias 43
    1.4.3 Opciones de Bash 44
    1.4.4 Coloreando el Shell 46
1.5 CARACTERÍSTICAS ESPECIALES 48
    1.5.1 Programas interactivos 49
    1.5.2 Control de trabajos 50
    1.5.3 Intérprete de uso restringido 52
1.6 APLICANDO CONOCIMIENTOS 52
1.7 EJERCICIOS PROPUESTOS 53

CAPÍTULO 2. SHELL DEL SISTEMA 55
2.1 LÍNEA DE COMANDOS 55
2.1.1 Editor de línea de comandos 57
2.1.2 Moverse por la línea de comandos 57
2.1.3 Borrar partes de la línea de comandos 57
2.1.4 Historial de comandos 58
2.1.5 Autocompletar con el tabulador 59
2.1.6 Ejecutar la línea de comandos 60
2.2 ENTRADA Y SALIDA ESTÁNDAR 60
2.2.1 Terminal como archivo 62
2.2.2 Redirigir la salida estándar 62
2.2.3 Redirigir la entrada estándar 63
2.2.4 Noclobber: evitar la sobrescritura de ficheros 64
2.2.5 Concatenando la salida estándar a un fichero 66
2.2.6 /dev/null: haciendo desaparecer datos 66
2.2.7 Cauces 67
2.2.8 Filtros 67
2.2.9 Tee: enviar la salida en dos direcciones 67
2.3 TRATAMIENTO DE DATOS 68
2.4 INTRODUCCIÓN A GAWK (GNU AWK) 70
2.4.1 Imprimiendo en awk 70
2.4.2 Dando formato a la salida en awk 72
2.4.3 Uso de expresiones regulares 72
2.4.4 Patrones especiales 73
2.4.5 Separador de campos de entrada 73
2.4.6 Separador de campos de salida 73
2.4.7 Número de registros procesados 74
2.5 APLICANDO CONOCIMIENTOS 75
2.6 EJERCICIOS PROPUESTOS 76

CAPÍTULO 3. PROGRAMACIÓN BÁSICA 79
3.1 INTRODUCCIÓN 79
3.2 MI PRIMER *SCRIPT* 80
3.3 VARIABLES Y EXPRESIONES 81
3.3.1 Variables 81
3.3.2 Expresiones 86
3.3.3 Entrecomillado y expansión 99
3.4 APLICANDO CONOCIMIENTOS 106

3.5 EJERCICIOS PROPUESTOS 107

CAPÍTULO 4. PROGRAMACIÓN ESTRUCTURADA 109

4.1 INTRODUCCIÓN 109
4.2 ESTRUCTURAS CONDICIONALES 110
    4.2.1 Condición simple (if… then) 110
    4.2.2 Condiciones compuestas (if… then… else) 113
    4.2.3 Condiciones anidadas (if, then y elif) 117
    4.2.4 Condiciones múltiples (case) 118
4.3 BUCLES 120
    4.3.1 Bucle for 121
    4.3.2 Bucle for in 122
    4.3.3 Bucle while 126
    4.3.4 Bucle until 128
    4.3.5 Interrumpiendo bucles: break y continue 129
    4.3.6 Select 130
4.4 FUNCIONES 132
4.5 RECURSIVIDAD 136
4.6 APLICANDO CONOCIMIENTOS 140
4.7 EJERCICIOS PROPUESTOS 157

CAPÍTULO 5. PROGRAMACIÓN DE TAREAS 161

5.1 ASPECTOS BÁSICOS 161
5.2 CRON 163
    5.2.1 Iniciar cron 164
    5.2.2 Configuración de cron 164
    5.2.3 Operadores 168
    5.2.4 Directorios predefinidos 172
    5.2.5 Control de acceso a cron 173
    5.2.6 *Log* de cron 173
    5.2.7 Deshabilitar el envío de *e-mails* 173
    5.2.8 Instalar crontab desde archivo 174
5.3 ANACRON 174
    5.3.1 Configuración de las tareas de anacron 174
    5.3.2 Iniciar y finalizar el servicio 176
5.4 AT Y BATCH 177
    5.4.1 Configuración de tareas at 177
    5.4.2 Control de acceso a at y batch 180

5.4.3 Iniciar y finalizar el servicio.. 181
5.5 APLICANDO CONOCIMIENTOS 181
5.6 EJERCICIOS PROPUESTOS 186

CAPÍTULO 6. ADMINISTRACIÓN DEL SISTEMA 189
6.1 INTRODUCCIÓN 189
6.2 ADMINISTRACIÓN DE USUARIOS 190
    6.2.1 Tipos de usuarios 190
    6.2.2 Comandos de administración de usuarios 191
    6.2.3 Comandos de administración de contraseñas 195
    6.2.4 Comandos de administración de grupos 197
    6.2.5 Ficheros involucrados 200
    6.2.6 Archivos de inicialización 205
    6.2.7 Archivos de configuración del usuario 207
    6.2.8 Comunicación con los usuarios 207
6.3 SISTEMA DE ARCHIVOS 209
    6.3.1 Comandos básicos 211
    6.3.2 Búsqueda de ficheros 212
    6.3.3 Copias de seguridad 222
6.4 PERMISOS 226
    6.4.1 Establecer permisos 228
    6.4.2 Establecer el usuario y el grupo propietario 229
6.5 COMUNICACIONES 230
    6.5.1 Conexión remota mediante SSH 231
    6.5.2 Transferencia de ficheros 237
6.6 APLICANDO CONOCIMIENTOS 248
6.7 EJERCICIOS PROPUESTOS 263

CAPÍTULO 7. DEPURACIÓN DE SCRIPTS 267
7.1 INTRODUCCIÓN 267
7.2 CÓMO IMPLEMENTAR BUENOS *SCRIPTS* 267
    7.2.1 Estructura 268
    7.2.2 Recomendaciones de programación 268
7.3 OPCIONES DE BASH PARA DEPURACIÓN 269
7.4 SEÑALES FALSAS 272
    7.4.1 Señal SIGEXIT 272
    7.4.2 Señal SIGERR 273
    7.4.3 Señal SIGDEBUG 275

  7.4.4 Señal SIGRETURN 275
 7.5 UN DEPURADOR BASH 275
  7.5.1 Estructura del depurador 276
  7.5.2 El preámbulo 278
 7.6 FUNCIONES DEL DEPURADOR 279
  7.6.1 Avanzar paso a paso 279
  7.6.2 El menú de comandos 280
  7.6.3 Puntos de ruptura por número de línea 282
  7.6.4 Puntos de ruptura condicionales 285
  7.6.5 Trazar la ejecución 285
 7.7 EJEMPLO DE EJECUCIÓN 286
 7.8 EJERCICIOS PROPUESTOS 287

ÍNDICE ALFABÉTICO 289

INTRODUCCIÓN

El Shell es un intérprete de comandos que permite al administrador ejecutar determinadas tareas. Pero el Shell no es únicamente eso, ya que los intérpretes de comandos son un auténtico lenguaje de programación, que permiten al administrador automatizar y programar tareas. Como cualquier lenguaje de programación, el Shell de GNU/Linux incorpora sentencias de control de flujo, de asignación, de funciones, etc.

Los programas de Shell no necesitan ser complicados, como ocurre en otros lenguajes, y son ejecutados línea a línea, por lo que a estos programas se les conoce con el nombre de "Shell *scripts*".

Desde que en los años setenta se desarrollara UNIX, se han incluido con él varias variantes del lenguaje de Shell. El más popular y común es el Bourne Shell, por su creador. En las variantes de UNIX de BSD se incluyó el C-Shell, una variante con sintaxis más parecida a C que el Bourne. También, el Korn Shell incluyó funciones para controlar los trabajos en segundo plano, etc.

En el caso de los sistemas GNU/Linux, se incluye el Bash (Bourne *again* Shell), que aglutina características de todas las variantes, pero que sigue la filosofía del Bourne. Se utilizará este intérprete por ser el que viene por defecto.

Este libro está pensado como vía de entrada a la programación en Bash, pero intentando, al mismo tiempo, llegar un poco más allá. Para ello expone, mediante ejemplos prácticos, la potencia y funcionalidad que puede aportar este lenguaje a la hora de trabajar con cualquier sistema GNU/Linux en general y con los servidores en particular.

El libro se estructura en los siguientes capítulos:

- **Capítulo 1. Introducción a la programación Shell.** En el primer capítulo, se presentan los tipos de Shell de los que disponen los sistemas GNU/Linux, para comenzar a adentrarse en los aspectos básicos de Bash, que le permitirán familiarizarse con el entorno de trabajo, el uso de los comandos del sistema y la interacción con el mismo.

- **Capítulo 2. El Shell del sistema.** Toda interacción con el sistema se lleva a cabo a través de la línea de comandos. Este capítulo presenta una visión más detallada de este aspecto, profundizando además en aspectos estrechamente ligados a la misma, como son el tratamiento de la entrada/salida de datos, incluyendo redirecciones y formateado de la misma.

- **Capítulo 3. Programación básica.** Una vez conocidos los fundamentos del sistema sobre el que se trabaja, se comienza a introducir el lenguaje de programación Bash, prestando especial atención a las variables y expresiones, las cuales son las bases del mismo.

- **Capítulo 4. Programación estructurada.** El control de ejecución es una de las cuestiones más importantes a la hora de construir un programa en un lenguaje de alto nivel. Este capítulo presenta el uso de la programación estructurada en Bash, de cara a facilitar la programación, al tiempo que se dota de mayor potencialidad a los *scripts* (guiones o archivos de órdenes).

- **Capítulo 5. Programación de tareas.** Este capítulo presenta los fundamentos de la programación de tareas en entornos GNU/Linux, así como la potencia que aportan los *scripts* a la hora de llevar a cabo tareas programadas de vital importancia en un sistema informático, como pueden ser las copias de seguridad y la monitorización de sistemas.

- **Capítulo 6. Administración del sistema.** Una vez adquiridos los suficientes conocimientos sobre el lenguaje de programación, se comienza a utilizar Bash de cara a gestionar todos los recursos del sistema de un modo eficiente. Este capítulo se centra en cuatro aspectos fundamentales a gestionar en todo sistema GNU/Linux: usuarios, sistema de ficheros, permisos y comunicaciones.

- **Capítulo 7. Depuración de *scripts*.** En ciertas ocasiones, el funcionamiento de un *script* no es el esperado, ante lo cual se debe determinar cuál es la causa de ese funcionamiento incorrecto. El objetivo de este capítulo es enseñar técnicas para el depurado de *scripts*.

Durante la obra, se verán todos estos conceptos con ejemplos prácticos que el lector podrá aplicar en su sistema informático. Igualmente, se presentan ejercicios por resolver, de cara a que el lector utilice los conocimientos adquiridos a lo largo de los diferentes capítulos para solventar problemas reales.

Como recurso complementario al libro, el lector podrá descargar, a través del portal *www.adminso.es*, todos los ejercicios resueltos, herramientas de autoevaluación, etc.

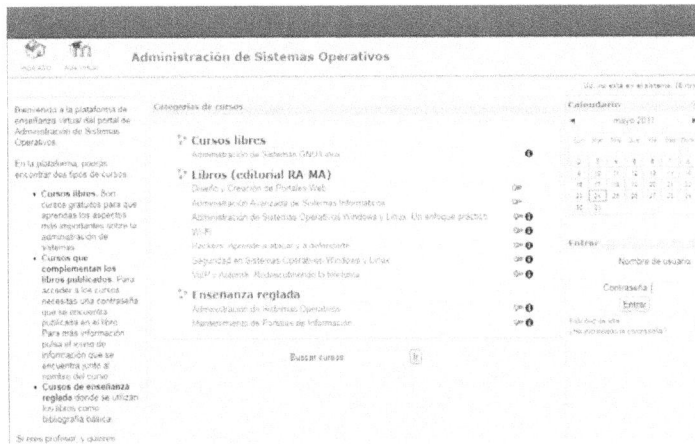

Web *www.adminso.es*

Capítulo 1

INTRODUCCIÓN A LA PROGRAMACIÓN SHELL

1.1 INTRODUCCIÓN A LA PROGRAMACIÓN SHELL

El **intérprete de comandos** o **Shell** es la interfaz que permite al usuario interactuar con el sistema. El usuario introduce sus órdenes, el intérprete las procesa y genera la salida correspondiente. El hecho de que el Shell sea el intérprete entre el usuario y el sistema le dota de este nombre, que se podría traducir como "caparazón".

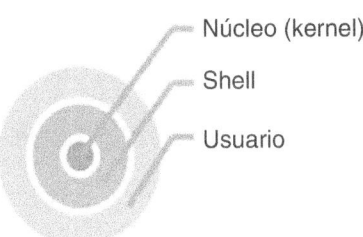

Figura 1.1. Capas del entorno

El intérprete de comandos es tanto una interfaz de ejecución de órdenes y utilidades como un lenguaje de programación que admite crear nuevas órdenes (denominadas "guiones" o *shellscripts*), utilizando combinaciones de comandos y estructuras lógicas de control, que cuentan con características similares a las del sistema y que permiten que los usuarios y grupos de la máquina cuenten con un entorno personalizado.

El modo de funcionamiento de Shell es sencillo: lee la línea de comando, interpreta su significado, lleva a cabo el comando y arroja el resultado por medio de las salidas.

El Shell de Unix permite ejecutar órdenes en la línea de comandos o ser utilizado como un intérprete de un lenguaje de programación para la administración del sistema.

Sin embargo, cuando las acciones que se quieren llevar a cabo aumentan en complejidad, se deben utilizar lenguajes de más alto nivel, cuya estructuración facilite la modularización y, con ello, el mantenimiento de la aplicación. Valga de ejemplo la siguiente casuística:

- Procesos en tiempo real.

- Aplicaciones complejas que necesiten programación estructurada o multihebra.

- Uso de estructuras de datos (pilas, colas, listas…).

En el siguiente diagrama se muestra, de modo simplificado, cómo el usuario interacciona con el sistema de acuerdo a esta estructuración de capas:

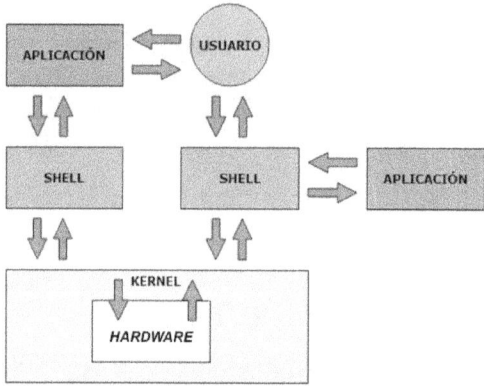

Figura 1.2. Interacción usuario-sistema

El **kernel** es el núcleo del sistema operativo. Es el responsable de la ejecución de tareas y servicios críticos del sistema operativo. Además, es el programa principal que interactúa con todos los componentes del *hardware* (aislando al usuario) y provee soporte para la ejecución de aplicaciones.

Por encima del kernel, se encuentra el Shell, el cual interactúa con el kernel accediendo a los servicios provistos por el mismo, a través de "llamadas al sistema" *(system calls)*.

La capa formada por el Shell permitirá la ejecución de aplicaciones, controladas o no por un usuario, y además permitirá a este una interacción directa con el kernel en caso de necesidad.

1.1.1 Tipos de Shell

En Unix existen dos familias principales de intérpretes de comandos:

- Los basados en el intérprete de Bourne: SH, KSH y BASH.

- Los basados en el intérprete C: CSH o TCSH.

A continuación, se muestra una pequeña reseña de cada uno de ellos:

- **Sh** (Bourne **Sh**ell). Fue desarrollado por Steve Bourne para AT&T, siendo durante muchos años el "Shell patrón" del sistema operativo UNIX. Es conocido también como Standard Shell, ya que todas las distribuciones Linux disponen de él.

- **Ksh** (**K**orn **Sh**ell). Desarrollado por David Korn, es un superconjunto de sh y dispone, por tanto, de todas las facilidades de sh y otras muchas más agregadas. La compatibilidad con sh es total.

- **Bash** (**B**ourne **A**gain **Sh**ell). Es el Shell más moderno y probablemente el más utilizado, debido a que se trata del Shell Estándar de GNU/Linux, además de ser muy intuitivo y flexible. Es adecuado para introducirse en el mundo de la programación Shell, pero es, al mismo tiempo, una potente herramienta para usuarios avanzados. Se considera además un superconjunto del Bash Shell *(bash)*, por lo que los comandos que funcionan en sh también lo hacen en bash, pero no al contrario.

- **Csh** (**C Sh**ell). Desarrollado por Bill Joy de la Berkeley University, es el Shell más utilizado en sistemas BSD (Berkeley Software Distribution).

La estructura de sus comandos es bastante similar a la del lenguaje C. No es un Shell compatible sh.

- **Tcsh** (TENEX **C Sh**ell). Se trata de un superconjunto de csh bastante más rápido. Esta característica hace que sea conocido como Turbo Shell C.

Para conocer los Shell de los que se dispone en un entorno Linux, se debe consultar el fichero **/etc/shells**:

```
programacion@shell:~$ more /etc/shells
# /etc/shells: valid login shells
/bin/csh
/bin/sh
/usr/bin/ksh
/bin/ksh
/usr/bin/tcsh
/bin/tcsh
/bin/dash
/bin/bash
```

A cada usuario se le asigna un único Shell por defecto. Dicha asignación se encuentra en el fichero **/etc/passwd**:

```
gonzalo:x:1000:1000:gonzalo,,,,:/home/gonzalo:/bin/bash
```

1.1.2 Shell del sistema

Tras la instalación de un sistema UNIX, se establece un Shell por defecto. Cuando se accede al sistema (modo texto), después de indicar el nombre de usuario y contraseña, UNIX inicia un Shell por defecto que es el encargado de mostrar el indicador de órdenes de la sesión. Este Shell de entrada se denomina **login Shell**. El administrador del sistema es el encargado de establecer este Shell cuando se crea un usuario.

Conocer el Shell asignado por defecto es sencillo. Cuando se inicia el Shell, este asigna a una variable el valor del Shell actual (en el apartado 3.3.1 se habla con más detalle de las variables). Se puede conocer el valor de la variable mediante el comando **echo**:

```
programacion@shell:~$ echo $SHELL
/bin/bash
```

1.1.3 Estableciendo el Shell por defecto

Se puede cambiar el Shell por defecto con la orden **chsh** (*change* Shell). Se debe tener en consideración que, para aplicar los efectos de esta orden, hay que reiniciar la sesión de usuario. El cambio es permanente ya que modifica el fichero de contraseñas (/etc/passwd).

Se puede obtener un cambio temporal invocando directamente al programa Shell (por ejemplo, Bash) desde la línea de órdenes del Shell. Este cambio permanecerá activo mientras no se finalice el Shell con la orden **exit**.

La sintaxis del comando **chsh** es la siguiente:

```
chsh [-s path_del_shell] [usuario]
```

Por ejemplo, para establecer **/bin/bash** como shell por defecto, ejecute:

```
chsh -s /bin/bash
```

1.2 BASH

Este libro se va a enfocar a **Bash**, debido a que se trata del intérprete de comandos más utilizado en los sistemas GNU/Linux e incluye un completo lenguaje para programación estructurada y gran variedad de funciones internas.

Las principales características del intérprete BASH son las siguientes:

- Ejecución síncrona (secuencial) de órdenes o asíncrona (paralela).

- Disposición de distintos tipos de redirecciones de entrada/salida para el control y filtrado de la información.

- Control del entorno de los procesos.

- Ejecución de comandos interactiva y desatendida, aceptando entradas desde teclado, ficheros, etc.

- Aportación de una serie de órdenes internas para la manipulación directa del intérprete y del entorno de la operación.

- Incorporación, al tratarse de un lenguaje de programación de alto nivel, de distintos tipos de variables, operadores, matrices, estructuras de control de flujo, entrecomillados, sustituciones de valores y funciones.

- Control de trabajos en primer plano (*foreground*) y en segundo plano (*background*).

- Posibilidad de utilización de un Shell para disponer de un entorno controlado.

- Disposición de un historial de órdenes utilizadas previamente.

- Creación de **alias**, una palabra que agrupa uno o más comandos

- Disposición de una pila de directorios, que contiene una lista de los directorios visitados recientemente. Se puede acceder a esta información mediante comandos.

1.3 MODOS DE EJECUCIÓN DE COMANDOS

Normalmente, los programas ejecutados por Bash son comandos del sistema que existen de forma compilada en el mismo. Cuando dicho programa se ejecuta, se crea un nuevo proceso donde Bash hace una copia exacta de sí mismo. Este proceso hijo trabaja en el mismo entorno que su padre, y solo el identificador (ID) de proceso es distinto. Este modo de trabajo se conoce como *forking* (bifurcación).

Después de la bifurcación, el espacio de direcciones del proceso hijo se sobrescribe con los datos del nuevo proceso mediante una llamada a **exec**.

Este mecanismo **fork-and-exec** conmuta entre comandos, mientras que el entorno en el que se ejecuta el nuevo programa permanece inmutable, incluyendo la configuración de los dispositivos de entrada/salida, las variables de entorno y la prioridad.

1.3.1 Comandos empotrados (*built-in*)

Bash busca los comandos a ejecutar en los directorios indicados en la variable de entorno **$PATH**. Aparte de ellos, existe una serie de comandos internos a Bash que están siempre cargados en memoria o empotrados (*built-in*). Cuando se utiliza uno de estos comandos, el Shell lo ejecuta directamente sin crear un nuevo proceso.

Estos comandos empotrados son necesarios para implementar funcionalidades que resultan imposibles (o muy complicadas) de obtener de otro modo.

Bash soporta tres tipos de comandos empotrados:

- **Comandos Bourne Shell**: break, cd, continue, eval, exec, exit, export, getopts, hash, pwd, readonly, return, set, shift, test, times, trap, umask y unset.

- **Comandos Bash**: alias, bind, builtin, command, declare, echo, enable, help, let, local, logout, printf, read, shopt, type, typeset, ulimit y unalias.

- **Ejecución en modo POSIX**: break, continue, eval, exec, exit, export, readonly, return, set, shift, trap y unset.

1.3.2 Línea de comandos

La línea de comandos es la interfaz del usuario con el sistema. El formato típico de una línea de orden consta de una orden y unos modificadores y parámetros opcionales, aunque puede incluir algunos caracteres especiales que modifiquen el comportamiento típico.

```
Orden [Modificador ...][Parámetro ...]
```

Por ejemplo, para listar el contenido del directorio actual se debe utilizar:

```
$ ls
```

Mediante el carácter almohadilla (#), se indica que lo que le sigue es un comentario y no se debe interpretar.

```
$ ls #Esto lista el directorio actual
```

1.3.3 *Script*

Un *script* Bash es un fichero de texto normal que consta de una serie de bloques de código formados por líneas de comandos que se ejecutan secuencialmente (son interpretadas y ejecutadas como si se introdujeran directamente desde teclado). Para ello, el usuario debe tener los permisos de modificación (escritura) en el directorio (para crear un nuevo programa) o sobre el propio fichero (para modificar uno existente).

Como cualquier otro programa binario, el usuario debe tener permiso de ejecución en el fichero del *script*, el cual se ejecuta indicando la ruta completa al mismo, así como sus opciones y parámetros. Si el *script* se encuentra en un directorio indicado en la variable de entorno **$PATH**, no necesita indicar la ruta.

Un *script* debe comenzar con la marca **#!** para especificar el camino completo y los parámetros del intérprete de órdenes que ejecutará el *script*. Mediante ella, se puede indicar cualquier intérprete instalado en la máquina.

Para realizar el primer *script*, cree el fichero **prueba.sh**, mediante un editor de textos y escriba el contenido del Ejemplo 1.1.

```
$ nano prueba.sh
```

Ejemplo 1.1. "Hola a todo el mundo"

```
#!/bin/bash
#Ejemplo: Muestra la frase hola a todo el mundo
echo "Hola a todo el mundo"
```

Establezca los permisos de ejecución del *script*:

```
$ chmod +x prueba.sh
```

Y, finalmente, ejecute el *script*:

```
$ ./prueba.sh
```

1.3.4 Metacaracteres

Todos los Shells poseen un grupo de caracteres que, en diferentes contextos, tienen diferentes significados: los **metacaracteres**. Estos juegan un papel importante cuando el Shell está analizando la línea de órdenes, antes de ejecutarla. Los diferentes grupos afectan a aspectos separados del procesamiento de la línea de órdenes.

Metacaracteres sintácticos

Se utilizan como caracteres especiales de puntuación entre órdenes. Sirven para combinar varias órdenes con el objeto de construir una única orden lógica.

Suministran una forma de ejecución condicional basada en el resultado de la orden anterior. La Tabla 1.1 muestra los caracteres sintácticos y da una descripción de su función.

Los metacaracteres sintácticos permiten materializar la filosofía de trabajo de UNIX de "caja de herramientas": dadas las órdenes que necesitan para realizar un trabajo, los metacaracteres sintácticos permiten componerlas (pegarlas) para resolverlo. Esto, en gran medida, hace que los comandos realicen funciones muy concretas y sean parcos al dar información al usuario.

Tabla 1.1. Metacaracteres sintácticos

Metacarácter	Descripción de la función
;	Separador entre órdenes que se ejecutan secuencialmente.
|	Separación entre órdenes que forman parte de un cauce (*pipeline*). La salida de la orden a la izquierda del separador es la entrada de la orden a la derecha del separador.
\	Posibilita escribir líneas de órdenes en varias líneas. Se suele utilizar para ejecutar comandos largos.
( )	Se utilizan para aislar órdenes separadas por ; o |. Las órdenes dentro de los paréntesis, ejecutadas en su propio Shell, son tratadas como una única orden. Incluir un cauce dentro del paréntesis permite, a su vez, incluirlo en otros cauces.
{ }	Se utilizan para crear un bloque de código ejecutado en el propio intérprete.
&	Indicador de trabajo en segundo plano (*background*). Indica al Shell que debe ejecutar el trabajo en segundo plano.
||	Separador entre órdenes, en el que la orden que sigue al || solo se ejecuta si la orden precedente falla (operador lógico OR).
&&	Separador entre órdenes, en el que la orden que sigue al && solo se ejecuta si la orden precedente tiene éxito (operador lógico AND).

Uniendo órdenes con ;

El uso del punto y coma (;) como separador permite escribir dos o más órdenes en la misma línea. Las órdenes se ejecutan secuencialmente, como si se hubiesen dado en líneas sucesivas. En programas Shell se utiliza por razones estéticas (permite una asociación visual entre órdenes relacionadas). En la línea de órdenes, permite ejecutar varias de ellas sin tener que esperar a que se complete una orden antes de introducir la siguiente.

Por ejemplo, con la siguiente orden se accede al directorio **/var/log** y, posteriormente, se hace una búsqueda de ficheros que contengan la palabra "error".

```
$ cd /var/log; ls error-*
```

Creando cauces con |

El entorno de ejecución de un programa utiliza varios archivos en el proceso. El sistema operativo, al crear un proceso, abre tres archivos: la entrada estándar (*stdin*), la salida estándar (*stdout*) y el error estándar (*stderr*), que se corresponden con los descriptores de archivo (*handless*) 0, 1, y 2 respectivamente (Figura 1.3). Por defecto, estos archivos se corresponden con el teclado para la entrada estándar, y la pantalla para la salida y error estándares, pero este comportamiento se puede cambiar.

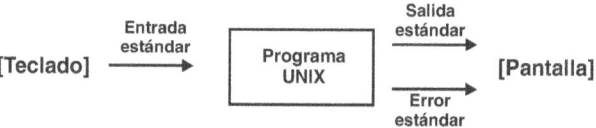

Figura 1.3. Entrada, salida y error estándares

Los cauces (*pipes*) son una característica distintiva de los sistemas GNU/Linux. Un cauce conecta la salida estándar de la orden que aparece a la izquierda del símbolo | con la entrada estándar de la orden que aparece a la derecha. El flujo de información entre ambas órdenes se realiza a través del kernel del sistema operativo.

Para ver un ejemplo, se utilizará la orden **who**, que produce un informe de los usuarios que estén conectados actualmente en el sistema.

```
programacion@shell:~$ who
gonzalo  tty1     2011-07-08 16:54
gonzalo  pts/0    2011-07-08 16:54 (:0.0)
```

Si se quisiera este listado ordenado alfabéticamente, se puede redirigir la salida anterior como entrada de la orden **sort**, encargada de ordenar.

```
programacion@shell:~$ who | sort
gonzalo  pts/0    2011-07-08 16:54 (:0.0)
gonzalo  tty1     2011-07-08 16:54
```

Combinando órdenes con ( )

En ocasiones, se necesita aislar un cauce o una secuencia de punto y coma del resto de una línea de órdenes. Para ilustrarlo, se utiliza la orden **date**, que informa de la fecha y hora del sistema, y la orden **wc**, que muestra el número de líneas, palabras y caracteres de un archivo que se pasa como argumento, junto con la orden **who** usada en el ejemplo anterior.

```
programacion@shell:~$ date ; who
vie jul  8 17:16:07 CEST 2011
gonzalo  tty1     2011-07-08 16:54
gonzalo  pts/0    2011-07-08 16:54 (:0.0)
programacion@shell:~$ (date ; who) | wc
      3      15     115
```

Hay que señalar que lo que realmente hacen los paréntesis es indicar al Shell que cree otro Shell, denominado **subshell**, para ejecutar las órdenes que aparecen encerradas entre ellos.

Ejecutando órdenes en segundo plano con &

GNU/Linux permite la ejecución de órdenes desde el indicador de órdenes, denominada ejecución en primer plano (*foreground*), o desligadas del indicador, llamada ejecución en segundo plano (*background*). En el primer caso, el indicador no aparece hasta que ha finalizado la orden actual. En el segundo, el indicador aparece inmediatamente, lo que permite ejecutar otras órdenes aunque la que se lanzó en segundo plano no haya acabado.

Para ejecutar una orden en segundo plano, basta con finalizar la línea de órdenes con **&**. El Shell responde a este carácter indicando el número de trabajo que se ha lanzado (aparece entre corchetes), seguido del identificador del proceso que ejecuta la orden. El número de trabajo se utiliza para controlar los procesos en segundo plano.

En el siguiente ejemplo, se lanza en segundo plano el editor **gedit**.

```
programacion@shell:~$ gedit &
[1] 5650
```

Ejecutando condicional de órdenes con || y &&

El Shell suministra dos metacaracteres que permiten la ejecución condicional de órdenes basada en el estado de finalización. Separar dos órdenes con || o con && provoca que el Shell compruebe el estado de finalización de la primera y ejecute la segunda solo si la primera falla o tiene éxito.

Para el ejemplo introductorio se utiliza la orden **grep**.

Comando 1.1. Grep

Sintaxis	Descripción
grep [-*opciones*] *patron archivo(s)*	Busca un patrón dentro de un(os) archivo(s) y muestra cada línea que iguala el patrón en la salida estándar.
	Algunas de las opciones son:
	• -n: precede cada línea con el número de línea.
	• -v: invierte; iguala las líneas que no contienen el patrón.
	El patrón puede estar formado por expresiones regulares, que permiten buscar patrones más complejos.
	Como derivados, existen la orden **fgrep**, más rápida y que sirve solo para buscar literales, y la orden **egrep** para expresiones compuestas.

Ejemplos	Descripción
grep mivariable programa.c	Busca mi variable en el fuente de C.
grep "a nivel de" cap1.txt	Busca el patrón con espacios en blanco en el fichero cap1.txt.

Si se desea mostrar un mensaje, dependiendo de si un usuario se encuentra o no conectado, puede ejecutar:

```
programacion@shell:~$ who | grep usuarioX || echo "Usuario usuarioX
no conectado"
Usuario usuarioX no conectado
programacion@shell:~$ who | grep gonzalo && echo "Usuario gonzalo
conectado"
gonzalo  tty1      2011-07-08 16:54
gonzalo  pts/0     2011-07-08 16:54 (:0.0)
Usuario gonzalo conectado
```

Observe que no hay restricción que limite el número de caracteres que aparecen antes del condicional, pero solo se evalúa el estado de la última. Nótese también la utilización del comando **echo** para la impresión en pantalla del literal que se le indica.

Metacaracteres de nombres de archivo

Estos metacaracteres se utilizan para formar patrones de igualación para la sustitución de nombres de archivos, con el objeto de poder referenciar de forma abreviada una serie de archivos cuyos nombres siguen un patrón. La Tabla 1.2 muestra estos metacaracteres.

Tabla 1.2. Metacaracteres de nombre de archivo

Metacarácter	Descripción de la función
?	Iguala cualquier carácter simple.
*	Iguala cualquier secuencia de cero o más caracteres.
[ ]	Designa un carácter o rango de caracteres que, como una clase, son igualados por un simple carácter. Para indicar un rango, se muestra el primer y último carácter separados por guión (-).
{ }	Abrevia un conjunto de palabras que comparten partes comunes.
~	Usado para abreviar el camino absoluto o ruta (*path*) del directorio **home**.

A continuación, se muestra la utilización de los diferentes metacaracteres de nombre de archivo.

Igualando un carácter simple con ?

Es muy frecuente crear archivos con algún patrón como parte de su nombre, sobre todo en procesamiento por lotes. Por ello, si quiere obtener información de los archivos con **ls**, puede utilizar la orden:

```
programacion@shell:~$ ls -l fichero?
-rw-r--r-- 1 gonzalo gonzalo 35 2011-06-27 18:35 fichero1
-rw-r--r-- 1 gonzalo gonzalo 0 2011-06-27 16:55 fichero2
-rw-r--r-- 1 gonzalo gonzalo 0 2011-06-27 16:55 fichero3
```

Igualando cero o más caracteres con *

Con el metacarácter * puede igualar cero o más caracteres. Si se aplica al ejemplo anterior, se obtiene:

```
programacion@shell:~$ ls -l fi*
-rw-r--r-- 1 gonzalo gonzalo 35 2011-06-27 18:35 fichero1
-rw-r--r-- 1 gonzalo gonzalo 0 2011-06-27 16:55 fichero2
-rw-r--r-- 1 gonzalo gonzalo 0 2011-06-27 16:55 fichero3
-rw-r--r-- 1 gonzalo gonzalo 0 2011-06-27 16:59 file1
-rw-r--r-- 1 gonzalo gonzalo 0 2011-06-27 16:59 file2
```

Igualando cero o más caracteres con [ ]

Los corchetes definen una lista o clase de caracteres, que se puede igualar con un único carácter. Como se ve en la Tabla 1.2, cada clase puede contener un rango. A continuación se listan algunas formas de caracterizar grupos de archivos.

Tabla 1.3. Formas de caracterizar grupos de archivos

Ejemplo	Descripción
[A-Z]*	Iguala todos los archivos cuyos nombres comiencen con una letra mayúscula.
*[aeiou]	Iguala cualquier archivo cuyo nombre finalice con una vocal.
tema.*[13579]	Iguala los temas cuyos nombres finalicen con un número impar.
tema.0[1-3]	Iguala tema.01, tema.02 y tema.03.
[A-Za-z][0-9]*	Iguala los archivos cuyos nombres comiencen con una letra (mayúscula o minúscula) seguida de un dígito y cero o más caracteres.

Nota:

Nótese que en Linux no existe el concepto de nombre u extensión a la hora de nombrar archivos, y por lo tanto el punto (.) es un carácter más permitido en la formación de nombres de archivos.

Abreviando nombre de archivo con { }

El uso de las llaves ({}), solas o combinadas con los anteriores caracteres especiales (?, *, [ ]), permite formar expresiones de nombres de archivos más complejas. Las llaves contienen una lista de uno o más caracteres separados por comas. Cada ítem de la lista se utiliza en turnos para expandir un nombre de archivo que iguala la expresión completa en la que están inmersas las llaves.

Por ejemplo, a{f,d,e}b se expande en afb, adb y aeb, en ese orden exactamente. Las llaves se pueden utilizar más de una vez en una expresión. Por tanto, la expresión s{a,e,i,o,u}{n,t} se expande en san, sen, sin, son, sun, sat, set, sit, sot y sut.

Abreviación del directorio home con ~

Cuando se utiliza la tilde (~), el Shell la sustituye por el camino absoluto del directorio /**home**. La tilde puede ir seguida del nombre de un usuario del sistema. En tal caso, el Shell la sustituye por el camino del directorio home de ese usuario.

```
programacion@shell:~$ pwd
/tmp
programacion@shell:~$ cd ~/curso
programacion@shell:~$ pwd
/home/gonzalo/curso
programacion@shell:~$ cd ~
programacion@shell:~$ pwd
/home/Gonzalo
```

Nota:

El uso de la tilde en scripts permite que estos sean adaptables al entorno, dado que elimina la necesidad de codificar en dichos scripts los caminos a los directorios de usuarios o ejecutar una búsqueda elaborada para encontrar el directorio **home** de un usuario.

Metacaracteres de citación

Existen tres metacaracteres de citación (Tabla 1.4), que se utilizan para controlar cuándo deben protegerse el resto de metacaracteres de la expansión o interpretación del Bash. Se denomina **expansión** al procedimiento por el cual el Shell sustituye por una lista la ocurrencia de un carácter especial. La utilización correcta de estos caracteres permite la construcción de *scripts* más complejos.

Tabla 1.4. Metacaracteres de citación

Metacarácter	Descripción de la función
\	Evita que el carácter que le sigue sea interpretado como un metacarácter por el Shell.
"	Evita que la cadena de caracteres encerrada entre comillas dobles sea interpretada como metacaracteres.
'	Evita que la cadena de caracteres encerrada entre comillas simples sea interpretada como órdenes o metacaracteres.

Eludir metacaracteres con \

Cuando el Shell procesa una orden, lo primero que hace es expandir los metacaracteres, de forma que se sustituyen por sus respectivos valores para que, en la ejecución, aparezcan los valores, no los metacaracteres. "Eludir" metacaracteres significa evitar su interpretación por el Shell, de forma que estos permanezcan en la línea de órdenes para ser procesados en la ejecución.

En los ejemplos siguientes se van a asignar valores a variables, aspecto que se explica en detalle en el apartado 3.3.

```
programacion@shell:~$ sincomas="Sin comas" #necesarias " porque hay
espacio en blanco
programacion@shell:~$ echo $sincomas
Sin comas
programacion@shell:~$ concomas=\"Comas\"
programacion@shell:~$ echo $concomas
"Comas"
programacion@shell:~$ echo * #lista el contenido del directorio
actual = ls
fichero1 fichero2 fichero3
programacion@shell:~$ echo \* #evita la expansión de *
*
```

Protegiendo metacaracteres con "

La barra invertida solo protege al carácter que le sigue inmediatamente, por lo que si se quieren proteger varios caracteres, cada uno debería ir precedido de una barra invertida (\), lo que no es nada cómodo para proteger cadenas largas. Para proteger la cadena completa, se utilizan las comillas dobles, las cuales desactivan el significado especial de los caracteres entre ellas, salvo los de **!evento** y **$var**.

```
programacion@shell:~$ usuario=Gonzalo
programacion@shell:~$ echo "**** Hola $usuario ****"
**** Hola Gonzalo ****
```

Protegiendo órdenes, variables y metacaracteres con '

Las comillas simples son parecidas a las comillas dobles. Desactivan el significado especial de algunos caracteres, salvo la expansión de la historia de órdenes (!evento).

```
programacion@shell:~$ texto="mi variable"
programacion@shell:~$ dentro="valor de $texto"
programacion@shell:~$ echo $dentro
valor de mi variable
programacion@shell:~$ dentro='valor de $texto'
programacion@shell:~$ echo $dentro
valor de $texto
programacion@shell:~$ '!hola' #no protege a !evento
!hola: orden no encontrada
```

Se debe tener presente que la acotación de cadenas es compleja, especialmente las cadenas que, a su vez, contienen metacaracteres de citación. Además, los metacaracteres de citación no se utilizan igual que en la escritura normal, por lo que suele ser más sencillo delimitar partes de una cadena que la cadena completa.

Metacaracteres de entrada/salida o de redirección

A la hora de crear cauces, Unix hereda tres ficheros especiales del lenguaje de programación C, que representan las funciones de entrada y salida de cada programa. Estos son:

- **Entrada estándar.** Por defecto, procede del teclado; abre el fichero descriptor **0** (stdin) para lectura.

- **Salida estándar.** Por defecto, se dirige hacia la pantalla; abre el fichero descriptor **1** (stdout) para escritura.

- **Salida de error.** Por defecto, se dirige hacia la pantalla; abre el fichero descriptor **2** (stderr) para escritura y control de los mensajes de error.

El proceso de redirección permite hacer una copia de estos ficheros especiales hacia o desde otro fichero normal. También pueden asignarse los descriptores de ficheros del 3 al 9 para abrir otros tantos archivos, tanto de entrada como de salida.

El fichero especial **/dev/null** se utiliza para descartar alguna redirección e ignorar sus datos.

Además, es posible mezclar los flujos de información de la salida y error estándares para que salgan juntos (por el mismo descriptor de archivo, el 1).

Tabla 1.5. Metacaracteres de entrada/salida o redirección

Metacarácter	Descripción de la función
< fichero	Redirecciona la entrada de una orden para leer del archivo fichero.
> fichero	Redirecciona la salida de una orden para escribir en el archivo fichero. Si fichero existe, lo sobrescribe.
>| fichero	Como en el caso anterior, pero el archivo fichero debe existir previamente.
>& fichero	La salida de stderr se combina con stdout y se escriben en fichero.
>> fichero	La salida de la orden se añade al final del archivo fichero.
>>& fichero	Añade la salida stderr combinada con stdout al final del archivo fichero.
[N]<> fichero	Redirección de entrada/salida entre el archivo fichero y el archivo con descriptor N.
<< [-] delimitador Texto ... delimitador	Usa el propio Shell *script* como entrada estándar, hasta la línea donde se encuentra el delimitador.

|	Crea un cauce entre dos órdenes. La salida estándar de la orden de la izquierda del símbolo se conecta a la entrada estándar de la orden de la derecha del símbolo.
|&	Crea un cauce entre dos órdenes, con las salidas stderr y stdout de la orden de la izquierda combinadas y conectadas en la entrada de la orden de la derecha.

Redirección de entrada

La redirección de entrada se utiliza para abrir para lectura el archivo especificado, usando un determinado número descriptor de fichero. Se utiliza la entrada estándar cuando el valor del descriptor es 0 o este no se especifica.

La redirección de entrada se utiliza para indicar un fichero que contiene los datos que serán procesados por el programa, en vez de teclearlos directamente.

Cabe recordar que la mayoría de las utilidades y los filtros de Unix soportan los ficheros de entrada como parámetros del programa y no es necesario redirigirlos, aunque el funcionamiento es idéntico:

```
programacion@shell:~$ cat fichero1
Este es el contenido del fichero 1
programacion@shell:~$ cat <fichero1
Este es el contenido del fichero 1
```

Redirección de salida

De igual forma a lo descrito en el apartado anterior, la redirección de salida se utiliza para abrir un archivo (asociado a un determinado número de descriptor) para operaciones de escritura.

Se reservan dos ficheros especiales para el control de la salida de un programa: la salida normal (con el número de descriptor 1) y la salida de error (con el número de descriptor 2).

Algunas órdenes generan información por el error estándar y no solo por la salida estándar. Por ello, se debe utilizar la redirección **>&** para no seguir viéndolo por pantalla.

```
programacion@shell:~$ ls >temporal #el resultado se almacena en
temporal
programacion@shell:~$ cat temporal
fichero1
```

```
fichero2
fichero3
file1
file2
temporal
programacion@shell:~$ cat temporl #temporl no existe
cat: temporl: No existe el fichero o el directorio
programacion@shell:~$ cat temporl >errores
cat: temporl: No existe el fichero o el directorio
programacion@shell:~$ cat temporl >&errores
programacion@shell:~$ cat errores
cat: temporl: No existe el fichero o el directorio
```

Combinación de redirecciones

Se puede combinar más de una redirección sobre la misma orden o grupo de órdenes, interpretándose siempre de izquierda a derecha.

Como ejercicio, se propone interpretar las siguientes órdenes:

```
$ ls -al /usr /tmp /noexiste >ls.sal 2>ls.err
$ find /tmp -print >find.sal 2>/dev/null
```

Otra forma de combinar redirecciones es realizar copias de descriptores de ficheros de entrada o salida. La siguiente tabla muestra los formatos para duplicar descriptores.

Tabla 1.6. Combinación de redirecciones

Redirección	Descripción de la función
[N]<&M	Duplicar el descriptor de entrada M en N (N=0 por defecto).
[N]<&-	Cerrar el descriptor de entrada N.
[N]<&M-	Mover el descriptor de entrada M en N, cerrando M (N=0 por defecto).
[N]>&M	Duplicar el descriptor de salida M en N (N=1 por defecto).
[N]>&-	Cerrar el descriptor de salida N.
[N]>&M-	Mover el descriptor de salida M en N, cerrando M (N=1 por defecto).

Conviene hacer notar que, siguiendo las normas anteriores, las dos líneas siguientes son equivalentes y ambas sirven para almacenar las salidas normal y de error en el fichero indicado:

```
$ ls -al /var/* &>ls.txt
$ ls -al /var/* >ls.txt 2>&1
```

Sin embargo, el siguiente ejemplo muestra dos órdenes que no tienen que dar el mismo resultado, ya que las redirecciones se procesan de izquierda a derecha, teniendo en cuenta los posibles duplicados de descriptores hechos en líneas anteriores.

```
$ ls -al * >ls.txt 2>&1      #Salida normal y de error a "ls.txt"
$ ls -al * 2>&1 >ls.txt      #Asigna la salida de error a la normal
                             #anterior (puede haberse redirigido) y
                             #luego manda la salida estándar a
                             #"ls.txt"
```

Redirección de entrada/salida

La redirección de entrada y salida abre el fichero especificado para operaciones de lectura y escritura y le asigna el descriptor indicado (0 por defecto). Se utiliza en operaciones para modificación y actualización de datos. El formato genérico es:

```
[N]<>fichero
```

El siguiente ejemplo muestra una simple operación de actualización de datos en un determinado lugar del fichero.

```
$ echo 123456789 > fich      #Generar el contenido de "fich"
$ exec 3<> fich              #Abrir fich con descriptor 3 en E/S
$ read -n 4 <&3              #Leer 4 caracteres
$ echo -n , >&3              #Escribir coma decimal
$ exec 3>&-                  #Cerrar descriptor 3
$ cat fich                   # ==> 1234,6789
```

Documento interno

La redirección del documento interno utiliza parte del propio programa (hasta encontrar un delimitador de final) como redirección de entrada al comando correspondiente. Suele utilizarse para mostrar o almacenar texto fijo, como, por ejemplo, un mensaje de ayuda.

El texto del bloque que se utiliza como entrada se trata de forma literal, esto es, no se realizan sustituciones ni expansiones.

El texto interno suele ir tabulado para obtener una lectura más comprensible. El formato << mantiene el formato original, pero en el caso de utilizar el símbolo <<- el intérprete elimina los caracteres de tabulación antes de redirigir el texto.

Para utilizarlo, se escribe a continuación de << un **delimitador**, es decir, un conjunto único de caracteres que marcarán el fin de las líneas de entrada. Cada una de las líneas de entrada que se vayan introduciendo se examina para igualar el delimitador, sin realizar ninguna sustitución o expansión de metacaracteres. Esto permite ajustar dinámicamente los mensajes u órdenes.

Esta redirección tiene múltiples aplicaciones cuando se escriben programas en lenguaje Shell. Se utiliza para escribir mensajes multilínea desde un programa sin necesidad de utilizar múltiples órdenes **echo**. También puede utilizarse para suministrar entradas de órdenes Unix de procesamiento de textos como **sed**, **ed** o **vim**.

El siguiente ejemplo ilustra cómo utilizar la redirección << para generar un mensaje de bienvenida para un usuario, adaptándolo a su entorno. Para ello, se hace uso de las variables **$USER** y **$PWD**, que almacenan el *login* del usuario y del directorio de trabajo actual respectivamente.

```
programacion@shell:~$ cat <<FIN_BIENVENIDA
> Hola $USER
> Su directorio actual es $PWD
> Recuerde comprobar su correo
> FIN_BIENVENIDA
Hola gonzalo
Su directorio actual es /home/gonzalo/scripts
Recuerde comprobar su correo
```

Tal y como se observa, **cat** está aceptando información hasta que encuentra la palabra clave que se le ha indicado.

1.3.5 Variables de entorno

Al igual que cualquier otro proceso, el Shell mantiene un conjunto de variables que informan sobre su propio contexto de operación. El usuario (o un *script*) puede actualizar y añadir variables, exportando sus valores al entorno del intérprete (comando export), lo que afectará también a todos los procesos hijos generados por él. El administrador puede definir variables de entorno estáticas para los usuarios del sistema (como, por ejemplo, en el caso de la variable IFS).

En la Tabla 1.7. se muestran las variables de entorno que tiene el sistema.

Tabla 1.7. Variables de entorno

Variable de entorno	Descripción	Valor por omisión
DISPLAY	Donde aparecen las salidas de X-Windows.	
EDITOR	Editor usado por defecto.	
FUNCNAME	Nombre de la función que se está ejecutando.	Lo modifica el Shell
HOME	Directorio personal de la cuenta.	Lo define *root* (superusuario)
HOSTNAME	Nombre de la máquina.	
IFS	Separador de campos de entrada (debe ser de solo lectura).	ESP, TAB, NL
LANG	Idioma para los mensajes.	
LINENO	Número de línea actual del *script* (para depuración de código).	Lo modifica el Shell
LOGNAME	Nombre del usuario que ejecuta el shell.	Activado por *login*
OLDPWD	Directorio de trabajo anterior (equivale a ~-)	Lo modifica el Shell
PATH	Camino de búsqueda de órdenes	Según el sistema
PPID	Identificador del proceso padre	Lo modifica el Shell
PS1 ... PS4	Puntos indicativos primario, secundario, selectivo y de errores	
PWD	Directorio de trabajo actual	Lo modifica el Shell

SHELL	*Path* del programa intérprete de comandos.	El propio Shell
TERM	Tipo de terminal.	
USER	Nombre del usuario.	

Debe hacerse mención especial a la variable **PATH**, que se encarga de guardar la lista de directorios con ficheros ejecutables. Si no se especifica la ruta exacta de un ejecutable, el sistema busca en los directorios especificados por PATH, siguiendo el orden de izquierda a derecha. El carácter separador de los directorios son los dos puntos (:).

El administrador del sistema debe establecer las rutas por defecto para todos los usuarios del mismo y cada uno de estos puede personalizar su propio entorno, añadiendo sus propias rutas de búsqueda (si no utiliza un intérprete restringido).

Restricciones de seguridad

- Indicarse siempre rutas absolutas en la definición de la variable **PATH** y, sobre todo, nunca incluir el directorio actual (.) ni el directorio padre (..).

- Declarar la variable **IFS** de solo lectura, para evitar intrusiones del tipo "caballos de Troya".

Si, por ejemplo, se quiere modificar el prompt principal, se debe cambiar el valor de la variable **PS1**. El valor por defecto es **'\s-\v\$ '**.

Existe una serie de valores predefinidos para poder cambiarlo:

- \u. Representa el nombre del usuario actual.

- \h. *Hostname* o nombre de la máquina.

- \T. Hora actual del sistema en formato 12 horas.

- \t. Hora actual del sistema en formato 24 horas.

- **\d**: Fecha del sistema.

- **\W**. Directorio actual.

- **\w**. Directorio actual con *path* completo.

```
programacion@shell:~$ PS1="\u@\h >"
gonzalo@server1 >PS1="programacion@shell:~$ "
programacion@shell:~$
```

Si desea ver el valor de todas las variables de entorno que tiene definidas, puede utilizar del comando **env**.

```
programacion@shell:~$ env
ORBIT_SOCKETDIR=/tmp/orbit-gonzalo
SSH_AGENT_PID=3323
SHELL=/bin/bash
TERM=xterm
XDG_SESSION_COOKIE=355019bd7c8e7d8e77a0632c00000007-
1310052287.392959-596537878
WINDOWID=39845916
HUSHLOGIN=FALSE
GNOME_KEYRING_CONTROL=/tmp/keyring-dHrvc5
GTK_MODULES=canberra-gtk-module
USER=gonzalo
LS_COLORS=rs=0:di=01;34:ln=01;36:mh=00:pi=40;33:so=01;35:do=01;35:bd
=40;33;01:cd=40;33;01:or=40;31;01:su=37;41:sg=30;43:ca=30;41:tw=30;4
2:ow=34;42:st=37;44:ex=01;32:*.tar=01;31:*.tgz=01;31:*.arj=01;31:*.t
az=01;31:*.lzh=01;31:*.lzma=01;31:*.tlz=01;31:*.txz=01;31:*.zip=01;3
1:*.z=01;31:*.Z=01;31:*.dz=01;31:*.gz=01;31:*.lz=01;31:*.xz=01;31:*.
bz2=01;31:*.bz=01;31:*.tbz=01;31:*.tbz2=01;31:*.tz=01;31:*.deb=01;31
:*.rpm=01;31:*.jar=01;31:*.rar=01;31:*.ace=01;31:*.zoo=01;31:*.cpio=
01;31:*.7z=01;31:*.rz=01;31:*.jpg=01;35:*.jpeg=01;35:*.gif=01;35:*.b
mp=01;35:*.pbm=01;35:*.pgm=01;35:*.ppm=01;35:*.tga=01;35:*.xbm=01;35
:*.xpm=01;35:*.tif=01;35:*.tiff=01;35:*.png=01;35:*.svg=01;35:*.svgz
=01;35:*.mng=01;35:*.pcx=01;35:*.mov=01;35:*.mpg=01;35:*.mpeg=01;35:
*.m2v=01;35:*.mkv=01;35:*.ogm=01;35:*.mp4=01;35:*.m4v=01;35:*.mp4v=0
1;35:*.vob=01;35:*.qt=01;35:*.nuv=01;35:*.wmv=01;35:*.asf=01;35:*.rm
=01;35:*.rmvb=01;35:*.flc=01;35:*.avi=01;35:*.fli=01;35:*.flv=01;35:
*.gl=01;35:*.dl=01;35:*.xcf
SSH_AUTH_SOCK=/tmp/keyring-dHrvc5/ssh
SESSION_MANAGER=local/server1:@/tmp/.ICE-
unix/3334,unix/server1:/tmp/.ICE-unix/3334
MAIL=/var/mail/gonzalo
PATH=/usr/local/sbin:/usr/local/bin:/usr/sbin:/usr/bin:/sbin:/bin:/u
sr/games
PWD=/home/gonzalo/scripts
LANG=es_ES.UTF-8
SHLVL=2
HOME=/home/gonzalo
GNOME_DESKTOP_SESSION_ID=this-is-deprecated
LOGNAME=gonzalo
DBUS_SESSION_BUS_ADDRESS=unix:abstract=/tmp/dbus-
dBSuaEHp4z,guid=f34dd5764fbbf2d0924252d600000030
XDG_DATA_DIRS=/usr/share/gnome:/usr/local/share/:/usr/share/
LESSOPEN=| /usr/bin/lesspipe %s
```

```
WINDOWPATH=7
DISPLAY=:0.0
LESSCLOSE=/usr/bin/lesspipe %s %s
XAUTHORITY=/home/gonzalo/.Xauthority
COLORTERM=gnome-terminal
_=/usr/bin/env
OLDPWD=/home/gonzalo/scripts/unidad2
```

1.4 PERSONALIZAR EL ENTORNO

1.4.1 Ficheros de configuración de Bash

Cada vez que un usuario inicia sesión en el sistema, se procesa el contenido del fichero **/etc/profile**, y posteriormente se comprueba si en el directorio **/home** existe el fichero **.bash_profile** y, de ser así, se ejecuta su contenido para personalizar su cuenta.

Cualquier configuración que se añada a .bash_profile no es efectiva hasta que el usuario vuelva a iniciar sesión. Si se hacen cambios en este fichero y se quieren ver sin salir de la cuenta, se puede utilizar el comando **source**, el cual ejecuta el contenido de un determinado fichero:

```
$ source .bash_profile
```

Alternativamente al comando source, está el comando punto (.), con lo que el contenido de .bash_profile también se puede ejecutar de la siguiente forma:

```
$ . .bash_profile
```

Bash permite usar dos nombres alternativos para .bash_profile por razones de compatibilidad histórica: **.bash_login**, nombre derivado del fichero .login del C Shell, y **.profile**, nombre usado por el Bourne Shell y el Korn Shell.

En cualquier caso, solo se ejecuta uno de estos ficheros: si .bash_profile existe, los demás serán ignorados. Si no existe, Bash comprueba si existe .bash_login y, solo si este tampoco existe, comprueba si existe .profile. La razón por la que utiliza este orden de búsqueda es que se pueden almacenar en .profile opciones propias del Bourne Shell y añadir opciones exclusivas de Bash en el fichero .bash_profile, seguido del comando source .profile, para que Bash también cargue las opciones del fichero .profile.

El fichero .bash_profile solo se ejecuta en el proceso de inicio de sesión. Si el usuario abre otro Shell desde la línea de comandos (ejecutando bash o su), se procesa el contenido del fichero .bashrc. Si .bashrc no existe, no se ejecutan configuraciones adicionales al abrir un nuevo Shell. Este esquema permite separar las que se hacen solo una vez (en el inicio de sesión) de configuraciones que se cambian cada vez que se abre un nuevo Shell. Si hay configuraciones en .bashrc que también se quieren ejecutar al iniciar sesión, se puede poner source .bashrc dentro del fichero .bash_profile.

Por último, el fichero .bash_logout contiene órdenes que se ejecutan al abandonar la cuenta. Por ejemplo, permite eliminar ficheros temporales o almacenar datos de la actividad de los usuarios en los ficheros de registro (*log*).

1.4.2 Alias

Los alias en Bash sirven para acortar comandos extensos, complicados o muy utilizados a una sola palabra o letra personalizada. Los alias se guardan en **$HOME/.bashrc**.

Otro de los usos de los alias es ocultar ciertos comandos a los usuarios para que no puedan utilizarlos.

Comando 1.2. Alias

Sintaxis	Descripción
alias [-p] [nombre[=valor] ...]	Crea un alias para acortar comandos extensos. *-p* muestra los valores actuales. Si se le asignan argumentos, se crea un alias por cada nombre dado. Si no se facilitan argumentos, se listan los alias que se tenga definidos. La opción –p permite que la salida pueda ser utilizada como entrada.

Comando 1.3. Unalias

Sintaxis	Descripción
unalias [-a] [nombre ...]	Elimina temporalmente (durante la sesión) el alias cuyo nombre se pasa como argumento.

Un ejemplo clásico de alias es el siguiente:

```
$ alias ll='ls -laF'
```

Los alias son recursivos, por lo que no hay ningún problema en hacer lo siguiente:

```
$ alias l='ll'
```

Si se quiere ignorar temporalmente (durante la sesión) un determinado alias, simplemente se debe ejecutar **unalias**, por ejemplo:

```
$ unalias l
```

Si solamente se quiere deshabilitar el alias una sola vez (para una ejecución), hay que anteponer al alias la barra inversa. Por ejemplo, si se tiene configurado el alias siguiente:

```
alias mv='mv -i'
```

Se puede ejecutar el comando **mv** ignorándolo del siguiente modo:

```
$ \mv
```

En principio, los alias solo pueden ser usados para representar comandos. Si se quiere representar un directorio largo con un alias, para luego entrar dentro del mismo mediante la orden **cd**, el comando fallará:

```
programacion@shell:~$ alias datos='/home/gonzalo/scripts/datos.txt'
programacion@shell:~$ cat datos
cat: datos: No existe el fichero o el directorio
```

Existe un truco en Bash que permite hacer esto. Si la parte derecha de la asignación del alias acaba con un espacio, entonces Bash intenta hacer sustitución del alias en la siguiente palabra del comando. Por ejemplo:

```
programacion@shell:~$ alias cat='cat '
programacion@shell:~$ cat datos
Esto es una prueba
```

1.4.3 Opciones de Bash

Las opciones del Shell son una forma de poder modificar el comportamiento de este. Para fijar estas opciones, se utiliza el comando **shopt** (Shell *option*). Si ejecuta este comando sin opciones, muestra un listado de todas las opciones de Shell y su valor actual:

```
programacion@shell:~$ shopt
autocd          off
cdable_vars     off
cdspell         off
checkhash       off
checkjobs       off
checkwinsize            on
cmdhist         on
compat31        off
compat32        off
compat40        off
dirspell        off
...
```

Todas estas variables son booleanas y tienen valor de *on/off*. Se puede activar cualquiera de ellas mediante:

```
$ shopt -s opción
```

Y desactivarlas mediante:

```
$ shopt -u opción
```

El comando **shopt –s** lista todas las opciones en estado *on*, mientras que el comando **shopt –u** lista todas las opciones en estado *off*.

La Tabla 1.8 muestra las principales opciones de **shopt**, junto con una descripción de su propósito.

Tabla 1.8. Opciones de shopt

Formato	Descripción
cdable_vars	Permite que cd utilice los valores de las variables como nombres de directorios.
cdspell	Ignora pequeños errores en los cambios de directorio con cd (solo en la ejecución interactiva).
cmdhist	Guarda los comandos que se han escrito en varias líneas en una sola línea del historial.
dotglob	Incluye en la expansión de comodines los ficheros que empiezan por punto (.).

expand_aliases	Expande un alias cuando lo ejecuta.
failglob	Si falla la expansión de un comodín porque no encuentra nada, falla el comando (como hace el C Shell).
force_fignore	Los sufijos especificados en la variable de entorno FIGNORE no se usan para completar palabras con tabulador.
hostcomplete	Se intenta completar nombres de *host* al pulsar tabulador cuando la palabra contiene una @.
interactive_comments	Permite que, dentro de un comando de sesión interactiva, haya comentarios (precedidos por #).
login_shell	Variable de solo lectura que indica si BASH ha sido lanzado como un Shell de *login*.
nocaseglob	Indica si los comodines expanden sin sensibilidad a mayúsculas/minúsculas. No se debe confundir con la variable completion-ignore-case de inputrc que expande mediante el tabulador.
nullglob	Hace que, cuando un patrón no encuentra ficheros, se expandan por la cadena vacía en vez de por el patrón sin expandir.
sourcepath	Hace que el comando interno source busque el argumento en los directorios que indique PATH.

1.4.4 Coloreando el Shell

A menudo, cuando se interactúa con el usuario, es necesario llamar su atención sobre algunos aspectos. Si trabaja en modo consola, el recurso que debe utilizar son los colores. BASH permite utilizar colores tanto en la fuente como en el *background*, mediante la utilización de un código de color. La Figura 1.4 muestra los diferentes códigos de colores.

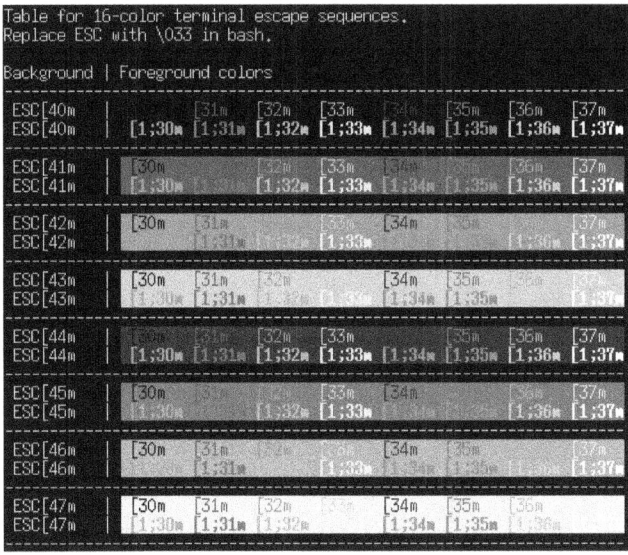

Figura 1.4. Códigos de color del Shell

A continuación, se muestra un sencillo ejemplo:

```
programacion@shell:~$ echo -e 'Esto es \e[0;31mrojo\e[0m y esto es \e[1;34mazul resaltado\e[0m'
Esto es rojo y esto es azul resaltado
```

Si se quiere algo más completo, puede utilizar el siguiente ejemplo:

Ejemplo 1.2. Coloreando el Shell

```
#!/bin/bash
# Colores.sh
# Inicializa los colores en variables y muestra un ejemplo de uso

# DECLARACIÓN DE VARIABLES
# Los colores que empiezan por f_ son color de fondo
# en los modos q_ es quitar el modo
# reset quita cualquier color o modo y pone por defecto la salida

esc="\033" # si esto no funciona probar "^[" que es ctrl+v+ESC
```

```
negro="${esc}[30m"
rojo="${esc}[31m"
verde="${esc}[32m"
amarillo="${esc}[33m"
azul="${esc}[34m"
rosa="${esc}[35m"
cyan="${esc}[36m"
blanco="${esc}[37m"

f_negro="${esc}[40m"
f_rojo="${esc}[41m"
f_verde="${esc}[42m"
f_amarillo="${esc}[43m"
f_azul="${esc}[44m"
f_rosa="${esc}[45m"
f_cyan="${esc}[46m"
f_blanco="${esc}[47m"

negrita="${esc}[1m"
q_negrita="${esc}[22m"
italica="${esc}[3m"
q_italica="${esc}[23m"
subrayado="${esc}[4m"
q_subrayado="${esc}[24m"
inverso="${esc}[7m"
q_inverso="${esc}[27m"

reset="${esc}[0m"

# USO
echo -e "una palabra en ${amarillo}amarillo${reset} y otra en ${rojo}rojo${reset}"
echo -e "${negrita}esto es negrita${q_negrita}"
echo -e "${inverso}esto es inverso${q_inverso}"
echo -e "${negro}${f_rojo}fondo rojo letras negras ${cyan}${f_azul}cyan sobre azul${reset}"
echo -e "${italica}esto es italica${q_italica}"
echo -e "${subrayado}esto es subrayado${q_subrayado}"
```

```
programacion@shell:~$ ./colores.sh
una palabra en amarillo y otra en rojo
esto es negrita
esto es inverso
fondo rojo letras negras cyan sobre azul
esto es italica
esto es subrayado
```

1.5 CARACTERÍSTICAS ESPECIALES

A continuación, se muestran las características especiales más importantes que el intérprete Bash añade a su lenguaje, para mejorar la funcionalidad propia de la interfaz y de los programas que interpreta:

- Posibilidad de llamar al intérprete Bash con una serie de opciones que modifican su comportamiento normal.

- Comandos para la creación de programas interactivos.
- Control de trabajos y gestión de señales.
- Intérprete de uso restringido, con características limitadas.

1.5.1 Programas interactivos

Bash proporciona un nivel básico para programar *scripts* interactivos, soportando instrucciones para solicitar y mostrar información al usuario.

Las órdenes internas para llevar a cabo el proceso de interacción con el usuario se describen en la Tabla 1.9.

A continuación, se muestra un pequeño ejemplo de utilización de los comandos anteriores:

Ejemplo 1.3. Interactuando con el usuario

```
#!/bin/bash
# interactivo.sh Ejemplo de uso de script interactivo

echo -n "Dígame su nombre: "
read NOMBRE

read -p "Y su primer apellido: " APELLIDO

printf "Hola %s %s \n" $NOMBRE $APELLIDO

programacion@shell:~$ ./interactivo.sh
Dígame su nombre: Gonzalo
Y su primer apellido: Puga
Hola Gonzalo Puga
```

Tabla 1.9. Órdenes para interactuar con el usuario

Comando	Descripción
read [**-p** "Cadena"] [Var1 ...]	Asigna la entrada a variables.
	Lee la entrada estándar y asigna los valores a las variables indicadas en la orden. Permite la opción de mostrar un mensaje antes de solicitar los datos.
	Si no se especifica ninguna variable, **REPLY** contiene la línea de entrada.

echo [**-n**] Cadena	Muestra un mensaje.
	Manda el valor de la cadena a la salida estándar. Con la opción **–n** no se hace un salto de línea.
printf Formato Parám1 …	Muestra un mensaje formateado.
	Equivale a la función **printf** del lenguaje C. Manda un mensaje formateado a la salida estándar, permitiendo mostrar cadenas y números con una longitud determinada.

1.5.2 Control de trabajos

Las órdenes para el control de trabajos permiten manipular los procesos ejecutados por el usuario o por un *script* Bash. El usuario puede manejar varios procesos y subprocesos simultáneamente, ya que el sistema asocia un número de identificador único a cada uno de ellos.

Los procesos asociados a un cauce (*pipe*) tienen identificadores (PID) propios, pero forman parte del mismo trabajo independiente.

En la Tabla 1.10 se muestran las instrucciones asociadas con el tratamiento de trabajos:

A continuación, se muestran algunos ejemplos sencillos:

```
# Se elimina el fichero temporal si en el programa aparecen las
señales
# 0 (fin), 1, 2, 3 y 15
trap 'rm -f ${FICHEROTMP} ; exit ' 0 1 2 3 15

# Ordena ficheros de forma independiente, espera a finalizar ambos
procesos
# y compara los resultados

(cat fichero1 fichero2 | sort | uniq > salida1) &
(cat fichero3 fichero4 | sort | uniq > salida2) &
wait
diff salida1 salida2
```

Tabla 1.10. Control de trabajos

Comando	Descripción
Comando **&**	Ejecución en segundo plano.
	Lanza el proceso de forma desatendida, con menor prioridad y con la posibilidad de continuar su ejecución tras la desconexión del usuario.
bg %NumeroTrabajo	Vuelve a ejecutar en segundo plano.
	Continúa la ejecución desatendida de un proceso suspendido.
fg %NumeroTrabajo	Vuelve a ejecutar en primer plano.
	Vuelve a ejecutar de forma interactiva el proceso asociado al trabajo indicado.
jobs	Muestra los trabajos en ejecución, indicando el número de trabajo y los PID de sus procesos.
kill Señal PID1|%Trabajo1 ...	Manda una señal a procesos o trabajos para indicar una excepción o error.
	Puede especificarse tanto el número de señal como su nombre.
suspend	Para la ejecución de un proceso hasta que se recibe una señal de continuación.
trap [Comando] [Señal1 ...]	Captura de señal.
	Cuando se produce una determinada señal (interrupción) en el proceso, se ejecuta el comando asociado. Las señales especiales EXIT Y ERR se capturan respectivamente al finalizar el *script* y cuando se produce un error en una orden simple
wait [PID1|%T]	Espera hasta que termina un proceso o trabajo.
	Detiene la ejecución del proceso hasta que el proceso hijo indicado haya finalizado su ejecución.

1.5.3 Intérprete de uso restringido

Cuando el administrador del sistema asigna un intérprete de uso restringido al usuario, este último utiliza un entorno de operación más controlado y con algunas características limitadas o eliminadas.

Existen tres formas de ejecutar Bash en modo restringido:

```
$ bbash
$ bash -r
$ bash --restricted
```

En un Bash restringido se modifican las siguientes características:

- No se puede utilizar la orden cd.
- No se pueden modificar las variables SHELL, PATH, ENV o BASH_ENV.
- No se pueden ejecutar comandos indicando su ruta. Solo se ejecutarán aquellos que se encuentren en los directorios especificados por el administrador.
- No se pueden especificar rutas de ficheros como argumento del comando ".".
- No se pueden añadir funciones nuevas en los ficheros de inicio.
- No se admiten redirecciones de salida.
- No se puede reemplazar el intérprete rbash (no se puede ejecutar la orden exec).
- No se pueden añadir o quitar comandos internos.
- No se puede modificar el modo de operación restringido.

1.6 APLICANDO CONOCIMIENTOS

AC 1.1

Acceda al directorio /bin y genere los siguientes listados de archivos:

Primero debo ejecutar:

```
$ cd /bin
```

Todos los archivos que contengan solo cuatro caracteres en su nombre:

```
$ ls ????
```

Todos los archivos que empiecen por "d" y "f":

```
$ ls {d,f}*
```

Todos los archivos que comiencen por "sa" y "se":

```
$ ls s{a,e}*
```

Todos los archivos que comiencen por "t" y terminen en "r":

```
$ ls t*r
```

AC 1.2

Sin utilizar ningún editor de textos, genere un archivo con los tres primeros comandos del ejercicio anterior.

```
$ echo "ls { ???? {d,f}* s{a,e}* }" > fichero
```

AC 1.3

Añada, sin utilizar ningún editor, la cuarta orden del ejercicio 1.1 al fichero creado en el ejercicio 1.2.

```
$ echo "ls t*r" >> fichero
```

AC 1.4

Construya una línea de orden que dé como resultado el número de archivos y directorios que hay en el directorio de trabajo y, a continuación, imprima la fecha y hora actuales. Para ello necesitará las ordenes wc y date. Utilice man para conocer más sobre ellas.

```
$ echo "Hay `ls | wc -l` ficheros/Directorios a" ; date
```

1.7 EJERCICIOS PROPUESTOS

1. ¿Qué diferencia existe en la ejecución de las siguientes líneas de órdenes? La orden ps muestra en pantalla una lista con los procesos que el usuario tiene activos en este momento. Utilice man para conocer más sobre su funcionamiento.

```
$ (ps > pru; cat pru > pru1) &
$ ps > pru & cat pru > pru1 &
```

2. A partir de dos ficheros con datos, indique el comando que permite añadir el contenido del primer fichero al segundo.

3. Suponiendo que tiene la siguiente asignación:

```
persona = fulano
```

Indique la salida de cada uno de los siguientes comandos:

- echo $persona
- echo '$persona'
- echo "$persona"

4. Escriba un *script* que informe del nombre del Shell que lo está ejecutando.

5. El administrador del sistema debe establecer las rutas por defecto para todos los usuarios del sistema y cada uno de estos puede personalizar su propio entorno, añadiendo grupos de caminos de búsqueda (siempre que no utilice un Shell restringido).

Como ejercicio, se propone interpretar la siguiente orden:

```
PATH=$PATH:/home/scripts:/opt/Oracle/bin
```

6. Interprete la salida de la siguiente orden:

```
$ echo "`basename $0` : \"$USER\" con permiso de ejecución" >&2
```

7. Un modo de diferenciar el Shell en el que se está trabajando (muy útil si se trabaja con máquinas remotas) es modificando el prompt de las mismas. Como se vio en el apartado 1.3.5, la modificación del prompt es muy sencilla, ya que se realiza sobre una variable de entorno. Además del cambio de formato, el coloreado puede ayudar. Por ello, se propone modificar la variable de entorno para que el prompt quede con el siguiente formato:

```
usuario@host:~$
```

Recuerde

En la página web del libro podrá encontrar los ejercicios resueltos.

Capítulo 2

SHELL DEL SISTEMA

En este capítulo se pretende profundizar en aspectos fundamentales del Shell, como son la línea de comandos y la entrada y salida de datos.

A lo largo del primer capítulo se ha realizado una rápida visión de los mismos, y la intención ahora es adentrarse en sus fundamentos y modos de operación, dotando al lector de los conocimientos necesarios para entender el modo de funcionamiento del Shell, lo cual es un aspecto fundamental previo a comenzar el desarrollo de *scripts*.

Los aspectos a tratar por el capítulo se van a dividir en tres grandes grupos:

- La línea de comandos.

- La entrada/salida de datos.

- El procesado de patrones mediante GAWK.

2.1 LÍNEA DE COMANDOS

Cuando se introduce un comando a través de la línea de comandos, el Shell ejecuta un programa en respuesta a esta petición. Por ejemplo, cuando el usuario utiliza la orden **ls**, el Shell ejecuta un programa llamado ls. El Shell se puede utilizar para ejecutar otro tipo de programas, como pueden ser *scripts*, aplicaciones o programas escritos por el usuario.

Para llevar a cabo la ejecución de los comandos (junto a sus modificadores y argumentos), lo primero que se realiza es un procesado de la línea en sí, de modo que se comprueba si la sintaxis del comando es apropiada. Para llevar a cabo esta comprobación, los sistemas Linux hacen uso de la utilidad **tty** (la cual forma parte del kernel de Linux). Dicha utilidad examina cada carácter de la entrada para ver si debe llevar a cabo una acción de modo inmediato. Si el usuario introduce **Ctrl+h** (para eliminar un carácter), **Ctrl+u** (para eliminar una línea) o **Ctrl+w** (para eliminar una palabra), esta utilidad ajusta la línea de comandos de modo automático, de modo que el Shell nunca procesa los elementos eliminados.

Por otro lado, si el carácter introducido no requiere una acción inmediata, **tty** lo almacena en un buffer, quedando a la espera de caracteres adicionales. Una vez que el usuario pulsa intro, tty pasa la línea de comandos al Shell para su procesado.

Para llevar a cabo el procesado de la línea de comandos, el Shell la divide en diferentes partes, tratando de localizar el comando, el cual suele aparecer como el primer componente. Para ello, el Shell extrae todos los caracteres que encuentra hasta el primer blanco (espacio o tabulador) e intenta buscar un comando con ese nombre. Este comando se puede especificar a través de su nombre o de su ruta completa. Por ejemplo, se puede invocar el comando **ls** de las siguientes formas:

```
$ ls
$ /bin/ls
```

La Figura 2.1 presenta el tratamiento de la línea de comandos:

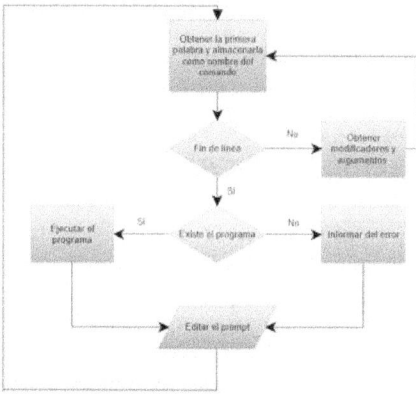

Figura 2.1 Procesado de la línea de comandos

2.1.1 Editor de línea de comandos

Bash permite editar los comandos del mismo modo que se edita texto mediante un editor. Para ello, Bash permite la opción de editar la línea de comandos de acuerdo a los modos de edición de los dos editores de texto más conocidos y utilizados del mundo Unix: **vi** y **emacs**.

Por defecto, Bash utiliza las teclas de modo de edición de emacs, pero puede cambiar a las teclas del modo de edición de vi ejecutando:

```
$ set -o vi
```

Y si desea volver a utilizar emacs, ejecute:

```
$ set -o emacs
```

2.1.2 Moverse por la línea de comandos

Una tarea que se realiza muy a menudo es moverse por la línea de comandos. La Tabla 2.1 muestra las distintas combinaciones de teclas que se pueden utilizar.

Tabla 2.1. Combinaciones de teclas para moverse por la línea de comandos

Combinación	Descripción
Ctrol+A	Ir al principio de la línea.
Ctrol+E	Ir al final de la línea.
Esc+B	Ir una palabra hacia atrás (*backward*).
Esc+F	Ir una palabra hacia delante (*forward*).
Ctrol+B	Ir una letra hacia atrás.
Ctrol+F	Ir una letra hacia delante.

2.1.3 Borrar partes de la línea de comandos

Otra de las operaciones comunes es borrar partes de la línea de comandos. La Tabla 2.2 muestra las combinaciones de teclas a utilizar.

Tabla 2.2. Combinaciones de teclas para borrar

Combinación	Descripción
Ctrol+U	Borra desde la posición actual hasta el principio de la línea.
Ctrol+K	Borra desde la posición actual hasta el final de la línea.
Ctrol+W	Borra desde la posición actual hasta el principio de la palabra.
Esc+D	Borra desde la posición actual hasta el final de la palabra.
Ctrol+D	Borra desde el carácter actual hacia delante.
Ctrol+Y	Deshace el último borrado.

2.1.4 Historial de comandos

Bash mantiene un histórico de comandos, el cual lee al arrancar del fichero situado en directorio **home .bash_history**. Durante su ejecución, va almacenando en memoria los comandos ejecutados y, al acabar la sesión, los escribe al final de dicho fichero.

Puede modificar el fichero que utiliza Bash para guardar el histórico indicándolo en la variable de entorno **BASH_HISTORY**, aunque esto raramente se utiliza.

Mediante el comando **history**, obtiene un listado del historial. La Tabla 2.3 muestra otro conjunto de comandos internos de Bash que permiten ejecutar comandos del histórico.

Tabla 2.3. Comandos internos para ejecutar comandos del histórico

Comando	Descripción
!!	Ejecuta el último comando.
!n	Ejecuta el comando número **n**.
!cadena	Ejecuta el último comando que empiece por **cadena**.

El comando más útil es **!cadena**, ya que, con indicar las últimas letras de un comando usado previamente, lo busca en el historial y lo ejecuta. Tenga en cuenta que ejecuta el comando más reciente que empiece por cadena.

Otra forma de moverse a través del historial es utilizar las teclas de cursor arriba y abajo. Si, por el contrario, quiere buscar un determinado comando, puede utilizar **Ctrl+R**, comando que permite buscar hacia atrás en el historial un comando que contenga un determinado texto. Al pulsar esta combinación de teclas, el prompt cambia de forma y, según se escribe, indica el comando del histórico que cumple con el patrón dado:

```
PS1="programacion@shell:~$ "
(reverse-i-search)`apt': sudo apt-get install mailutils
```

Si pulsa Intro, ejecuta el comando actualmente encontrado. Si, por el contrario, pulsa Esc puede editar el comando encontrado. Todas las combinaciones de teclas posibles para la búsqueda se encuentran en la Tabla 2.4.

Tabla 2.4. Comandos internos para ejecutar comandos del histórico

Combinación	Descripción
Ctrol+R	Realiza una búsqueda hacia atrás (reverse).
Intro	Ejecuta el comando encontrado.
Esc	Edita el comando encontrado.
Ctrol+G	Cancela la búsqueda y deja limpia la línea de edición.

2.1.5 Autocompletar con el tabulador

Utilizar el tabulador en Bash ayuda a terminar de rellenar un comando con el nombre de un comando, de una variable, de un fichero o directorio o con el nombre de una función Bash. Para ello, se siguen las siguientes reglas:

Si no hay nada que empiece por el texto de la palabra que precede al cursor, se produce un pitido que informa del problema.

Si hay un comando (en el PATH), una variable (siempre precedida por $), un nombre de fichero o una función Bash que comienza por el texto, Bash completa la palabra.

Si hay un directorio que comienza por el nombre escrito, Bash completa el nombre del directorio, seguido por una barra de separación de nombres de directorios (/).

Si hay más de una forma de completar la palabra, el Shell completa todo lo que puede y emite un pitido informando de que no la pudo terminar de completar.

Si Bash no puede completar una cadena (por encontrar varias posibles que comienzan igual), puede pulsar dos veces el tabulador y se mostrará una lista con las posibles cadenas candidatas.

2.1.6 Ejecutar la línea de comandos

Si se encuentra un archivo ejecutable con el mismo nombre de un comando, el Shell inicia un nuevo proceso. El Shell además, informa al comando de las opciones indicadas en la llamada. Mientras el comando se ejecuta, el Shell espera a que el proceso creado para ello acabe, quedando en un estado de inactividad.

Cuando acaba la ejecución del proceso, se pasa el estado devuelto al Shell, que a su vez retorna a un estado activo, actualizando el prompt y quedando a la espera del próximo comando.

Dado que el Shell no procesa los argumentos de la línea de comandos, sino que, meramente, pasa estos comandos en la llamada al programa, no dispone de ningún medio para conocer si alguna opción particular o argumento facilitado es válido para el programa dado. Por tanto, cualquier error que se produzca, así como la presentación de mensajes informativos de uso del programa, se lleva a cabo desde este y no desde el Shell.

2.2 ENTRADA Y SALIDA ESTÁNDAR

Normalmente, la entrada estándar de un programa es el teclado y la salida estándar es el terminal del usuario. No obstante, la entrada y salida del programa se pueden redirigir a otro medio, sin que el programa conozca el destino final. Por ejemplo, puede redirigir la entrada a los datos obtenidos por un fichero o puede redirigir la salida a otro fichero, impresora, etc. A modo de ejemplo, en la figura 2.2 se muestra el esquema básico de la salida de un comando.

Terminal

Cuando se habla de **terminal**, en realidad se está refiriendo a cualquier dispositivo que muestre los mensajes a través del prompt (pantalla, emulador de terminal, estación de trabajo, etc).

Adicionalmente, los programas pueden utilizar la salida de error estándar para el envío de los mensajes de error.

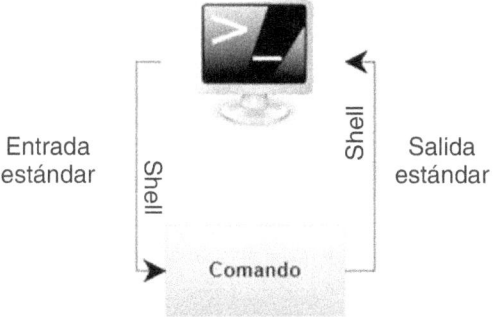

Figura 2.2. Entrada y salida estándares

La utilidad **cat** representa un buen ejemplo de cómo la entrada y salida estándares son, respectivamente, el teclado y el terminal, ya que su funcionalidad es la de copiar un fichero a la salida estándar. Dado que el Shell redirige dicha salida a la pantalla, el contenido del fichero aparece en esta.

Además, cat puede tomar como entrada el nombre de un fichero que se le pase como argumento. En caso de que no se le indique nada, cat utilizará directamente la entrada estándar. Por lo tanto, cuando se llama a la utilidad cat con argumento, copia la entrada en la salida estándar, línea por línea.

El proceso espera que el programa que lo llame (normalmente el Shell) tenga definidos la entrada, la salida y el error estándares, de modo que dicho proceso los pueda utilizar de manera inmediata. Por lo tanto, el proceso no tiene por qué saber qué archivos o dispositivos están conectados a la entrada, salida o error estándares.

Sin embargo, un proceso puede consultar al **kernel** qué entrada, salida o error estándares está conectado. Por ejemplo, el comando **ls** muestra la salida en múltiples columnas cuando la información está redirigida al terminal, pero genera una sola columna de información cuando la salida está redirigida a un fichero o programa. Para ello, ls hace uso de la llamada al sistema **isatty()**, de modo que determina si la salida va dirigida hacia el terminal (tty). Además, ls puede utilizar otras llamadas al sistema, siendo capaz de determinar el ancho de la pantalla para adaptar la salida al mismo.

2.2.1 Terminal como archivo

En los sistemas GNU/Linux, aparte de los archivos, directorios y enlaces fuertes y débiles, aparece un tipo de archivo adicional: el **dispositivo**. Este tipo de archivo reside en la estructura de Linux, normalmente en el directorio **/dev**, y representa un dispositivo periférico, como pueden ser la pantalla, el teclado, la impresora o un dispositivo de disco.

En un entorno gráfico, cada una de las ventanas tiene su propio nombre de dispositivo. Para conocer el nombre del dispositivo en cuestión, puede hacer uso de la utilidad **tty**.

2.2.2 Redirigir la salida estándar

El término redirección engloba varios modos que pueden provocar que el Shell altere el destino de la entrada y salida estándares. El usuario puede conseguir que el Shell redirija la entrada o salida estándares de cualquier comando o fichero hacia cualquier dispositivo.

Mediante el símbolo de redirección de salida (>), se indica al Shell que redirija la salida de un comando a un fichero, en lugar de la pantalla (Figura 2.3). El formato para realizar una redirección de salida es el siguiente:

```
Comando [Argumento …] > Fichero
```

Donde "Comando" se refiere a un programa ejecutable, aparecen "Argumentos" de modo opcional y "Fichero" es el nombre del fichero hacia el cual el Shell redirige la salida.

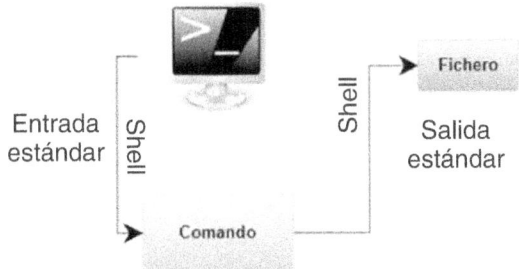

Figura 2.3. Redirección de la salida estándar

En el siguiente ejemplo, puede ver cómo redirigir la salida mediante el comando **cat**, lo que permite crear un fichero sin la utilización de ningún editor.

```
programacion@shell:~$ cat > redireccionSalida.txt
Esto es un ejemplo de redirección de salida.
Debe pulsar Ctrl+D para finalizar.
programacion@shell:~$
```

La redirección de salida puede destruir un fichero I

La redirección de salida hacia un fichero se debe utilizar con precaución. Si el fichero destino de la redirección existe, el Shell sobrescribirá el contenido del mismo, borrando por tanto el contenido previo.

2.2.3 Redirigir la entrada estándar

Mediante el símbolo de redirección de entrada (<), se indica al Shell que redirija hacia el comando información proveniente de un fichero, en lugar de hacerlo desde teclado (Figura 2.4). El formato para realizar una redirección de entrada es el siguiente:

```
Comando [Argumento …] < Fichero
```

Donde "Comando" se refiere a un programa ejecutable, aparecen "Argumentos" de modo opcional y "Fichero" es el nombre del fichero desde el cual el Shell redirigirá la entrada.

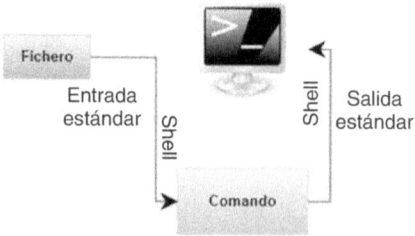

Figura 2.4. Redirección de la entrada estándar

Por ejemplo, si a la utilidad **cat** se le pasa un fichero como argumento o se le indica la redirección del mismo, el resultado obtenido es idéntico.

```
programacion@shell:~$ cat redireccionSalida.txt
Esto es un ejemplo de redirección de salida.
Debe pulsar Ctrl+D para finalizar.
programacion@shell:~$ cat <redireccionSalida.txt
Esto es un ejemplo de redirección de salida.
Debe pulsar Ctrl+D para finalizar.
```

Esto se debe a que cat forma parte de un grupo de utilidades que funcionan del mismo modo. Algunas de ellas son **lpr**, **sort** o **grep**. Dichas utilidades examinan la línea de comandos. Si se ha especificado un nombre de fichero, la utilidad lo utiliza como origen de la entrada estándar. Si no especifica nada, se utiliza directamente la entrada estándar. En este caso, es la utilidad o programa la que funciona de este modo, y no el Shell o el sistema operativo.

2.2.4 Noclobber: evitar la sobrescritura de ficheros

El Shell dispone de una variable, **noclobber**, que previene la sobrescritura de ficheros mediante el uso de la redirección. Bash permite activarlo mediante el siguiente comando:

```
$ set -o noclobber
```

Para llevar a cabo la desactivación del mismo, se debe utilizar:

```
$ set +o noclobber
```

Si noclobber está activado y se intenta redirigir la salida estándar hacia un fichero, el Shell muestra un mensaje de error y no realiza la redirección.

En el siguiente ejemplo se va crear un fichero mediante la utilidad **touch** y se intentará redirigir la salida estándar hacia el mismo con noclobber, tanto activado como desactivado, para comprobar el resultado.

```
programacion@shell:~$ touch tmp
programacion@shell:~$ set -o noclobber
programacion@shell:~$ echo "Redirección" > tmp
bash: tmp: no se puede sobrescribir un fichero existente
programacion@shell:~$ set +o noclobber
programacion@shell:~$ echo "Redirección" > tmp
programacion@shell:~$
```

La redirección de salida puede destruir un fichero II

Dependiendo del Shell utilizado y de la configuración del entorno, un comando como el siguiente puede provocar resultados inesperados:

```
programacion@shell:~$ cat fichero1 fichero2 > fichero1
cat: fichero1: los archivos de entrada y salida son el mismo
```

Aunque se visualiza un mensaje de error, el Shell destruye el contenido del fichero1 y el nuevo fichero1 contendrá lo mismo que fichero2, dado que la primera acción que realiza el Shell al encontrar el indicador de redirección (>) es eliminar el contenido del fichero1 original.

Se puede sobrescribir noclobber mediante un símbolo de cauce tras el símbolo de redirección (>|). En el siguiente ejemplo, se crea un fichero mediante la redirección de la fecha del sistema. Tras esto, se activa la variable noclobber y se redirecciona de nuevo la salida al mismo fichero, con lo cual se muestra el error. Finalmente se aplica la sobrescritura mediante un cauce de la variable noclobber, de modo que se permite al usuario sobrescribir el fichero.

```
programacion@shell:~$ date > tmp2
programacion@shell:~$ set -o noclobber
programacion@shell:~$ date > tmp2
bash: tmp2: no se puede sobrescribir un fichero existente
programacion@shell:~$ date >| tmp2
programacion@shell:~$
```

2.2.5 Concatenando la salida estándar a un fichero

Mediante el símbolo de concatenación de salida (>>), se indica al Shell que añada información al final de un archivo, dejando intacta la información que este tuviese con anterioridad. Este símbolo dota al Shell de un modo de concatenar dos archivos en uno, por ejemplo, de la siguiente forma:

```
programacion@shell:~$ cat fichero1
sáb jul 9 17:49:09 CEST 2011
programacion@shell:~$ cat fichero2
 PID TTY          TIME CMD
 3701 pts/0    00:00:00 bash
11390 pts/0    00:00:00 bash
11392 pts/0    00:00:00 ps
programacion@shell:~$ cat fichero1 >> fichero2
programacion@shell:~$ cat fichero2
 PID TTY          TIME CMD
 3701 pts/0    00:00:00 bash
11390 pts/0    00:00:00 bash
11392 pts/0    00:00:00 ps
sáb jul 9 17:49:09 CEST 2011
programacion@shell:~$
```

Cuidado con noclobber

A pesar de que la variable noclobber protege la sobrescritura de ficheros usando redirección, no impide que pueda sobrescribir archivos mediante las órdenes **mv** o **cp**. Estas utilidades incluyen la opción –**i** (interactivo), que le pueden ayudar a protegerse de este tipo de errores, pidiendo confirmación cuando intenta sobrescribir un archivo.

2.2.6 /dev/null: haciendo desaparecer datos

El dispositivo **/dev/null** es un "sumidero de información", también conocido como *bit bucket* (cubo de datos). Cualquier información que no se desee mantener o visualizar se puede redirigir a /dev/null y la salida desaparece sin dejar rastro.

```
programacion@shell:~$ echo "Hola" >/dev/null
programacion@shell:~$
```

Si se leen datos desde /dev/null, se obtiene una cadena nula. Mediante el siguiente ejemplo, puede vaciar un fichero preservando la propiedad y los permisos del mismo:

```
programacion@shell:~$ ls -l fichero
-rw-r--r-- 1 gonzalo gonzalo 31 2011-08-06 13:10 fichero
programacion@shell:~$ cat /dev/null > fichero
programacion@shell:~$ ls -l fichero
-rw-r--r-- 1 gonzalo gonzalo 0 2011-08-08 17:06 fichero
programacion@shell:~$
```

2.2.7 Cauces

El Shell utiliza un cauce (*pipe*) para conectar la salida estándar de un comando con la entrada estándar de otro comando. Un cauce tiene el mismo efecto que redireccionar la salida estándar de un comando a un fichero y, posteriormente, usar dicho fichero como entrada estándar de otro comando. El cauce elimina los comandos y ficheros intermedios. El símbolo empleado para el cauce es la barra vertical (|) y la sintaxis es la siguiente:

```
$ ComandoA [Argumento …] | ComandoB [Argumento …]
```

Lo cual equivale a lo siguiente:

```
$ ComandoA [Argumento …] > temporal
$ ComandoB [Argumento …] < temporal
$ rm temporal
```

2.2.8 Filtros

Un **filtro** es un comando que procesa un flujo de datos de entrada y produce un flujo de datos de salida. Una línea de comandos que incluya un filtro utiliza un cauce para conectar la salida estándar de un comando con la entrada estándar del filtro. Otro cauce conecta la salida estándar del filtro con la entrada estándar de otro comando. Debe tener en cuenta que no todas las utilidades se pueden utilizar como filtros.

El siguiente ejemplo hace uso de la utilidad **sort** como filtro, tomando como entrada estándar la salida estándar del comando **who** y utilizando un cauce para redirigir la salida estándar como entrada estándar del comando **lpr** (impresión ordenada de los ficheros):

```
$ who | sort | lpr
```

2.2.9 Tee: enviar la salida en dos direcciones

La utilidad **tee** copia su entrada estándar a un archivo, a la vez que lo envía a la salida estándar. En el siguiente ejemplo, se utiliza un cauce para dirigir la salida estándar del comando who a la orden tee, que copia dicha salida en un fichero llamado "usuarios" y, a su vez, envía una copia a la salida estándar, la cual se redirecciona de nuevo con un cauce como entrada estándar del comando grep, encargado de buscar en ella el usuario de nombre "gonzalo".

```
$ who | tee usuarios | grep gonzalo
```

2.3 TRATAMIENTO DE DATOS

Las especiales características de Bash lo hacen apropiado para trabajar de forma sencilla y eficiente con ficheros de texto, especialmente aquellos que disponen de múltiple información separada por caracteres especiales, como pueden ser los ficheros de valores separados por comas (CSV). Incluso muchos ficheros del sistema como /etc/passwd y variables como PATH utilizan esta política.

A la hora de trabajar con dichos ficheros, existen múltiples comandos que pueden facilitar la labor, como pueden ser **cut**, **sort**, **echo**, etc.

Por ejemplo, el fichero **/etc/passwd** está formado por la siguiente información:

```
Usuario:Contraseña:UID:GID:Comentario:Directorio:Shell
```

A continuación, puede ver un pequeño extracto del mismo.

```
root:x:0:0:root:/root:/bin/bash
daemon:x:1:1:daemon:/usr/sbin:/bin/sh
bin:x:2:2:bin:/bin:/bin/sh
sys:x:3:3:sys:/dev:/bin/sh
sync:x:4:65534:sync:/bin:/bin/sync
games:x:5:60:games:/usr/games:/bin/sh
...
```

Si desea listar todos los usuarios que aparecen registrados en el mismo, se puede utilizar lo siguiente:

```
$ cut -d: -f1 /etc/passwd
```

Lo que produce el siguiente resultado:

```
programacion@shell:~$ cut -d: -f1 /etc/passwd
root
daemon
bin
sys
sync
games
```

La orden anterior realiza una separación de campos haciendo uso del delimitador ":" (-d:) y selecciona la primera columna (-f1).

El comando **cut** permite una selección multicolumna, indicando los índices de las columnas que se quieren extraer, separados por comas (,). Por ejemplo, si además del nombre de usuario, necesita conocer el Shell que cada usuario utiliza por defecto (columna 7), puede utilizar:

```
$ cut -d: -f1,7 /etc/passwd
```

Dando como resultado:

```
programacion@shell:~$ cut -d: -f1,7 /etc/passwd
root:/bin/bash
daemon:/bin/sh
bin:/bin/sh
sys:/bin/sh
sync:/bin/sync
games:/bin/sh
...
```

Mediante la utilización de cauces, se pueden realizar tareas adicionales sobre el resultado devuelto por los comandos anteriores. Por ejemplo, si necesita un listado ordenado de usuarios, bastará con utilizar el comando **sort** con posterioridad al comando **cut**.

```
$ cut -d: -f1 /etc/passwd | sort
```

La salida del comando anterior es un listado de usuarios ordenados alfabéticamente:

```
programacion@shell:~$ cut -d: -f1 /etc/passwd | sort
avahi
backup
bin
daemon
dhcpd
...
```

Normalmente, cuando se trabaja con listados, se obtiene una gran cantidad de información, la cual hay que filtrar para encontrar lo deseado. Para ello, debe utilizar el comando **grep**. Por ejemplo, si desea verificar que un usuario concreto existe en el sistema, puede realizar lo siguiente:

```
$ cut -d: -f1 /etc/passwd | grep "usuario"
```

De este modo, de entre todos los usuarios registrados en el fichero /etc/passwd, se intenta localizar si existe el usuario de nombre "usuario". Por ejemplo, si desea conocer la existencia o no de un usuario de nombre "gonzalo" en el sistema, puede utilizar:

```
$ cut -d: -f1 /etc/passwd | grep "gonzalo"
```

2.4 INTRODUCCIÓN A GAWK (GNU AWK)

Gawk es la versión GNU del programa **UNIX awk**, un lenguaje de programación diseñado para procesar datos basados en texto, ya sean ficheros o flujos de datos. Dadas las similitudes existentes, muchas veces se refiere a gawk simplemente como awk.

La principal función de awk es la búsqueda en ficheros por líneas o por otras unidades de texto que contengan uno o más patrones.

Los programas en awk son diferentes a los de la mayoría de los lenguajes de programación, y a veces se denominan *data-driven* o "programación dirigida por datos", en la que las declaraciones del programa describen los datos a comparar y el procesamiento requerido, en lugar de definir una secuencia de pasos a seguir.

Como se ha comentado, gawk, o sencillamente awk, es un lenguaje de programación. En este apartado se realiza una introducción al mismo, dado que su orientación al procesamiento de texto facilita labores de programación, fundamentalmente al procesar la salida de comandos de Unix.

2.4.1 Imprimiendo en awk

El comando **print** de awk se utiliza para imprimir datos desde un fichero. Cuando awk lee datos de un fichero lo hace línea por línea y, a su vez, divide cada línea en campos basados en un separador de campos de entrada (*field separator* o FS), el cual está definido como un parámetro de awk. De forma predeterminada, esta variable suele estar formada por varios espacios o tabuladores.

Las variables $1, $2... $N definen los valores de cada uno de los campos de una línea de texto, y la variable $0 almacena el número de variables que componen una línea. En la Figura 2.5 se puede observar la división en variables de la salida del comando **df**.

```
programacion@shell:~$ df -h
S.archivos              Tam.   Usado Disp. % Uso Montado en
/dev/sda1               38G    5,0G  31G   14% /
none                    487M   196K  487M  1%  /dev
none                    494M   124K  494M  1%  /dev/shm
none                    494M   2,0M  492M  1%  /var/run
none                    494M   0     494M  0%  /var/lock
             $1         $2     $3    $4    $5  $6
```

Figura 2.5. Variables de awk

Si con el comando anterior solo se quieren mostrar los dos primeros campos, se debe utilizar el comando **print** de awk:

```
$ df -h | awk '{ print $1 $2 }'
programacion@shell:~$ df -h | awk '{ print $1 $2 }'
S.archivosTam.
/dev/sda138G
none487M
none494M
none494M
none494M
```

Como se puede observar, la salida no es muy legible. El modo de solventarlo es utilizar la coma (,) como separador de las columnas que se quieran mostrar.

```
$ df -h | awk '{ print $1,$2 }'

programacion@shell:~$ df -h | awk '{ print $1,$2 }'
S.archivos   Tam.
/dev/sda     138G
none         487M
none         494M
none         494M
none         494M
```

Error típico

1. Se debe utilizar el espacio tras la llave de apertura y antes de la de cierre, para que la expansión de la expresión se lleve a cabo adecuadamente.

2. No confundir el comando print con el comando **printf** del capítulo anterior. Se puede utilizar printf, pero aplicando formato a los campos.

2.4.2 Dando formato a la salida en awk

Si no se utiliza el formateado de la salida, se obtienen resultados bastante complejos de leer, ya que es imposible discernir dónde acaba uno y comienza otro. Aparte de la utilización de la coma como separador, se puede utilizar texto normal entre comillas dobles (") para introducir cadenas de texto, elementos que facilitarán la comprensión de la salida.

```
$ ls -ldh * | awk '{ print "Fichero: " $8 " Tamaño: " $5 " bytes"}'
Fichero: fichero1 Tamaño: 25 bytes
Fichero: fichero2 Tamaño: 35 bytes
```

Con el comando **print** se pueden utilizar las variables tantas veces como sea necesario, así como invertir el orden de las mismas en la salida. Además, el lenguaje awk dispone de unos caracteres especiales para el formateado de la salida. Incluso se puede hacer uso de los metacaracteres, anteponiendo a los mismos la barra inversa (\).

Tabla 2.5 Caracteres de formateado de awk

Comando	Descripción
\a	Bell.
\t	Tabulador.
\n	Salto de línea.

2.4.3 Uso de expresiones regulares

AWK permite hacer uso de expresiones regulares como patrones de búsqueda dentro de las líneas de texto. Dichas expresiones regulares se comprueban frente a la línea completa de texto.

El formato de utilización de expresiones regulares con awk es el siguiente:

```
$ awk 'EXPRESION { FORMATO } ' fichero(s)
```

En el siguiente ejemplo se muestra el porcentaje de utilización de los discos locales:

```
$ df -h | awk '/dev\/sda/ { print $6 "\t: " $5 }'
programacion@shell:~$ df -h | awk '/dev\/sda/ { print $6 "\t: " $5 }' / : 14%
```

2.4.4 Patrones especiales

La utilización de **BEGIN** permite añadir texto precediendo a la salida de awk, y con **END** se añade texto al final.

```
$ df -h | awk 'BEGIN { print "Discos encontrados:\n" } /dev\/sda/ {
print $6 "\t: " $5 } END { print "Eso es todo\n" }'

Discos encontrados:
/       : 14%
Eso es todo
```

2.4.5 Separador de campos de entrada

A la hora de separar los campos de entrada, **awk** utiliza caracteres simples o expresiones regulares. La entrada se procesa de modo que se extraen secuencias de caracteres entre patrones de separación.

El separador utilizado por awk se almacena en la variable empotrada **FS**. El valor de esta variable se puede cambiar utilizando el operador de asignación igual (=) como otra variable más del Shell, pero dentro del apartado **BEGIN**. El lugar adecuado para hacer el cambio de dicha variable es al comienzo del programa, antes de procesar ninguna entrada. De este modo, el primer registro que procesa se hace con el separador necesario. Para evitar posibles problemas, se debe escoger cuidadosamente el carácter o expresión regular a utilizar como separador.

Para demostrar su utilidad, se va a construir un comando que muestre los usuarios del sistema y su descripción.

```
$ awk 'BEGIN { FS=":" } { print $1 "\t" $5 }' /etc/passwd

root    root
daemon  daemon
bin     bin
sys     sys
gonzalo gonzalo
...
```

2.4.6 Separador de campos de salida

Los campos de salida se suelen separar mediante espacios en blanco o tabulaciones (al utilizar el separador de la coma entre los campos). La utilización de la coma indica a awk que debe hacer uso del separador de campos de salida (*output field separator*). Al igual que sucede con los separadores de entrada, puede utilizar cualquier carácter como separador de salida indicándolo en la variable empotrada correspondiente (OFS).

Awk almacena, además, el separador de registros de salida (líneas de procesado) en la variable empotrada ORS (*output record separator*). Su valor por defecto es el carácter **\n**, de modo que cada salida del comando print se muestre en una nueva línea.

Por lo tanto, para cambiar el formato de salida se deben asignar nuevos valores a las variables OFS y ORS. Dicho cambio se debe realizar en el campo BEGIN. Si se quieren asignar valores a más de una variable empotrada, estas se deben separar mediante el punto y coma (;).

En el siguiente ejemplo, se van a separar los campos de salida con ";" y se van a separar las líneas mediante una nueva línea compuesta por los caracteres "=>".

```
$ awk 'BEGIN { FS=":" ; OFS=";" ; ORS="\n=>\n"} { print $1,$5 }'
/etc/passwd

root;root
=>
daemon;daemon
=>
bin;bin
=>
sys;sys
=>
gonzalo;gonzalo
=>
...
```

2.4.7 Número de registros procesados

A veces es necesario conocer el número de registros que se han procesado. Para ello, awk dispone de la variable empotrada **NR** (*number of records*). El valor de dicha variable se incrementa cada vez que se procesa una nueva línea de entrada.

A continuación, se muestra un sencillo ejemplo de utilización:

```
$ awk 'BEGIN { FS=":"} { print "* Usuario " NR ":\t"$1,$5 }' \
/etc/passwd

* Usuario 1:   root root
* Usuario 2:   daemon daemon
* Usuario 3:   bin bin
...
```

2.5 APLICANDO CONOCIMIENTOS

AC 2.1

Muestre todos los archivos del directorio /bin que comiencen por h y que, en caso de que no exista ninguno, muestre el mensaje: "no existe ninguno".

```
$ ls /bin/h* 2> /dev/null || echo "No existe ninguno"
```

AC 2.2

Cree un *script* que ordene todos los ficheros con extensión .txt, elimine las líneas duplicadas y guarde todos los datos en el fichero "resultado.txt".

```
$ cat *.txt | sort | uniq > resultado.txt
```

AC 2.3

El comando ls no tiene ninguna forma de seleccionar ficheros por una determinada fecha de modificación. Por ello, se va a desarrollar un *script* que devuelva los ficheros del directorio actual cuya fecha de modificación sea la dada como argumento.

Para ello, se debe hacer un ls con los parámetros –lad (muestra los archivos y directorios, incluidos los ocultos) y posteriormente realizar una búsqueda de la fecha mediante grep, teniendo en cuenta el formato de la fecha utilizado por el Shell (suponga el formato YYYY-MM-DD).

```
$ ls -lad * | grep "fecha"
```

AC 2.4

Script awk, que transforma un fichero de texto en un fichero HTML sencillo.

```
#!/bin/bash
# file2html Convierte un fichero dado a html
# Uso file2html ficheroEntrada

fichEntrada=${1:?"Falta argumento"}
fichSalida=${2:-${fichEntrada%.*}}.html

`awk 'BEGIN { print "<html><head><title>Fichero HTML generado con
AWK</title></head>\n<body bgcolor=\"#ffffff\"><p>" } { print $0 }
END { print "</p></body>\n</html>" }' <$fichEntrada >$fichSalida `
```

2.6 EJERCICIOS PROPUESTOS

1. La orden **tee** es un filtro especial que recoge los datos de la entrada estándar y los redirige a la salida normal y a un fichero especificado, tanto en operaciones de escritura como de anexado. Esta es una orden muy útil que suele usarse en procesos largos para observar y registrar la evolución de los resultados.

   El siguiente ejemplo muestra y registra el proceso de compilación e instalación de una aplicación.

   ```
   configure       2>&1 | tee aplic.sal
   make            2>&1 | tee -a aplic.sal
   make install    2>&1 | tee -a aplic.sal
   ```

   Se propone como ejercicio interpretar la siguiente orden:

   ```
   $ ls | tee salida | sort -r
   ```

2. Suponga que tiene permiso para escribir en un fichero, pero no para eliminarlo. Indique qué comando puede utilizar para vaciar el contenido del fichero sin utilizar ningún editor de textos.

3. Genere un fichero llamado "respuesta.txt" con algún contenido y, posteriormente, realice las siguientes actividades:

   ```
   $ > respuesta.out < respuesta.txt cat
   ```

   - ¿Qué realiza el comando anterior?

   - ¿Cuál sería el modo convencional de realizarlo?

4. Un usuario desea buscar en los ficheros a, b y c la palabra "back", redirigiendo el resultado al fichero **a.out**. Para ello, utiliza el comando grep, pero, por equivocación, no introduce el punto (.) en el nombre del fichero de salida, quedando la orden como sigue:

   ```
   $ grep back a b c > a out
   ```

   ¿Qué ha sucedido?

5. Suponga que tiene un fichero de texto con los siguientes datos de usuario: nombre, apellido1, apellido2, año de nacimiento y ciudad de nacimiento. Cada usuario aparece en una línea independiente y los datos están separados por tabuladores. Un ejemplo puede ser el siguiente:

```
Gonzalo     Puga        Sabio       1982    Granada
Julio       Gomez       Lopez       1975    Murcia
Jose        Perez       Perez       1958    Almeria
Magdalena   Fernandez   Fernandez   1980    Sevilla
```

Se desea obtener una salida un poco más clara, ya que solo se necesita el nombre, apellido1 y año de nacimiento. Cree, para ello, un *script* con awk que devuelva el siguiente resultado:

```
Nombre          Apellido1           Fecha de nacimiento
---------------------------------------------------------
Gonzalo         Puga                1982
Julio           Gomez               1975
Jose            Perez               1958
Magdalena       Fernandez           1980
```

Recuerde

En la página web del libro podrá encontrar los ejercicios resueltos.

Capítulo 3

PROGRAMACIÓN BÁSICA

3.1 INTRODUCCIÓN

Con este capítulo se pretende dar una rápida visión de todos aquellos aspectos comunes a la programación Bash, prestando especial atención al uso de variables y a las expresiones, de modo que pueda empezar a entender los *scripts* que configuran su máquina y que sea capaz de crear sus propios *scripts*.

En este punto, es recomendable que el usuario sea capaz de manejarse en el terminal con cierta soltura, además de conocer los comandos básicos de Unix/Linux. A pesar de ello, se documentará convenientemente todo comando de interés utilizado, de cara a facilitar el aprendizaje de aquellos usuarios menos expertos en la materia.

El capítulo se ha estructurado de modo que no es indispensable el conocimiento de lenguajes de programación, aunque, indudablemente, dicho conocimiento ayudará a una asimilación más rápida del contenido.

Este capítulo sigue además las premisas del **principio KISS** (*keep it short and simple* – manténgalo breve y simple), que recomienda el desarrollo empleando partes sencillas, comprensibles y con errores de fácil detección y corrección, rechazando lo enrevesado e innecesario en el desarrollo de sistemas complejos en ingeniería.

Bash es un lenguaje muy críptico, por lo que es recomendable que el lector preste especial atención a la sintaxis y que intente probar los ejemplos y ejercicios resueltos, así como realizar los ejercicios propuestos, con el fin de consolidar las ideas básicas que se desarrollan en el capítulo, lo cual sentará las bases del entendimiento de los capítulos posteriores.

3.2 MI PRIMER *SCRIPT*

Un *script* Bash es un fichero de texto normal que consta de una serie de bloques de código formados por líneas de comandos, que se ejecutan secuencialmente (son interpretadas y ejecutadas como si se introdujeran directamente desde el teclado). Para ello, el usuario debe tener los permisos de modificación (escritura) en el directorio (para crear un nuevo programa) o sobre el propio fichero (para modificar uno existente).

El *script* debe comenzar con la marca **#!** para especificar la ruta completa y los parámetros del intérprete de órdenes que ejecutan el *script*, en este caso, Bash.

Para realizar su primer *script*, utilice un editor de textos para crear el fichero **holaMundo.sh** y escriba el contenido del Ejemplo 3.1.

```
$ nano holaMundo.sh
```

Ejemplo 3.1. Hola mundo

```
#!/bin/bash
#Ejemplo: Muestra la frase Hola Mundo
echo "Hola mundo"
```

Tras ello, debe establecer los permisos de ejecución del *script*:

```
$ chmod +x holaMundo.sh
```

Y, finalmente, ejecutar el *script* mediante:

```
$ ./holaMundo.sh
```

O bien:

```
$ bash holaMundo.sh
```

Para poder ejecutar un *script* desde cualquier lugar, invocándolo solo por el nombre, como si de un comando más se tratase, debe mover el *script* al directorio **/usr/bin/**:

```
$ mv holaMundo.sh /usr/bin
```

Una vez hecho esto, independientemente del lugar donde se encuentre, bastará con ejecutarlo:

```
$ holaMundo.sh
```

3.3 VARIABLES Y EXPRESIONES

Al contrario que en otros lenguajes de programación, Bash no hace distinción entre los tipos de datos de las variables; son, esencialmente, cadenas de caracteres, aunque, según el contexto, también pueden usarse con operadores de números enteros y condicionales. Esta filosofía de trabajo permite una mayor flexibilidad en la programación de *scripts*, pero, a su vez, puede provocar errores difíciles de depurar.

Junto a las variables, el intérprete de Bash permite utilizar una gran variedad de expresiones en el desarrollo de programas y en la línea de comandos.

3.3.1 Variables

Una variable Bash se define o actualiza mediante operaciones de asignación, mientras que se hace referencia a su valor utilizando el símbolo del dólar (**$**) delante de su nombre.

Normalmente se utiliza la convención de definir las variables en mayúscula para distinguirlas fácilmente de las órdenes y funciones, ya que en Unix las mayúsculas y minúsculas se consideran caracteres distintos.

```
VAR1="Esto es una prueba"   # Asignación de una variable
VAR2=12                     # Asignación de valor numérico
echo $VAR1                  # ==> Esto es una prueba
echo "VAR2=$VAR2"           # ==> VAR2=12
```

Tipos de variables

Las variables del intérprete Bash pueden considerarse desde los siguientes puntos de vista:

- **Variables locales**. Son definidas por el usuario y se utilizan únicamente dentro de un bloque de código, de una función determinada o de un *script*.

- **Variables de entorno**. Son las que afectan al comportamiento del intérprete y al de la interfaz del usuario.

- **Parámetros de posición**. Son los recibidos en la ejecución de cualquier programa o función y hacen referencia a su orden ocupado en la línea de comandos.

- **Variables especiales**. Son aquellas que tienen una sintaxis especial y que hacen referencia a valores internos del proceso. Los parámetros de posición pueden incluirse en esta categoría.

Variables locales

Las variables locales se definen para operar en un ámbito reducido de trabajo, ya sea un programa, una función o un bloque de código. Fuera de dicho ámbito de operación, la variable no existe.

Una variable tiene un nombre único en su entorno de operación, sin embargo pueden (aunque no es nada recomendable) utilizarse variables con el mismo nombre en distintos bloques de código.

Para asignar valores a una variable, se utiliza simplemente su nombre, pero para hacer referencia a su valor, hay que utilizar el símbolo del dólar ($). El siguiente ejemplo muestra el típico ejemplo "Hola mundo".

Ejemplo 3.2. Hola mundo

```
#!/bin/bash
#
# Esto es un ejemplo en Bash del clásico "Hola Mundo"
#

MENSAJE="Hola Mundo"
echo $MENSAJE
```

Se debe tener en cuenta que hay diferentes modos de referirse a una variable:

```
ERROR=2                       # Asigna el valor 2 a la variable ERROR
echo ERROR                    # ==> ERROR (Cadena "ERROR")
echo $ERROR                   # ==> 2 (valor de ERROR)
echo ${ERROR}                 # ==> 2 (es equivalente)
echo "Error ${ERROR}: salir"  # ==> Error 2: salir
```

El formato **${variable}** se utiliza en cadenas de caracteres, donde se puede prestar a confusión, o en procesos de sustitución de valores. Por ejemplo, se debe utilizar este formato si el nombre de la variable va seguido de un carácter que no sea una letra, un número o un símbolo '_':

```
FICHERO="registro"
echo ${FICHERO}_2011.txt
```

Parámetros de entrada

Los parámetros de entrada son variables especiales de Bash, que contienen los valores de los parámetros que recibe un programa o una función. El número indica la posición de dicho parámetro en la llamada del *script*.

El primer parámetro se denota por la variable $1, el noveno por $9 y a partir del décimo hay que utilizar la notación ${numero}. El comando interno **shift** desplaza la línea de parámetros hacia la izquierda para procesar los parámetros más cómodamente. El nombre del programa se denota por $0.

```
#!/bin/bash
echo "El usuario '$USER' ha ejecutado el script $0, en el ordenador '$HOSTNAME'. "

programacion@shell:~$ ./Ejemplo0.sh
El usuario 'gonzalo' ha ejecutado el script ./Ejemplo0.sh, en el
ordenador 'server1'.
```

También puede asignar la salida que producen los comandos del sistema a una variable. En el siguiente ejemplo se asigna la salida del comando ls –l a la variable **ATRIBUTOS_SCRIPT**. Esto es de gran utilidad en los *scripts* para obtener información del sistema que se puede utilizar en el propio *script*.

Ejemplo 3.3. Atributos del script

```
#!/bin/bash

ATRIBUTOS_SCRIPT=`/bin/ls -l $0`

echo "El usuario '$USER' ha ejecutado el script $0, en el ordenador '$HOSTNAME'. "
echo "Los atributos del script son: "
echo $ATRIBUTOS_SCRIPT

programacion@shell:~$ ./Ejemplo1.sh
El usuario 'gonzalo' ha ejecutado el script ./Ejemplo1.sh, en el
ordenador 'server1'.
Los atributos del script son:
-rwxr--r-- 1 gonzalo gonzalo 191 2011-06-28 18:14 ./Ejemplo1.sh
```

Los atributos del *script* se pueden utilizar para llevar a cabo operaciones sobre los mismos. Por ejemplo, el siguiente *script* suma los dos argumentos que recibe.

Ejemplo 3.4. Suma

```
#!/bin/bash
echo $(($1+$2))
```

Variables especiales

Las variables especiales informan sobre el estado del proceso y son tratadas y modificadas directamente por el intérprete, por lo que son de solo lectura. La Tabla 3.1 describe brevemente estas variables.

Tabla 3.1. Variables especiales

Variable	Descripción
$$	Identificador del proceso (PID).
$*	Cadena con el contenido completo de los parámetros recibidos por el programa.
$@	Como en el caso anterior, pero trata cada parámetro como una palabra diferente.
$#	Número de parámetros.
$?	Código de retorno del último comando (0=normal, >0=error).
$!	Último identificador del proceso ejecutado en segundo plano.
$_	Valor del último argumento del comando ejecutado previamente.

La utilización común de la variable **$$** es la de asignar nombres para ficheros temporales que permiten la utilización concurrente del programa, ya que, al estar asociada al **PID** del proceso, este valor no se repite nunca al ejecutar simultáneamente varias instancias del mismo programa.

El Ejemplo 3.5 es un *script* que convierte un fichero de texto de minúsculas a mayúsculas. Para ello, hace uso de la construcción cat **"$@"** para procesar datos tanto de ficheros como de la entrada estándar y del comando tr, encargado de hacer la traducción de los caracteres.

Ejemplo 3.5. Convertir a mayúsculas

```
#!/bin/bash
# mayúsculas - convierte a mayúsculas usando ficheros o stdin
# Uso: mayusculas [ [<]fichero]
# Para acabar con la entrada de datos de stdin se debe enviar la
señal Ctrl+D

cat "$@" | tr 'a-zñáéíóú' 'A-ZÑÁÉÍÓÚ'
```

```
programacion@shell:~$ ./mayusculas.sh datos.txt >datos.sal
programacion@shell:~$ ./mayusculas.sh <datos.txt >datos.sal
programacion@shell:~$ ./mayusculas.sh
Esto es la segunda prueba
ESTO ES LA SEGUNDA PRUEBA
programacion@shell:~$ more datos.txt
Esto es una prueba
programacion@shell:~$ more datos.sal
ESTO ES UNA PRUEBA
```

Matrices

Una matriz es un conjunto de valores identificados por el mismo nombre de variable, donde cada una de sus celdas cuenta con un índice que la identifica. Las matrices deben declararse mediante la cláusula interna *declare*, antes de ser utilizadas.

Bash soporta matrices de una única dimensión (vectores) con un único índice numérico, pero sin restricciones de tamaño ni de orden numérico o continuidad.

Los valores de las celdas pueden asignarse de manera individual o compuesta. Esta segunda fórmula permite asignar un conjunto de valores a varias celdas del vector. Si no se indica el índice en asignaciones compuestas, el valor para este por defecto es de 0 o sumando 1 al valor previamente usado.

Utilizar los caracteres especiales **[@]** o **[*]** como índice de la matriz supone referirse a todos los valores en su conjunto, con un significado similar al expresado en el apartado anterior.

Ejemplo 3.6. Utilización de matrices

```
#!/bin/bash
#Ejemplo de uso de matrices
declare -a NUMEROS                          # Declarar la matriz.
NUMEROS=( cero uno dos tres )               # Asignación compuesta.
echo ${NUMEROS[2]}                          # ==>dos
NUMEROS[4]="cuatro"                         # Asignación simple.
echo ${NUMEROS[4]}                          # ==> cuatro
NUMEROS=( [6]=seis siete [9]=nueve )        # asigna celdas 6, 7 y 9.
echo ${NUMEROS[7]}                          # ==> siete
echo ${NUMEROS[*]}                          # ==> seis siete nueve
```

3.3.2 Expresiones

El intérprete de Bash permite utilizar una gran variedad de expresiones en el desarrollo de programas y en la línea de comandos. Las distintas expresiones soportadas por el intérprete pueden englobarse en las siguientes categorías:

- **Expresiones aritméticas.** Generan como resultado un número entero o binario.

- **Expresiones condicionales.** Se utilizan por comandos internos de Bash para su evaluación, indicando si esta es cierta o falsa.

- **Expresiones de cadena.** Utilizan cadenas de caracteres.

Las expresiones complejas que cuentan con varios parámetros y operadores se evalúan de izquierda a derecha. Sin embargo, si una operación está encerrada entre paréntesis, se considera de mayor prioridad y se ejecuta antes.

A modo de resumen, en la Tabla 3.2 se muestran los operadores utilizados en los distintos tipos de expresiones Bash.

Tabla 3.2. Resumen de operadores

Tipo	Operadores
Operadores aritméticos	+ - * / % ++ --
Operadores de comparación	== != < <= > >= -eq -nt -lt -le -gt -ge
Operadores lógicos	! && ||
Operadores binarios	& | ^ << >>
Operadores de asignación	= *= /= %= += -= <<= >>= &= ^= |=

Operadores de tipos de ficheros	-e -b -c -d -f -h -L -p -S -t
Operadores de permisos	-r -w -x -g -u -k -O -G -N
Operadores de fechas	-nt -ot -et
Operadores de cadenas	-z -n

Expresiones aritméticas

Las expresiones aritméticas representan operaciones con número enteros o binarios, mediante el comando **let**.

Ejemplo 3.7. Let

```
#!/bin/bash

let A=100
let B=200
let C=$A+$B

echo "A: $A | B: $B | C: $C"

A: 100 | B: 200 | C: 300
```

A la hora de asignar valores, no es necesario hacerlo mediante **let**, y su asignación se realiza como si de una variable normal se tratase (nombre=valor), pero si se quiere operar con ellos, no se puede utilizar directamente el comando (+,-,*,/,%), sino que los valores se deben asignar a una variable definida con let como en el ejemplo anterior, de modo que se evalúe la expresión.

Existe un modo de operar con las variables sin let y es haciendo uso del comando **$** (expresión aritmética), para que desarrolle la expresión correspondiente.

Ejemplo 3.8. Expresión aritmética sin let

```
#!/bin/bash

A=100
B=200
C=$(($A+$B))

echo "A: $A | B: $B | C: $C"
echo $A+$B
echo "$A+$B"
```

```
A: 100 | B: 200 | C: 300
100+200
100+200
```

La valoración de expresiones aritméticas en BASH sigue las siguientes reglas:

Se realiza con números enteros de longitud fija sin comprobación de desbordamiento, esto es, ignorando los valores que sobrepasen el máximo permitido.

La división por cero genera un error que puede ser procesado.

La prioridad y la asociatividad de los operadores sigue las reglas del lenguaje C.

Si se quiere trabajar con números reales, el proceso es un poco más engorroso y necesita hacer uso de la herramienta **bc** para las operaciones.

Ejemplo 3.9 Número reales

```
#!/bin/bash

NUMERO1=20.1
NUMERO2=2.5

RESULTADO=`echo "$NUMERO1 + $NUMERO2" | bc`

echo $RESULTADO
```

```
22.6
```

Bc: un lenguaje de cálculo de precisión arbitraria

Bc es un lenguaje que permite la ejecución interactiva de sentencias con precisión numérica arbitraria. La sintaxis es similar a la del lenguaje de programación C. Con él se puede disponer de una biblioteca matemática estándar a través de una opción en la línea de comando.

La Tabla 3.3 muestra las operaciones aritméticas enteras y binarias agrupadas en orden de prioridad.

Tabla 3.3. Operaciones aritméticas

Operación	Descripción	Comentarios
Var++ Var--	Posincremento de la variable Predecremento de la variable	La variable se incrementa o decrementa en 1, tras evaluarse su expresión.
++Var --Var	Preincremento de la variable Predecremento de la variable	La variable se incrementa o decrementa en 1, antes de evaluarse su expresión.
+Expr -Expr	Más unario Menos unario	Signo positivo o negativo de la expresión (por defecto, se considera positivo).
! Expr ~ Expr	Negación lógica Negación binaria	Negación de la expresión lógica o negación bit a bit.
E1 ** E2	Exponenciación	E1 elevado a E2 ($E1^{E2}$).
E1 * E2 E1 / E2 E1 % E2	Multiplicación División Resto	Operaciones de multiplicación, división y resto entre números enteros.
E1 + E2 E1 − E2	Suma Resta	Suma y resta de enteros.
Expr << N Expr >> N	Desplazamiento binario a la izquierda y a la derecha	Desplazamiento de los bits un número indicado de veces.
E1 < E2 E1 <= E2 E1 > E2 E1 >= E2	Comparaciones (menor, menor o igual, mayor, mayor o igual)	Permite realizar comparaciones entre dos variables.
E1 = E2 E1 != E2	Igualdad Desigualdad	Permite realizar comparaciones entre dos variables.
E1 & E2	Operación binaria AND	Operación binaria. Si las dos condiciones son ciertas, devuelve cierto.

E1 ^ E2	Operación binaria Exclusive OR	Operación binaria. Si sólo un operador es cierto, entonces devuelve cierto.
E1 | E2	Operación binaria OR	Operación binaria. Devuelve cierto si uno de los dos operadores es cierto.
E1 && E2	Operación lógica AND	Si las dos condiciones son ciertas, devuelve cierto.
E1 || E2	Operación lógica OR	Devuelve cierto si uno de los dos operadores es cierto.
E1 ? E2 : E3	Evaluación lógica	Si E1 = cierto, se devuelve E2; si no, E3.
E1 = E2 E1 Op= E2	Asignación normal y con pre-operación (operadores válidos: *=, /=, %=, +=, -=, <<=, >>=, &=, ^=, |=)	Asigna el valor E2 a E1. Si se especifica un operador, primero se realiza la operación entre las dos expresiones y se asigna el resultado (E1 = E1 Op E2).
E1, E2	Operaciones independientes	Se ejecutan en orden.

A continuación, puede ver una serie de sencillos ejemplos utilizando operaciones aritméticas.

Ejemplo 3.10. Operaciones aritméticas

```
#!/bin/bash
# Ejemplo de operaciones aritméticas

let a=5                          # Asignación a=5.
let b=$a+3*9                     # b=a+(3*9)=32.
echo "a=$a, b=$b"                # ==> a=5, b=32
let c=$b/\($a+3\)                # c=b/(a+3)=4.
let a+=c--                       # a=a+c=9, c=c-1=3.
echo "a=$a, c=$c"                # ==> a=9, c=3
let "t2 = ((a = 8, 15 / 3))"     # Asigna "a" y calcula t2.
echo "t2 = $t2   a = $a"         # t2 = 5   a = 8
```

Por defecto, Bash interpreta un número como decimal, a menos que el número en cuestión vaya precedido por un prefijo o notación. La Tabla 3.4 muestra dichas notaciones.

Tabla 3.4. Bases numéricas

Base	Definición	Ejemplo
Decimal	Base decimal (0-9) sin prefijo	let N=59
Octal	Base octal (0-7) precedido por cero (0)	let N=034
Hexadecimal	Base hexadecimal (0-9A-F) precedido por 0x o 0X	let N=0x34AF
Otra base Base#Numero	Base ∈ [2-64]	let "BIN = 2#1111001101"

A continuación, puede ver una serie de ejemplos utilizando el cambio de bases.

Ejemplo 3.11. Uso de bases numéricas

```
#!/bin/bash
# numeros.sh: Representación de números en diferentes bases

# Decimal: defecto
let "dec = 32"
echo "Número decimal = $dec"       # 32
# Nada fuera de lo normal

# Octal: Números precedidos por '0' (cero)
let "oct = 032"
echo "Número Octal = $oct"         # 26
# El resultado se expresa en decimal

# Hexadecimal: Números precedidos por '0x' o '0X'
let "hex = 0x32"
echo "Número hexadecimal = $hex"   # 50
# El resultado se expresa en decimal

# Otras bases: BASE#NUMERO
# BASE entre 2 y 64.
# NUMERO debe estar comprendido en el rango de la base

let "bin = 2#111100111001101"
echo "Número binario = $bin"       # 31181

let "b32 = 32#77"
echo "Número base-32 = $b32"       # 231

let "b64 = 64#@_"
```

```
echo "Número base-64 = $b64"          # 4031
# Esta notificación solo funciona para el rango (2 - 64)
# de caracteres ASCII.
# 10 dígitos + 26 caracteres en minúscula +
# 26 caracteres en mayúscula + @ + _

echo
echo $((36#zz)) $((2#10101010)) $((16#AF16)) $((53#1aA))
                  # 1295 170 44822 3375
# Nota importante:
# ---------------
# Usar un dígito fuera del rango de la base con la que se trabaja
# provoca un mensaje de error

let "bad_oct = 081"
# (Parcial) Mensaje de error:
# bad_oct = 081: valor demasiado grande para la base
# (el elemento de error es "081")
```

Expresiones condicionales

Las expresiones condicionales son evaluadas por comandos internos del tipo test, dando como resultado un valor cierto o falso. Suelen emplearse en operaciones condicionales y bucles, aunque también se utilizan en órdenes compuestas.

Existen varios tipos de expresiones condicionales, según el tipo de parámetros utilizado o su modo de operación:

- **Expresiones con ficheros**. Comparan la existencia, el tipo, los permisos o la fecha de ficheros y directorios.

- **Expresiones comparativas numéricas**. Evalúan la relación de orden numérico entre los parámetros.

- **Expresiones comparativas de cadenas**. Establecen la relación de orden alfabético entre los parámetros.

Todas las relaciones condicionales pueden utilizar el modificador de negación (! Expr) para indicar la operación inversa. Así mismo, pueden combinarse varias de ellas en una expresión compleja, usando los operadores lógicos **Y** (Expr1 && Expr2) y **O** (Expr1 || Expr2).

Expresiones de ficheros

Son expresiones condicionales que devuelven el valor cierto si se cumple la condición especificada; en caso contrario, devuelve un valor falso. Hay una gran variedad de expresiones relacionadas con ficheros y pueden agruparse en operaciones de tipos, de permisos y de comparación de fechas.

Ficheros en Unix

En los sistemas UNIX, cualquier elemento se representa en forma de archivo. Todos los archivos están ordenados en una única estructura jerárquica con forma de árbol.

En la tabla 3.5 puede ver los diferentes operadores de tipo de fichero.

Tabla 3.5. Operadores de tipo de fichero

Formato	Condición (cierto si...)
-a fichero	El fichero (de cualquier tipo) existe.
-b fichero	El fichero existe y es un dispositivo de bloques.
-c fichero	El fichero existe y es un fichero de caracteres.
-d fichero	El fichero existe y es un directorio.
-e fichero	El fichero (de cualquier tipo) existe.
-f fichero	El fichero existe y es un fichero normal (regular).
-h fichero -L fichero	El fichero existe y es un enlace simbólico.
-k fichero	El fichero existe y tiene activado su sticky bit.
-p fichero	El fichero existe y es un cauce (*pipe*).
-s fichero	El fichero existe y su tamaño es mayor que cero.
-t descriptor	El descriptor de fichero está abierto y asociado a una terminal.
-S fichero	El fichero existe y es un *socket* de comunicaciones.

Las condiciones sobre permisos establecen si el usuario que realiza la comprobación puede ejecutar o no la operación deseada sobre un determinado fichero. La Tabla 3.6 describe estas condiciones.

Sticky bit

El **sticky bit** es un permiso de acceso que puede ser asignado a ficheros y directorios en sistemas Unix. Históricamente, el sticky bit se utilizaba en ficheros ejecutables. Cuando se asignaba, le indicaba al sistema operativo que mantuviera el programa en intercambio (*swap*) para ejecuciones posteriores (incluso de otros usuarios). Desde entonces, el rendimiento de las tecnologías de almacenamiento persistente ha mejorado mucho y este uso ha quedado obsoleto.

Hoy en día, el sticky bit se utiliza con directorios. Cuando se le asigna a un directorio, significa que los elementos que hay en ese directorio solo pueden ser renombrados o borrados por el propietario del elemento, el propietario del directorio o el usuario *root* (superusuario), aunque el resto de los usuarios tenga permisos de escritura.

El sticky bit está, a menudo, configurado para el directorio /**tmp**.

Tabla 3.6. Operadores sobre ficheros

Formato	Condición (cierto si…)
-r fichero	El usuario tiene permiso de lectura.
-w fichero	El usuario tiene permiso de escritura.
-x fichero	El usuario tiene permiso de ejecución/acceso.
-u fichero	El usuario tiene el permiso SUID.
-g fichero	El usuario tiene el permiso SGID.

-t fichero	El usuario tiene permiso de directorio compartido o fichero en caché.
-O fichero	El usuario es el propietario del fichero.
-G fichero	El usuario pertenece al grupo con el GID del fichero.

SUID bit activado sobre un fichero indica que todo aquel que ejecute el archivo va a tener, durante la ejecución, los mismos privilegios que quien lo creó.

GID bit es un identificador del grupo de usuarios.

Las operaciones sobre fechas establecen comparaciones entre las correspondientes a dos ficheros. Dichas operaciones se muestran en la Tabla 3.7.

Tabla 3.7. Operadores sobre fechas

Formato	Condición (cierto si...)
-N fichero	El fichero existe y se ha modificado con posterioridad a su última lectura.
F1 -nt F2	El fichero F1 es más nuevo que el fichero F2.
F1 -ot F2	El fichero F1 es más antiguo que el fichero F2.

Para comprobar su funcionamiento, se va a desarrollar un pequeño *script* (Ejemplo 3.12) que utilice la comparación sobre dos ficheros dados.

Ejemplo 3.12. Operadores sobre fechas

```
#!/bin/bash
# Compara las fechas de dos ficheros dados

[ -N "$1" ] && echo "Fichero $1 ha sido modificado con posterioridad
a su última lectura"
[ -N "$2" ] && echo "Fichero $2 ha sido modificado con posterioridad
a su última lectura"
[ "$1" -nt "$2" ] && echo "$1 es más reciente que $2"
[ "$1" -ot "$2" ] && echo "$2 es más reciente que $1"
```

Los ficheros a comparar tienen las siguientes características:

```
programacion@shell:~$ ls -l
total 12
-rw-r--r-- 1 gonzalo gonzalo 25 2011-07-09 12:58 fichero1
-rw-r--r-- 1 gonzalo gonzalo 35 2011-07-09 12:35 fichero2
```

La ejecución del *script* produce el siguiente resultado:

```
programacion@shell:~$ ./compara.sh fichero1 fichero2
fichero1 es más reciente que fichero2
```

Nota

La utilidad del *script* anterior es meramente didáctica. Se ha implementado de acuerdo a los conocimientos adquiridos hasta este punto del libro.

Una vez que se vean las estructuras condicionales, se podrán utilizar estos operadores de una manera más lógica y funcional.

Expresiones comparativas numéricas

La Tabla 3.8 describe los operadores de comparación para números.

Tabla 3.8. Operadores comparativos

Formato	Condición (cierto si...)
N1 –eq N2	Los dos operandos son iguales.
N1 –ne N2	Los dos operandos son distintos.
N1 –lt N2	N1 es menor que N2.
N1 –gt N2	N1 es mayor que N2.

El *script* de Ejemplo 3.13 acepta dos números y los compara, informando de los resultados obtenidos:

Ejemplo 3.13. Operadores comparativos

```
#!/bin/bash
#Compara dos números dados

[ "$1" -eq "$2" ] && echo "$1=$2"
[ "$1" -ne "$2" ] && echo "$1!=$2"
[ "$1" -lt "$2" ] && echo "$1<$2"
[ "$1" -gt "$2" ] && echo "$1>$2"
```

A continuación, se muestra un ejemplo de uso:

```
programacion@shell:~$ ./comparar.sh 2 3
2!=3
2<3
programacion@shell:~$ ./comparar.sh 2 2
2=2
```

Expresiones comparativas de cadenas

Como es de esperar, se pueden realizar distintas operaciones entre cadenas de caracteres. Se resumen, en la Tabla 3.9.

Tabla 3.9. Operadores sobre cadenas

Formato	Condición (cierto si...)
Cad1 = Cad2	Las dos cadenas de caracteres son iguales (carácter a carácter).
Cad1 != Cad2	Las dos cadenas son distintas.
-n cadena	La longitud de la cadena no es 0.
cadena	La longitud de la cadena no es 0.
-z cadena	La longitud de la cadena es 0.
Cad1 > Cad2	Cad2 precede alfabéticamente a Cad1.
Cad1 < Cad2	Cad1 precede alfabéticamente a Cad2.

El Ejemplo 3.14 lleva a cabo comparaciones sobre dos cadenas de caracteres:

Ejemplo 3.14. Comparando cadenas

```
#!/bin/bash
#Compara dos cadenas

cadena1="Hola"
cadena2="Adios"

[ "$cadena1" = "$cadena2" ] && echo "$cadena1=$cadena2"
[ "$cadena1" != "$cadena2" ] && echo "$cadena1!=$cadena2"
[ -n "$cadena1" ] && echo "El tamaño de $cadena1 no es 0"
[ "$cadena2" ] && echo "El tamaño de $cadena2 no es 0"
[ -z "$cadena1" ] && echo "El tamaño de $cadena1 es 0"
[ "$cadena1" > "$cadena2" ] && echo "$cadena2 precede
alfabéticamente a $cadena1"
```

Combinando expresiones

Las operaciones que se pueden aplicar sobre una expresión independiente se pueden agrupar para que afecte a un conjunto mayor de operaciones. La Tabla 3.10 muestra las posibles agrupaciones.

Tabla 3.10. Combinando expresiones

Operación	Efecto
! Expr	Cierto si Expr es falso.
(Expr)	Devuelve el valor de la expresión. Se utiliza para cambiar la normal precedencia de los operadores.
Expr1 –a Expr2	Cierto si ambas expresiones son ciertas.
Expr1 –o Expr2	Cierto si alguna de las expresiones es cierta.

Un ejemplo de uso puede ser el Ejemplo 3.15:

Ejemplo 3.15. Combinando expresiones

```
#!/bin/bash
# Compara palabras

palabra1="Hola"
palabra2="Adios"
palabra3="Hola"

[ "$palabra1" = "$palabra2" -a "$palabra2" = "$palabra3" ] && echo
"Las 3 palabras coinciden"
[ "$palabra1" = "$palabra3" -o "$palabra2" = "$palabra3" ] && echo
"Algunas palabras coinciden"
!([ "$palabra1" = "$palabra2" ]) && echo "Las palabras 1 y 2 son
diferentes"
```

3.3.3 Entrecomillado y expansión

Cada uno de los metacaracteres usados en Bash tiene un comportamiento especial, según la sintaxis del lenguaje. El **entrecomillado** es el procedimiento utilizado para modificar o eliminar el uso normal de dichos metacaracteres.

```
# El ";" se utiliza normalmente para separar comandos.
echo Hola; echo que tal                        # ==> Hola
                                               # que tal
# Usando entrecomillado pierde su función normal.
echo "Hola; echo que tal"                      # ==> Hola; echo que
tal
```

Los tres tipos de entrecomillados definidos en BASH son:

- **Carácter de escape** (\carácter). Mantiene el valor literal del carácter que le precede. Como último carácter de las líneas, se utiliza para continuar la ejecución de una orden en la línea siguiente.

- **Comillas dobles** ("cadena"). Conserva el valor literal de cada uno de los caracteres de la cadena.

- **Comillas simples** ('cadena'). Conserva el valor del literal de la cadena, excepto los caracteres dólar ($), comilla simple (') y de escape (\$, \\, \', \" ante el fin de línea y secuencia de escape de tipo ANSI-C).

El entrecomillado con formato **$"cadena"** se utiliza para procesos de traducción según el idioma expresado por la variable **LANG**. Si se utiliza el valor de idioma por defecto (C o POSIX), la cadena se trata normalmente con comillas dobles.

```
echo "Solo con permiso \"root\""        # ==> Solo con permiso "root"
echo 'Solo con permiso \"root\"'        # ==> Solo con permiso \"root\"
```

Expansión

Como viene observando a lo largo del libro, la línea de comandos se divide en una serie de elementos que representan cierto significado en la semántica del intérprete. La **expansión** es un procedimiento especial que se realiza sobre dichos elementos individuales.

Bash dispone de ocho tipos de expansiones, que, según su orden de procesado, son las siguientes:

- **Expansión de llaves.** Modifica la expresión para crear cadenas arbitrarias.

- **Expansión de tilde.** Realiza sustituciones de directorios.

- **Expansión de parámetro y variable.** Tratamiento general de variables y parámetros, incluyendo la sustitución de prefijos, sufijos, valores por defecto y otras operaciones con cadenas.

- **Sustitución de orden.** Procesa la orden y devuelve su salida normal.

- **Expansión aritmética.** Sustituye la expresión por su valor numérico.

- **Sustitución de proceso.** Comunicación de procesos mediante cauces con nombre de tipo cola (FIFO).

- **División en palabras.** Separa la línea de comandos resultante en palabras, usando los caracteres de división incluidos en la variable IFS.

- **Expansión de fichero.** Permite buscar patrones con comodines en los nombres de ficheros.

Expansión de llaves

La expansión de llaves es el preprocesado de la línea de comandos que se ejecuta en primer lugar y se procesa de izquierda a derecha. Se utiliza para generar cadenas arbitrarias de nombres de ficheros, los cuales pueden o no existir. Por lo tanto, puede modificarse el número de palabras que se obtiene tras ejecutar la expansión. El formato general es el indicado en la Tabla 3.11.

Tabla 3.11. Expansión de llaves

Formato	Descripción
[pre]{C1, C2[,...]}[suf]	El resultado es una lista de palabras donde se le añade a cada una de las cadenas entre llaves (y separadas por comas) un prefijo y un sufijo opcionales.

```
echo a{b,c,d}e              # ==> abe ace ade
mkdir $HOME/{bin,lib,doc}   # Se crean los directorios:
                            # $HOME/bin, $HOME/lib y $HOME/doc.
```

Expansión de tilde

Este tipo de expansión obtiene el valor de un directorio tanto de las cuentas de usuarios como de la pila de directorios accedidos. Los formatos válidos de la expansión de tilde se muestran en la Tabla 3.12.

Tabla 3.12. Expansión de tilde

Formato	Descripción
~[usuario]	Directorio personal del usuario indicado. Si no se expresa nada devuelve $HOME.
~+	Directorio actual ($PWD).
~-	Directorio anterior ($OLDPWD).

Ejemplo 3.16. Capacidad de la cuenta de usuario

```
#!/bin/bash
# capacidad.sh - muestra la capacidad en KB de la cuenta del
# usuario que lo ejecuta
# Uso: capacidad
ls -ld ~
du -ks ~
```

Expansión de parámetro o de variable

Este tipo de expansión permite la sustitución del contenido de la variable siguiendo una amplia variedad de reglas. Los distintos formatos para la expansión de parámetros se encuentran en la Tabla 3.13.

Tabla 3.13. Expansión de parámetro o de variable

Formato	Descripción
${!Var}	Se hace referencia a otra variable y se obtiene su valor (expansión indirecta).
${Param:-Val}	Se devuelve el parámetro. Si este es nulo, se obtiene el valor por defecto.
${Param:=Val}	Si el parámetro es nulo, se le asigna el valor por defecto y se expande.
${Param:?Val}	Se obtiene el parámetro y si es nulo, se manda un mensaje de error.
${Param:+Val}	Se devuelve el valor alternativo si el parámetro no es nulo.
${Param:Inic} ${Param:Inic:Long}	Valor de subcadena del parámetro, desde el punto inicial hasta el final o longitud indicada.
${!Pref*}	Devuelve los nombres de variables que empiezan por el prefijo.
${#Param} ${#Matriz[*]}	Devuelve el tamaño en caracteres del parámetro o en elementos de una matriz.
${Param#Patrón} ${Param##Patrón}	Se elimina del valor del parámetro la mínima (o la máxima) comparación del patrón, comenzando por el principio del parámetro.
${Param%Patrón} ${Param%%Patrón}	Se elimina del valor del parámetro la mínima (o la máxima) comparación del patrón, comenzando por el final del parámetro.
${Param/Patrón/Cad} ${Param//Patrón/Cad}	El valor del parámetro se reemplaza por la cadena indicada en la primera comparación del patrón (o todas las comparaciones).

Bash proporciona unas potentes herramientas para el tratamiento de cadenas. Sin embargo, la sintaxis puede resultar engorrosa y requiere de experiencia para depurar el código. Por lo tanto, se recomienda crear *scripts* que resulten fáciles de comprender, documentando claramente las órdenes más complejas.

A continuación, se muestran algunos ejemplos de expansión de variables.

```
# Si el primer parámetro es nulo, asigna el usuario que lo ejecuta.
USUARIO=${1:-`whoami`}

# Si no está definida la variable COLUMNS, el ancho es de 89.
ANCHO=${COLUMNS:-80}

# Si no existe el primer parámetro, pone mensaje de error y sale.
: ${1:?"Error: $0 fichero"}

# Obtiene la extensión de un fichero (quita hasta el punto).
EXT=${FICHERO##*.}

# Elimina la extensión "rpm" del nombre del fichero.
RPM=${FICHRPM%.rpm}

# Cuenta el nº de caracteres de la variable CLAVE.
CARACTERES=${#CLAVE}

# Renombra el fichero de enero a febrero.
NUEVO=${ANTIGUO/enero/febrero}

# Añade nuevo elemento a la matriz (matriz[tamaño]=elemento).
matriz[${#matriz[*]}]="nuevo"
```

Sustitución de comando

Esta expansión sustituye el comando ejecutado (incluyendo sus parámetros) por su salida normal, ofreciendo una gran potencia y flexibilidad de ejecución al *script*. La Tabla 3.14 muestra los formatos válidos.

Tabla 3.14. Sustitución de comando

Formato	Descripción
$(Comando)	Sustitución literal del comando y sus parámetros.
`Comando`	Sustitución de comandos permitiendo caracteres de escape.

Cuando la sustitución de comandos aparece en una cadena entre comillas dobles, se evita que, posteriormente, se ejecute una expansión de ficheros.

Ejemplo 3.17. Información de usuario

```
#!/bin/bash
# infous - lista información de un usuario.
# Uso: infous usuario
TEMPORAL=`grep "^$1:" /etc/passwd 2>/dev/null`
USUARIO=`echo $TEMPORAL | cut -f1 -d:`
echo "Nombre de usuario: $USUARIO"
echo -n "Identificador (UID): "
echo $TEMPORAL | cut -f3 -d:
echo -n "Nombre del grupo primario: "
GID=`echo $TEMPORAL | cut -f4 -d:`
grep ":$GID:" /etc/group | cut -f1 -d:
echo "Directorio personal: "
ls -ld `echo $TEMPORAL | cut -f6 -d:`
```

```
programacion@shell:~$ ./infous.sh gonzalo
Nombre de usuario: gonzalo
Identificador (UID): 1000
Nombre del grupo primario: gonzalo
Directorio personal:
drwxr-xr-x 20 gonzalo gonzalo 4096 2011-07-07 18:54 /home/gonzalo
```

Expansión aritmética

La expansión aritmética calcula el valor de la expresión indicada y la sustituye por el resultado de la operación. El formato de esta expansión se indica en la Tabla 3.15.

Tabla 3.15. Expansión aritmética

Formato	Descripción
$((Expresión)) $[Expresión]	Sustituye la expresión por su resultado.

Véase el siguiente ejemplo:

```
# Cuenta el número de espacios para centrar una cadena
# espacios = ( ancho_pantalla - longitud (cadena) ) / 2.
ESPACIOS=$(( (ANCHO-${#CADENA})/2 ))
```

Sustitución de proceso

La sustitución de proceso permite utilizar un fichero especial de tipo cola para intercambiar información entre dos procesos: uno que escribe en la cola y el otro que lee de ella en orden (FIFO). Los formatos válidos para esta expansión aparecen en la Tabla 3.16.

Tabla 3.16. Sustitución de proceso

Formato	Descripción
Fich <(Lista) Descr <(Lista)	La lista de órdenes escribe en el fichero para que este pueda ser leído por otro proceso.
Fich >(Lista) Descr >(Lista)	Cuando otro proceso escribe en el fichero, el contenido de este se pasa como parámetro de entrada a la lista de órdenes.

División en palabras

Una vez que se hayan realizado las expansiones previas, el intérprete divide la línea de entrada en palabras, utilizando como separadores los caracteres especificados en la variable de entorno IFS. Para evitar problemas de seguridad generados, como un posible "caballo de Troya", el administrador debe declarar esta variable de solo lectura y establecer unos valores fijos para los separadores de palabras, que, por defecto, son el espacio, el tabulador y el salto de línea. Una secuencia de varios separadores se considera como un único delimitador.

Por ejemplo, si se ejecuta el siguiente comando,

```
$ du -ks $HOME
```

el intérprete realiza las sustituciones y, antes de ejecutar la orden, divide la línea en la siguientes palabras:

```
"du" "-ks" "/home/gonzalo" "du" "-ks" "/home/gonzalo"
```

Expansión de fichero

Si alguna de las palabras obtenidas tras la división anterior contiene algún carácter especial, conocido como "comodín" (*, ? o [), esta se trata como un patrón que se sustituye por la lista de nombres de ficheros que cumplen dicho patrón, ordenada alfabéticamente. El resto de los caracteres del patrón se tratan normalmente.

Los patrones válidos se pueden consultar en la Tabla 3.17.

Tabla 3.17 Expansión de fichero

Formato	Descripción
*	Equivale a cualquier cadena de caracteres, incluida la cadena nula.
?	Equivale a cualquier carácter único.
[Lista]	Equivale a cualquier carácter que aparezca en la lista. Pueden incluirse rangos de caracteres separados por guión (-). Si el primer carácter de la lista es ^, se comparan los caracteres que no formen parte de ella.

A continuación, se muestran algunos ejemplos:

```
# Listar los ficheros terminados en .rpm
ls *.rpm

# Listar los ficheros que empiecen por letra minúscula y tengan
# extensión .rpm
ls [a-z]*.rpm

# Listar los ficheros que empiezan por ".b", ".x" y ".X"
ls .[bxX]*

# Listar los ficheros cuya extensión tenga 2 caracteres
ls *.??
```

3.4 APLICANDO CONOCIMIENTOS

AC 3.1

Cree el *script* **copiar.sh que copie un directorio en otro (el usuario indica ambos directorios como parámetros del** *script*).

```
#!/bin/bash
# cpdir.sh Copia el contenido de un directorio en otro
# Uso cpdir dirOrigen dirDestino
cp -R $1 $2
```

AC 3.2

Utilice el paquete NetPBM *(http://netpbm.sourceforge.net/)*, **que permite convertir el formato de ficheros gráficos (por ejemplo, puede convertir una imagen tif a jpg).**

El objetivo es hacer un *script* llamado "bmptojpg", que reciba uno o dos nombres de ficheros: el primero de tipo bmp y el segundo de tipo jpg. Si no se suministra el segundo argumento, se utiliza el mismo nombre de fichero, pero con la extensión jpg. Para realizar las conversiones, se van a emplear los comandos de NetPBM bmptoppm y ppmtojpeg. Estos comandos reciben como argumento el fichero de origen y sacan por la salida estándar el fichero con el formato de destino.

```
#!/bin/bash
# bmptojpg Transforma imágenes bmp a jpeg
# Uso bmptojpg imgBMP [imgJPEG]

fichEntrada=${1:?'Falta argumento'}
fichIntermedio=${fichEntrada%.bmp}.ppm
fichSalida=${2:-${fichIntermedio%.ppm}.jpg}

bmptoppm $fichEntrada > $fichIntermedio
ppmtojpeg $fichIntermedio > $fichSalida
```

AC 3.3

Cree un *script* que muestre la siguiente información del sistema: **usuario actual**, **fecha**, **usuarios conectados**, **nombre del sistema y del procesador y tiempo de funcionamiento**.

```
#!/bin/bash
# infoSystem Muestra información del sistema
# Uso infoSystem

clear
echo "Información del sistema"
echo "======================="
echo "Hola, $USER"
echo
echo "Hoy es `date` (Semana `date +%V`)"
echo
echo "Usuarios conectados: "
w | cut -d " " -f 1 | grep -v USER | sort -u
echo
echo "Sistema Operativo: `uname -s`"
echo "Procesador: `uname -m`"
echo
echo "Tiempo de actividad: `uptime`"
```

3.5 EJERCICIOS PROPUESTOS

1. Implemente la utilidad **basename**, la cual muestra por la salida estándar (stdout) el nombre del fichero que se le pase como argumento, eliminando el prefijo del directorio que pueda contener. Por ejemplo, dado el *path* **a/b/c/d**, basename devuelve **d**.

```
$ basename a/b/d/c
d
```

2. La utilidad **basename** tiene un segundo parámetro opcional (basename *path* – sufijo–). Si indica dicho parámetro, y este coincide con el sufijo del fichero, también se eliminará. Por ejemplo:

```
$ basename include/stdio.h .h
stdio
```

Modifique el *script* creado en el ejercicio 3.1 para añadir dicha funcionalidad.

3. Determine lo que realiza cada una de las siguientes órdenes:

```
TEMPORAL=`grep "^$1:" /etc/passwd 2>/dev/null`
grep ":$GID:" /etc/group | cut -f1 -d:
```

4. Los directorios de búsqueda que almacena la variable de entorno **PATH** a veces resultan difíciles de discriminar debido a que cuesta encontrar el delimitador dos puntos (:). Escriba un *script* que muestre los directorios de PATH, cada uno en una línea.

Recuerde

En la página web del libro podrá encontrar los ejercicios resueltos.

Capítulo 4

PROGRAMACIÓN ESTRUCTURADA

4.1 INTRODUCCIÓN

La visión clásica de la programación estructurada se refiere al control de ejecución. El control de su ejecución es una de las cuestiones más importantes que hay que tener en cuenta al construir un programa en un lenguaje de alto nivel. La regla general es que las instrucciones se ejecuten sucesivamente una tras otra, pero diversas partes del programa se ejecutan o no, dependiendo de que se cumpla alguna condición. Además, hay instrucciones (los bucles) que deben ejecutarse varias veces, ya sea en número fijo o hasta que se cumpla una condición determinada.

Esta forma de programar se basa en un famoso teorema, desarrollado por Edsger Dijkstra, que demuestra que todo programa puede escribirse utilizando únicamente las tres estructuras básicas de control siguientes:

- **Secuencia.** El bloque secuencial de instrucciones, que se ejecutan sucesivamente, una detrás de otra.

- **Selección.** La instrucción condicional con doble alternativa, de la forma "if condición then instrucción-1 else instrucción-2".

- **Iteración.** El bucle condicional "while condición do instrucción", que ejecuta la instrucción repetidamente mientras la condición se cumpla.

Una característica importante en un programa estructurado es que se pueda leer secuencialmente desde el inicio hasta el final, sin perder la continuidad de la tarea que cumple el programa; lo contrario de lo que ocurre con otros estilos de programación.

Este hecho es importante debido a que es mucho más fácil comprender el trabajo que realiza una función determinada si todas las instrucciones que influyen en su acción están físicamente contiguas y encerradas por un bloque.

La programación estructurada aporta, además, las siguientes ventajas:

- El coste de resolver varios subproblemas de forma aislada es, con frecuencia, menor que el de abordar el problema global.
- Facilita el trabajo simultáneo en paralelo de varios grupos de programadores.
- Posibilita en mayor grado la reutilización de código en futuras aplicaciones.

4.2 ESTRUCTURAS CONDICIONALES

Las **estructuras condicionales** sirven para comprobar si se ejecuta un bloque de código cuando se ejecuta cierta condición. Pueden anidarse varias estructuras de control dentro del mismo bloque de código, pero siempre existe una única palabra **fi** para cada bloque condicional

4.2.1 Condición simple (if... then)

Las condiciones simples (if... then) permiten que, en caso de cumplirse una determinada condición, se ejecute un determinado código. La sintaxis de las sentencias if es la siguiente:

```
if Expresión
   then Bloque
fi
```

La Figura 4.1 muestra el diagrama de flujo.

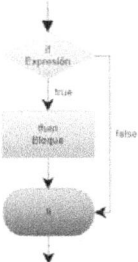

Figura 4.1. Diagrama de flujo if... then

A continuación, se muestra un ejemplo sencillo:

Ejemplo 4.1. Comparativa de valor

```
#!/bin/bash

echo -n "Introduce una cadena: "
read cadena1

echo -n "Introduce una segunda cadena: "
read cadena2

if test "$cadena1" = "$cadena2"
then
   echo "Coinciden"
fi
```

En el ejemplo anterior se ha empleado el comando **test** a la hora de realizar la comparación de las cadenas de texto. Si se desea, se pueden utilizar los comparadores sobre cadenas (Tabla 3.9).

Ejemplo 4.2. Comparativa de valor

```
#!/bin/bash

echo -n "Introduce una cadena: "
read cadena1

echo -n "Introduce una segunda cadena: "
read cadena2

if [ "$cadena1" = "$cadena2" ]
then
   echo "Coinciden"
fi
```

Errores típicos al comparar cadenas

1. Se deben utilizar los corchetes [] en lugar de los paréntesis ().
2. Los espacios en la comparación son obligatorios.

Esta sencilla estructura condicional permite llevar a cabo operaciones imprescindibles en la ejecución de *scripts*, por ejemplo, validar el número de argumentos que recibe:

Ejemplo 4.3. Comprobar el número de argumentos

```
#!/bin/bash
# chkargs Comprueba el número de argumentos

if test $# -eq 0
then
  echo "Debe indicar al menos un argumento"
  exit 1
fi
echo "Programa en ejecución"
```

```
programacion@shell:~$ ./chkargs.sh
Debe indicar al menos un argumento
programacion@shell:~$ ./chkargs.sh abc
Programa en ejecución
```

Comprobar los parámetros

Una de las mejores prácticas de programación cuando se trabaja con *scripts* es comprobar los argumentos de entrada del *script*.

Otra de las comprobaciones esenciales, a la hora de trabajar con *scripts*, es comprobar que se tienen los permisos necesarios para su ejecución. El siguiente ejemplo comprueba que el *script* se ejecuta en modo *root*.

Ejemplo 4.4. Comprobar la ejecución en modo *root*

```
#!/bin/bash
# chkroot Comprueba que el script se ejecute en modo root

if [ $UID -ne 0 ]
then
  echo "Debe ejecutar el script como root"
  exit 1
fi
echo "Programa en ejecución en modo root"
```

4.2.2 Condiciones compuestas (if... then... else)

Las condiciones compuestas (if... then... else) permiten que, en caso de cumplirse una determinada condición, se ejecute un determinado código y, en caso de que dicha condición no se cumpla, se ejecute otro código diferente. La sintaxis de esta sentencia es:

```
if Expresión
   then Bloque1
else Bloque2
fi
```

Dado que el lenguaje Bash permite la utilización del punto y coma (;) para indicar separación entre comandos (al igual que lo hace el salto de línea), se pueden ubicar el **if** y el **then** (dos comandos empotrados distintos) en la misma línea, separándolos mediante el punto y coma. Algunas veces se prefiere esta notación por motivos "estéticos" en el programa. De este modo, la estructura queda de la siguiente forma:

```
if Expresión ; then
   Bloque1
else Bloque2
fi
```

Puede ver el diagrama de flujo de esta estructura en la Figura 4.2.

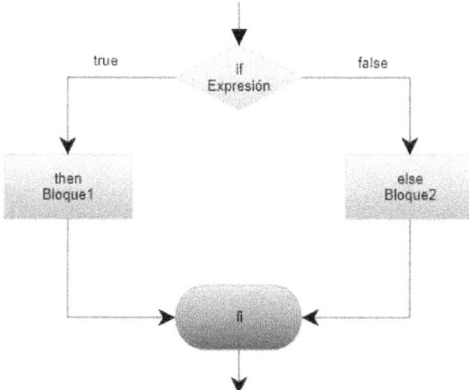

Figura 4.2. Diagrama de flujo if... then... else

El ejemplo típico de este condicional es comparar un valor dado y realizar alguna operación dependiendo del mismo:

Ejemplo 4.5. Comprobar el valor de una variable

```
#!/bin/bash

echo -n "Introduce un valor: "
read var

if (( var < 10 ))
then
   echo "El valor es menor que 10"
else
   echo "El valor es mayor que 10"
fi
```

Este condicional permite realizar labores bastante más complejas. En el siguiente ejemplo se utiliza una estructura **if... then... else** para comprobar los parámetros que se le pasan al *script*. La funcionalidad del mismo es mostrar por pantalla el contenido de los ficheros que se le pasan como argumento. El *script* recibe un parámetro opcional (-*v*), el cual se debe controlar. Si se facilita el parámetro, se muestra el contenido de los ficheros mediante la utilización del comando **less** y, en caso contrario, se utiliza el comando **cat**. Para desplazarse a través de los nombres de ficheros dados, se utiliza el comando **shift**, que permite realizar un bucle sobre los parámetros de la línea de argumentos donde el número de argumentos es arbitrario.

Comando 4.1. Less

Sintaxis	Descripción
less [opciones] [fichero] ...	**Less** es un programa similar a **more**, pero que, a diferencia de este, permite movimiento hacia atrás en el fichero (no solo hacia delante). Además, no lee todo el contenido del fichero al comenzar, lo que le dota de gran velocidad.
	Para avanzar o retroceder entre ficheros, se deberá utilizar **:n** y **:p** respectivamente.

Comando 4.2. Shift

Sintaxis	Descripción
shift [n]	**Shift** desplaza los parámetros de la línea de argumentos un número dado (n) de posiciones. **N** es el número de parámetros a saltar (por defecto, 1). Este valor debe ser positivo y menor que **$#** (total de parámetros). Los parámetros posicionales n+1...$# se renombran como $1...$#-n+1.

Ejemplo 4.6. Mostrar el contenido de los ficheros

```
#!/bin/bash
# verFicheros.sh Muestra el contenido de los ficheros pasados como argumentos
# Uso: verFicheros [-v] fichero1 ...

if [ $# -eq 0 ] ; then
  echo "Uso: verFicheros [-v] fichero1 ..." 1>&2
  exit 1
fi

if [ "$1" = "-v" ] ; then
  shift
  less -- "$@"
else
  cat -- "$@"
fi
programacion@shell:~$ ./verFicheros.sh
Uso: verFicheros [-v] fichero1 ...
programacion@shell:~$ ./verFicheros.sh fichero1 fichero2
Este es el contenido del fichero 1
Este es el contenido del fichero 2
programacion@shell:~$ ./verFicheros.sh -v fichero1 fichero2
Este es el contenido del fichero 1
fichero1 (file 1 of 2) (END) - Next: fichero2
:n
Este es el contenido del fichero 2
```

Modificador --

El *script* utiliza el modificador -- para indicar a cat y a less que no hay más opciones acompañando a estos comandos, permitiendo, además, acceder a ficheros cuyo nombre comience con – (casos excepcionales).

En el siguiente ejemplo se va a llevar a cabo una redirección en el condicional. Para ello, se va realizar un *script* que acepte un nombre de fichero de modo opcional. Si no se le facilita dicho nombre, se toma un valor por defecto. Una vez hecha esta comprobación, se procede a la lectura de la primera línea del fichero.

Para este ejemplo, se va a disponer de un fichero de nombres con el siguiente contenido:

```
Gonzalo
Julio
Jose
Soledad
```

Ejemplo 4.7. Redirección en el condicional

```
#!/bin/bash
# redireccion.sh Redirección en un condicional
# uso redireccion [fichero]

if [ -z "$1" ] ; then
   Fichero=nombres.data    # Fichero por defecto.
else
   Fichero=$1
fi

TRUE=1

if [ "$TRUE" ] ; then
   read name
   echo $name
fi <"$Fichero"
# ^^^^^^^^^^^ Redirección al condicional

programacion@shell:~$ ./redireccion.sh ficheroNombres
Gonzalo
```

Redirección a bloques de código

El lenguaje Bash permite redireccionar la entrada estándar para que haga uso de ficheros, tal y como se muestra en el ejemplo anterior. Esto proporciona un modo adicional de actuar sobre ficheros desde bloques delimitados de código.

4.2.3 Condiciones anidadas (if, then y elif)

La estructura **elif**, combinada con **if-else**, permite construir condicionales anidados. La diferencia entre los bloques else y elif se basa en que un bloque else debe ir emparejado con un finalizador fi, mientras que varios condicionales elif pueden ir asociados a una única finalización fi.

```
if Expresión ; then
   Bloque
elif Expresión
   then Bloque
   ...
else Bloque
fi
```

La figura 4.3 indica el diagrama de flujo.

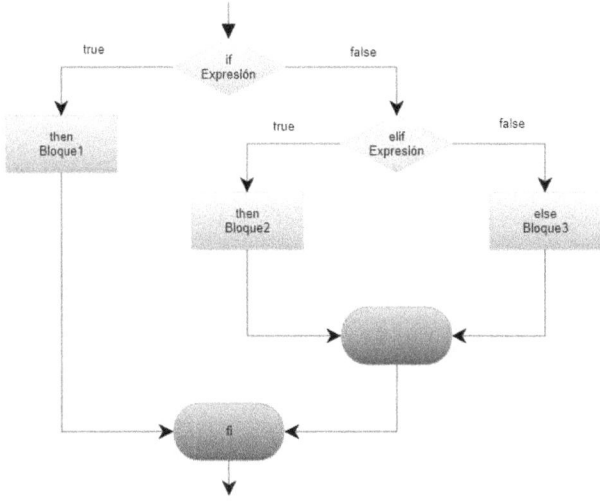

Figura 4.3. Diagrama de flujo if... then... elif

En el Ejemplo 4.8 se solicitan tres palabras al usuario y se comprueba si ha repetido alguna de ellas, informando de tal hecho. Para ello, se utiliza el operador lógico AND.

Ejemplo 4.8. Comparando cadenas

```
#!/bin/bash
# Compara las palabras dadas

echo -n "Introduce la Palabra 1: "
read palabra1
echo -n " Introduce la Palabra 2: "
read palabra2
echo -n " Introduce la Palabra 3: "
read palabra3

if [ "$palabra1" = "$palabra2" -a "$palabra2" = "$palabra3" ] ; then
   echo "Las 3 palabras coinciden"
   elif [ "$palabra1" = "$palabra2" ] ; then
     echo "Las palabras 1 y 2 coinciden"
     elif [ "$palabra1" = "$palabra3" ] ; then
        echo "Las palabras 1 y 3 coinciden"
        elif [ "$palabra2" = "$palabra3" ] ; then
          echo "Las palabras 2 y 3 coinciden"
        else
          echo "Todas las palabras son diferentes"
fi
programacion@shell:~$ ./compararCadenas.sh
Deme la Palabra 1: Hola
Deme la Palabra 2: Gonzalo
Deme la Palabra 3: Hola
Las palabras 1 y 3 coinciden
```

Comparativas compuestas

El lenguaje Bash permite utilizar diversos operadores lógicos de comparación. Hasta ahora se ha visto la utilización de los operadores && o || con doble corchete, por ejemplo [[condición 1 && condición 2]]. Aparte de estos, se pueden utilizar los operadores –a (AND) y –o (OR) para trabajar con el comando test o con operaciones entre corches simples, como se observa en el ejemplo anterior.

4.2.4 Condiciones múltiples (case)

Mientras que esta sentencia, en lenguajes como C o Java, se utiliza para comprobar el valor de una variable simple, como un entero o un carácter, en Bash esta sentencia permite realizar una comparación de patrones con la cadena a examinar.

Suele ser la mejor opción para casos en los que se realizan muchas condiciones sobre un mismo valor (por ejemplo, en un menú). Su estructura es:

```
case $variable in
  patrón1) comando
      ...
      comando;;
  patrón2) comando
      ...
      comando;;
  *)   comando
      ...
      comando;;
esac
```

La Figura 4.4 indica el diagrama de flujo:

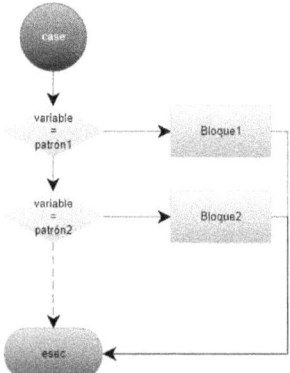

Figura 4.4. Diagrama de flujo case

A continuación, puede ver un ejemplo sencillo:

```
#!/bin/bash
echo -n "Introduce A, B, C ó D: "
read var1

case $var1 in
  A) echo " Ha introducido A " ;;
  B) echo " Ha introducido B " ;;
  C) echo " Ha introducido C " ;;
  D) echo " Ha introducido D " ;;
  *) echo "Opción incorrecta " ;;
esac
```

Los patrones que se pueden utilizar con la estructura **case** son los indicados en la Tabla 4.1.

Tabla 4.1. Patrones para case

Comando	Descripción
*	Equivale a cualquier grupo de caracteres. Se utiliza para el caso por defecto.
?	Equivale a cualquier carácter simple.
[...]	Define una clase de caracteres. Cualquier carácter encerrado entre corchetes se prueba de manera individual. Si se separan con guión (-), se refiere a un rango de caracteres.
|	Separación de caracteres alternativos.

De acuerdo a la tabla anterior, se puede modificar el ejemplo dado para que el menú expuesto como ejemplo de este condicional admita tanto mayúsculas como minúsculas:

Ejemplo 4.9. Menú

```
#!/bin/bash
echo -n "Introduce A, B, C ó D: "
read var1

case $var1 in
  A|a) echo " Ha introducido A " ;;
  B|b) echo " Ha introducido B " ;;
  C|c) echo " Ha introducido C " ;;
  D|d) echo " Ha introducido D " ;;
  *) echo "Opción incorrecta " ;;
esac
```

4.3 BUCLES

Los bucles permiten repetir una o varias instrucciones un número determinado de veces. Existen dos tipos de bucles: los que se repiten un número determinado de veces (for in y for) o los que se repiten hasta que se cumpla una determinada condición de salida (while y until).

4.3.1 Bucle for

El bucle **for** se utiliza para repetir una o más instrucciones un determinado número de veces. De entre todos los bucles, el for se suele utilizar cuando se sabe seguro el número de veces que se quiere ejecutar el bloque de instrucciones. La sintaxis del bucle for es la siguiente:

```
for (( inicialización; condición; actualización ))
do
  Bloque
done
```

El bucle for tiene tres partes incluidas entre los paréntesis, que sirven para definir cómo se realizar las repeticiones.

- **Inicialización.** Se ejecuta solamente al comenzar la primera iteración del bucle. En esta parte se suele colocar la variable que se utilizará para llevar la cuenta de las veces que se ejecuta el bucle.
- **Condición.** Se evalúa cada vez que comience una iteración del bucle. Contiene una expresión para decidir cuándo se ha de detener el bucle o mejor dicho, la condición que se debe cumplir para que continúe la ejecución del bucle.
- **Actualización.** Se utiliza para indicar los cambios que se quieren ejecutar en las variables cada vez que termina la iteración del bucle, antes de comprobar si se debe seguir ejecutando.

Seguidamente, se muestra el diagrama de flujo mediante la Figura 4.5.

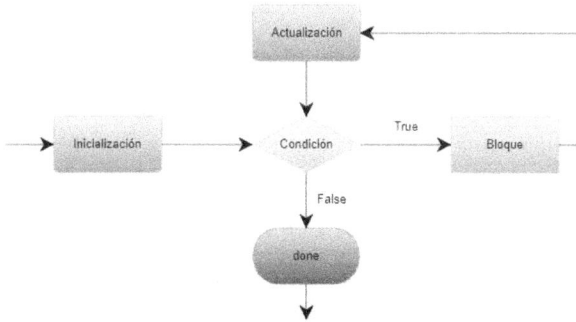

Figura 4.5. Diagrama de flujo for

El siguiente ejemplo utiliza un bucle para mostrar los números del 0 al 5.

```
#!/bin/bash
for (( i = 0 ; i <= 5; i++ ))
do
 echo " $i "
done
```

A continuación, se muestran seis valores aleatorios en el rango [0-20].

Ejemplo 4.10. Generar números aleatorios

```
#!/bin/bash
for (( i = 0 ; i < 6; i++ ))
do
   echo $(($RANDOM%20))
done
```

```
programacion@shell:~$ ./aleatorios.sh
0
11
12
5
19
16
```

Generación de números aleatorios

Para obtener valores aleatorios en Bash, se puede utilizar la variable **RANDOM**. Dicha variable devuelve un *string* numérico de entre 0 y 32768, cada vez que se invoca.

Si se necesitan obtener valores en otro rango, se debe utilizar la operación **$RANDOM%RANGO**.

4.3.2 Bucle for in

El bucle **for in** en Bash es parecido al bucle **foreach** de otros lenguajes de programación, ya que aquí no se repite un número fijo de veces, sino que se procesan las palabras de una lista una a una. Su sintaxis es:

```
for argumento [in listaArgumentos]
do
  Bloque
done
```

Para cada valor de la lista de argumentos, se realizan las operaciones que aparecen en el bloque de código.

La Figura 4.6 muestra el diagrama de flujo de esta estructura.

A continuación, puede ver un ejemplo que muestra los planetas del sistema solar:

```
#!/bin/bash
# planetas Muestra los planetas del sistema solar

for planeta in Mercurio Venus Tierra Marte Jupiter Saturno Urano Neptuno
do
   echo $planeta
done
```

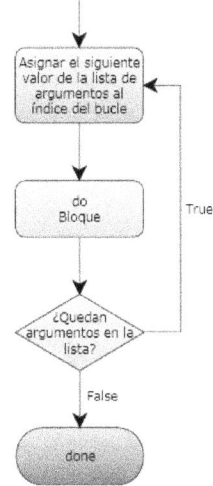

Figura 4.6. Diagrama de flujo for in

```
Mercurio
Venus
Tierra
Marte
Jupiter
Saturno
Urano
Neptuno
```

El Ejemplo 4.11 hace uso de un bucle **for** para informar de forma detallada de todos los ficheros que se encuentren en el directorio actual.

Ejemplo 4.11. Listado de ficheros detallado

```
#!/bin/bash
# listarDir Lista en detalle los ficheros del directorio actual

for fichero in *
do
  ls -l "$fichero"
done
```

Para recorrer los argumentos recibidos por el *script*, lo correcto es utilizar "**$@**" entrecomillado, ya que tanto $* como $@ interpretan mal los argumentos con espacios, y "**$*** " entrecomillado considera un único elementos a todos los argumentos. El Ejemplo 4.12 demuestra estos aspectos:

Ejemplo 4.12. Uso de parámetros de entrada

```
#!/bin/bash
# argumentos Lista los argumentos que recibe

for arg in "$*"
do
  echo "Elemento: $arg"
done

for arg in "$@"
do
  echo "Elemento: $arg"
done
programacion@shell:~$ ./entrada.sh "hola a" "todos"
Elemento: hola a todos
Elemento: hola a
Elemento: todos
```

El delimitador que utiliza el bucle for para dividir la lista de argumentos es el que se indique en la variable **IFS**, y, por defecto, este delimitador es el espacio. Puede resultar interesante cambiar dicho delimitador para adaptarlo a las necesidades del *script*, pero siempre cumpliendo las restricciones de seguridad que afectan a dicha variable y procurando mantener el valor por defecto tras realizar las operaciones.

Por ejemplo, si se necesita trabajar con ficheros de valores separados por coma CSV (*Comma Separated Values*), cambiar el valor de la variable IFS puede ser de gran utilidad.

Ejemplo 4.13. Procesar ficheros CSV

```
#!/bin/bash
# listarCSV Lista un fichero de formato CSV

datos="nombre,apellidos,sexo,direccion"
oldIFS=$IFS
IFS=','
for item in $datos
do
   echo "Item: $item"
done
IFS=$oldIFS
programacion@shell:~$ ./listarcsv.sh
Item: nombre
Item: apellidos
Item: sexo
Item: dirección
```

Una de las mayores utilidades de los bucles es el tratamiento "por lotes" de gran cantidad de ficheros, como pueden ser, por ejemplo, las imágenes. Con el siguiente ejemplo, se demuestra cómo se puede cambiar el nombre a un directorio completo de imágenes con extensiones *.jpg y *.png.

Ejemplo 4.14. Renombrado por lotes

```
#!/bin/bash
# rename.sh Renombra archivos .jpg y .png del directorio actual

contador=1
for img in *.png *.jpg
do
   nuevo=imagen-$contador.${img##*.}
   mv "$img" "$nuevo" 2>/dev/null
   if [ $? -eq 0 ] ; then
     echo "Renombrando $img a $nuevo"
     let contador++
   fi
done
```

También puede ser de utilidad generar ficheros vacíos por lotes. El Ejemplo 4.15 genera 100 ficheros.

Ejemplo 4.15. Crear ficheros por lotes

```
#!/bin/bash
# lotes.sh Genera ficheros vacíos

for nombre in {1..100}.txt
do
   touch $nombre
done
```

4.3.3 Bucle while

El bucle **while** permite ejecutar un código hasta que no se cumpla una determinada condición de salida. Su sintaxis es:

```
while condición
do
  Bloque
done
```

Antes de cada iteración del bucle, se lleva a cabo la comprobación de la condición y, cuando no se cumpla, se pasa el control a la instrucción posterior a done. En la Figura 4.7, se muestra el diagrama de flujo del bucle while.

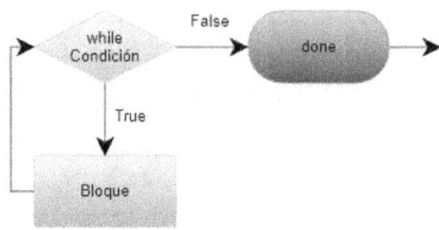

Figura 4.7. Diagrama de flujo while

A continuación, se puede ver un ejemplo sencillo:

```
#/bin/bash
limite=5
i=0;

while (test $limite -gt $i)
do
  echo "Valor $i"
  let i=$i+1
done

Valor 0
Valor 1
Valor 2
Valor 3
Valor 4
```

Mediante el siguiente *script*, se muestran los directorios de **PATH**, aprovechando el hecho de que una cadena en un test de condición se evalúa como verdadera cuando no está vacía y como falsa cuando está vacía:

Ejemplo 4.16. Listar los directorios de PATH

```
#!/bin/bash
# Lista los directorios de PATH

path=$PATH

while [ $path ] ; do
  echo ${path%%:*}
  if [ ${path#*:} = $path ] ; then
    path=
  else
    path=${path#*:}
  fi
done
```

```
programacion@shell:~$ ./listarPATH.sh
/usr/local/sbin
/usr/local/bin
/usr/sbin
/usr/bin
/sbin
/bin
/usr/games
```

Ideas Básicas

La comprobación **if [${path#*:} = $path]** se realiza para que, cuando quede solo un directorio sin dos puntos (:), se establezca la variable PATH a vacío, ya que el patrón del operador de búsqueda de patrones no se cumple si la cadena no tiene el símbolo de los dos puntos.

En el Ejemplo 4.17, dado un nombre de usuario, se visualiza su nombre completo. Dicha información se obtiene procesando el fichero **/etc/passwd**.

Ejemplo 4.17. Nombre de usuario

```
#!/bin/bash
#
# Obtiene el nombre de usuario de /etc/passwd.

fichero=/etc/passwd
usuario=$1

if [ $# -ne "1" ]
then
  echo "Uso: `basename $0` nombreUsuario"
  exit 1
```

```
fi
while read linea ; do
   echo "$linea" | grep $1 | awk -F":" '{ print $5 }'
done <$fichero # Redirección a la función.
```

Se debe tener en cuenta que este ejemplo es meramente instructivo sobre la utilización del bucle **while**, ya que esta misma funcionalidad se puede obtener de manera más rápida y elegante de la siguiente forma:

```
$ echo `grep $usuario /etc/passwd | awk -F":" '{ print $5 }'`
```

4.3.4 Bucle until

El bucle **until** es muy similar al bucle while. La única diferencia es que el bucle until se ejecuta hasta que una determinada condición es cierta, mientras que el bucle while se ejecutaba mientras dicha condición sea cierta (realizan comprobaciones inversas). La sintaxis de este bucle es la siguiente:

```
until condición
do
   Bloque
done
```

El bloque de código se ejecuta hasta que la condición sea cierta. Lógicamente, la condición de evaluación se debe modificar en algún momento del bucle para poder salir.

En la Figura 4.8 se puede ver el diagrama de flujo de este bucle:

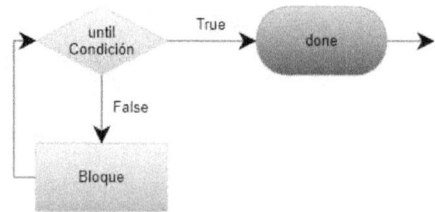

Figura 4.8. Diagrama de flujo until

Para demostrar el funcionamiento del bucle, se va a utilizar un *script* (Ejemplo 4.18) que le pregunte al usuario por una palabra hasta que adivine la palabra secreta.

Ejemplo 4.18. Ejemplo del bucle until

```
#!/bin/bash
# Itera hasta que se introduzca la palabra secreta

secreta=gonzalo
palabra=desconocida

echo "Adivine la palabra secreta"
echo
until [ "$palabra" = "$secreta" ] ; do
  echo -n "Palabra: "
  read palabra
done

echo "Bien Hecho!"
```

4.3.5 Interrumpiendo bucles: break y continue

Un bucle debe tener siempre una condición de salida para evitar errores provocados por bucles infinitos. Bash dispone de dos órdenes especiales que pueden utilizarse para romper el modo de operación típico de un bucle. Dichas órdenes son:

- **Break.** Permite la ruptura inmediata de un bucle (debe evitarse en programación estructurada para impedir errores de lectura de código) y se transfiere el control a la orden posterior al done, interrumpiendo, además, la ejecución del bucle.

- **Continue.** Realiza un salto a la condición del bucle (debe evitarse en programación estructurada para impedir errores de lectura de código) y transfiere el control a la orden done, continuándose la ejecución del bucle.

El Ejemplo 4.19 demuestra la utilización de estas instrucciones:

Ejemplo 4.19. Uso de break y continue

```
#!/bin/bash
# 4-19.sh Ejemplo de uso de break y continue

for ((i=0; i<10; i++))
do
  if [ $i -le 3 ] ; then
    echo "Continue"
    continue
  fi
```

```
    echo $i

    if [ $i -ge 8 ] ; then
      echo "Break"
      break
    fi
done
```

```
programacion@shell:~$ ./4-19.sh
Continue
Continue
Continue
Continue
4
5
6
7
8
Break
```

Tal y como se observa en las iteraciones del ejemplo anterior, el **continue** se salta la impresión del valor del índice, ya que el control del *script* se pasa a la orden **done**, saltando las órdenes intermedias. Por otro lado, cuando se llega al **break**, se acaba la iteración de bucle de modo anticipado.

4.3.6 Select

La orden **select** se utiliza para la creación de menús, asignando para ello valor a una variable, en función de la elección del usuario. Tras esto, al igual que sucede con el comando **case**, se pueden ejecutar una serie de comandos. La orden select tiene la siguiente sintaxis:

```
select variable [in argumento...]
do
  Bloque
done
```

Si no se le indica una lista de argumentos, **select** utiliza como opciones del menú los parámetros posicionales. En todo caso, el menú se formatea con un número delante de cada opción.

La orden select utiliza las variables **LINES** y **COLUMNS** para especificar el tamaño del menú. Los valores por defecto de estas variables son 24 y 80 respectivamente, pero se podrán modificar como una variable más de Bash.

A continuación, se presenta un ejemplo (Ejemplo 4.20) en el que el usuario debe escoger su lenguaje de programación favorito.

Ejemplo 4.20. Menú con select

```
#!/bin/bash
# 4-19.sh Muestra un menú mediante select

echo "Seleccione su lenguaje de programación favorito: "

select lenguaje in Bash Java C++ PHP
do
   echo "Buena elección!"
done
```

```
programacion@shell:~$ ./4-20.sh
Seleccione su lenguaje de programación favorito:
1) Bash
2) Java
3) C++
4) PHP
#?
```

Para su funcionamiento, select hace uso de **PS3** (prompt selectivo). Su valor por defecto es **#?**, pero se suele cambiar por un valor más representativo.

Cuando el usuario introduce un valor válido (valor numérico dentro del rango de opciones), la orden select actualiza el valor de variable con el valor introducido. Si se introduce un valor incorrecto, se almacenará **null**. En cualquier caso, select almacena dicho valor en la variable **REPLY** y, posteriormente, ejecuta los comandos que encuentre en el bloque comprendido entre **do** y **done**. Dicha iteración se repite hasta que se produzca una rotura de la misma, típicamente mediante la utilización de **break** (finaliza la ejecución del bucle) o **exit** (finaliza la ejecución del *script*).

A continuación, se muestra el ejemplo anterior modificado para que tenga un funcionamiento más razonable y estructurado.

Ejemplo 4.21. Menú con select

```
#!/bin/bash
# 4-21.sh Muestra un menú mediante select

PS3="Seleccione su lenguaje de programación favorito: "

select lenguaje in Bash Java C++ PHP SALIR
do
   if [ "$lenguaje" == "" ] ; then
     echo -e "Opción incorrecta\n"
     continue
   elif [ $lenguaje = SALIR ] ; then
     echo "Hasta la próxima"
     break
   fi
```

```
  echo "Su lenguaje favorito es $lenguaje"
  echo -e "Es la opción número $REPLY\n"
done
```

4.4 FUNCIONES

Una función es un bloque de código que permite su reutilización de una forma fácil y sencilla. Se recomienda que el nombre de la función sea lo más descriptivo posible y que describa lo más fielmente posible el funcionamiento de la función.

Las funciones Shell son una extensión de las funciones que existen desde el Bourne Shell y no son más que un modo de agrupar comandos para su posterior ejecución. A este grupo de comandos o rutinas se le asigna un nombre, que debe ser único en el Shell o el *script*.

La utilización de funciones permite crear un código más comprensible y que puede ser depurado más fácilmente, ya que evita los posibles errores tipográficos y repeticiones innecesarias.

Las funciones, a diferencia de los *scripts*, se ejecutan dentro de la memoria del propio proceso de Bash (no se crea un nuevo proceso para interpretar los comandos), resultando más eficientes que ejecutar *scripts* aparte, pero tienen el inconveniente de que tienen que estar siempre cargadas en la memoria del proceso Bash para poder utilizarse. Todos los comandos que conforman una función se ejecutan como comandos normales.

La sintaxis de una función es:

```
[function] NombreFunción ()
{
  Bloque
  …
  [ return [Valor] ]
}
```

y se ejecuta de la siguiente forma:

```
NombreFunción [Parámetro1 …]
```

Los parámetros recibidos por la función se tratan dentro de ella del mismo modo que los del programa principal, esto es, los parámetros posicionales de la función se corresponden con las variables internas $0, $1, etc.

Cuando se produce una llamada a la función a través de su nombre, se ejecuta el bloque de código encerrado entre sus llaves y, al igual que un programa, devuelve un valor numérico. En cualquier punto del código de la función (normalmente al final), puede usarse la cláusula **return** para terminar la ejecución y, opcionalmente, indicar un código de salida.

Para definir una función, puede escribirla en un fichero y cargarla en el Shell, usando el comando **source**, o bien definirla directamente en modo interactivo.

Ejemplo 4.22. *Script* **que llama a una función para saludar**

```
#!/bin/bash
# saluda.sh Script que llama a una función para saludar
# Uso saluda nombre

function Saluda
{
   echo "Hola $1"
}

Saluda
```

Al ejecutarlo se obtiene:

```
programacion@shell:~$ ./saluda.sh Gonzalo
Hola
```

Tal y como se observa, el argumento pasado $1 no ha sido cogido por la función. Esto se debe a que $1 es local al *script*, y si quiere que lo reciba la función, se le debe pasar como parámetro a la función, como se muestra en el siguiente ejemplo.

Ejemplo 4.23. *Script* **que llama a una función para saludar**

```
#!/bin/bash
# saluda.sh Script que llama a una función para saludar
# Uso saluda nombre

function Saluda
{
   echo "Hola $1"
}

Saluda $1
```

```
programacion@shell:~$ ./saluda.sh Gonzalo
Hola Gonzalo
```

A diferencia de los parámetros posicionales, el resto de variables que se definen en un *script* o función son globales, por lo que, una vez definidas en el *script*, son accesibles (y modificables) desde cualquier función. Como ejemplo, se presenta el siguiente *script*, el cual define una variable en el *script* y esta es modificada por la función.

Ejemplo 4.24. Ejemplo de variable global

```
#!/bin/bash
# ubicame.sh Script que muestra el ámbito de las variables
# Uso ubicame

function Ubicame
{
   donde='Dentro de la función'
}

donde='En el script'
echo $donde
Ubicame
echo $donde
```

```
programacion@shell:~$ ./ubicame.sh
En el script
Dentro de la función
```

Tal y como se indicó anteriormente, si quiere que una variable no posicional sea local, debe indicarlo mediante el modificador **local**. El Ejemplo 4.25 crea su propia variable local y no modifica la global del *script*.

Ejemplo 4.25. Ejemplo de variable local

```
#!/bin/bash
# ubicame.sh Script que muestra el ámbito de las variables
# Uso ubicame

function Ubicame
{
   local donde='Dentro de la función'
}

donde='En el script'
echo $donde
Ubicame
echo $donde
```

```
programacion@shell:~$ ./ubicame.sh
En el script
En el script
```

Las variables globales también se pueden definir dentro de una función y usarse, posteriormente, desde el *script*, tal y como demuestra el Ejemplo 4.26.

Ejemplo 4.26. Ejemplo de variable global definida dentro de la función

```
#!/bin/bash
# ubicame.sh Script que muestra el ámbito de las variables
# Uso ubicame

function Ubicame
{
  local donde='Dentro de la función'
  usuario=Gonzalo
}

donde='En el script'
echo $donde
Ubicame
echo $donde
echo "Soy $usuario"
```

```
programacion@shell:~$ ./ubicame.sh
En el script
En el script
Soy Gonzalo
```

Las funciones disponen de un sistema para interceptar los parámetros posicionales. Sin embargo, tal y como se observa con los ejemplos anteriores, los parámetros pasados a una función no son los mismos que los que se pasan al comando o al *script*.

Cuando se ejecuta una función, los parámetros de la función se vuelven posicionales durante su ejecución. Mediante el parámetro especial #, se expande el número de parámetros posicionales, los cuales se actualizan para reflejar el cambio. El parámetro posicional **0** permanece inalterado. Durante la ejecución, la variable de Bash **FUNCNAME** almacena el nombre de la función.

Si utiliza el comando **return** en la función, la ejecución de esta finaliza y la ejecución del *script* continúa con el comando posterior a la llamada de la función. Cuando finaliza la función, el valor de los parámetros posicionales y el del parámetro especial # se restauran a los valores que tenían con anterioridad a la ejecución de la función. Si se asigna un valor numérico al **return**, este es el estado o valor que se devuelve.

Ejemplo 4.27. Uso de return

```
#!/bin/bash
# suma.sh Ejemplo de uso de return
# uso Suma
function suma (){
  c=$(expr $a + $b)
  return $c
}

a=5
b=10
suma $a $b
resultado=$?

echo $resultado
```

```
programacion@shell:~$ ./suma.sh
15
```

Errores típicos al definir funciones

1. Si se utilizan paréntesis en la definición de la función, estos deben estar separados del nombre de la función por espacios. En caso contrario se interpretarán de un modo incorrecto.

2. El cuerpo de la función debe acabar con un punto y coma o una nueva línea.

Indicador de éxito de un comando

Cuando se produce un error en un comando, se devuelve un valor distinto de cero, mientras que si todo se ha llevado a cabo satisfactoriamente, el valor devuelto es cero.

Este valor devuelto se puede leer mediante la variable especial **$?**

4.5 RECURSIVIDAD

Un **algoritmo recursivo** es un algoritmo que expresa la solución de un problema en términos de una llamada a sí mismo. La llamada a sí mismo se conoce como llamada **recursiva** o **recurrente**.

Generalmente, si la primera llamada al subprograma se plantea sobre un problema de tamaño u orden **N**, cada nueva ejecución recurrente del mismo se planteará sobre problemas de igual naturaleza que el original, pero de un tamaño menor que N. De esta forma, al ir reduciendo progresivamente la complejidad del problema a resolver, llegará un momento en que su resolución sea más o menos trivial (o, al menos, suficientemente manejable como para resolverlo de forma no recursiva). Esta situación se conoce como **caso base de la recursividad**.

Las claves para construir un subprograma recurrente son:

- Cada llamada recurrente se debería definir sobre un problema de menor complejidad (algo más fácil de resolver).

- Ha de existir, al menos, un caso base para evitar que la recurrencia sea infinita.

- Es frecuente que los algoritmos recurrentes sean más ineficientes en tiempo que los iterativos, aunque suelen ser mucho más breves en espacio.

- Un gran número de utilidades de Unix pueden operar recursivamente. Por ejemplo, la opción **–R** de las utilidades **chmod**, **chown** y **cp**.

Uno de los ejemplos clásicos de recursividad es el factorial de un número. Para cualquier entero positivo N, el factorial de N (expresado como N!) es el producto de todos los número enteros menores a él.

$1! = 1$

$2! = 2 \times 1 = 2$

$3! = 3 \times 2 \times 1 = 6$

...

Tal y como se puede observar, el factorial de cada número incluye el factorial de todos los números anteriores a él. En el Ejemplo 4.28 se muestra cómo programarlo en Bash.

Ejemplo 4.28. Cálculo del factorial

```
#!/bin/bash
# 4-27.sh Cálculo del factorial de un número

echo -n "Factorial de: "
read factorial
```

```
res=1

echo "Calculando el factorial de $factorial!"

while [ $factorial -gt 1 ] ; do
  let res=$res*$factorial
  let factorial-=1
done

echo "Resultado=$res"
```

Otro de los ejemplos clásicos de recursividad es la **sucesión de Fibonacci**. La sucesión se inicia con 0 y 1 y, a partir de ahí, cada elemento es la suma de los dos anteriores: 0, 1, 1, 2, 3, 5, 8, 13…

Ejemplo 4.29. Sucesión de Fibonacci

```
#!/bin/bash
# 4-28.sh Cálculo de la sucesión de Fibonacci

function fibonacci {
  a=0
  b=1
  i=0

  while [ $i -lt $1 ] ; do
    printf "%d\n" $a
    let sum=$a+$b
    let a=$b
    let b=$sum
    let i=$i+1
  done
}

echo -n "Longitud: "
read longitud

fibonacci $longitud
```

La principal precaución que se debe tomar a la hora de programar funciones recursivas es evitar que una función se llame a sí misma de forma ininterrumpida. Para ilustrar la peligrosidad de una recursividad incontrolada, se va a ver el concepto de **bomba fork**.

La **bomba fork** es una forma de ataque del tipo denegación de servicio (DoS) sobre un sistema que implementa la operación **fork**, o alguna funcionalidad equivalente, mediante la cual un proceso es capaz de crear otro proceso. La bomba fork es considerada un **wabbit** (programa malicioso con capacidad para autorreplicarse), ya que no se replica de la misma forma que los gusanos o los virus. Su efecto se basa en la suposición de que el número de programas y procesos que se ejecutan simultáneamente en un ordenador tiene un límite.

La bomba fork funciona creando una gran cantidad de procesos muy rápidamente, con el objetivo de saturar el espacio disponible en la lista de procesos mantenida por el sistema operativo del computador. Si la tabla de procesos se llega a saturar, entonces no se pueden iniciar nuevos programas hasta que no se cierre alguno. En el caso de que esto suceda, es muy poco probable que se pueda iniciar un programa útil, ya que los procesos de la bomba estarán esperando para poder crear nuevos procesos a la primera oportunidad que se les conceda.

Las bombas fork no solo ocupan espacio dentro de la lista de procesos, también consumen tiempo de proceso y memoria de la máquina donde se ejecutan. Como resultado de esto, los ordenadores se vuelven lentos e incluso se pueden volver inutilizables, dada la falta de memoria y la imposibilidad de aprovechar el procesador.

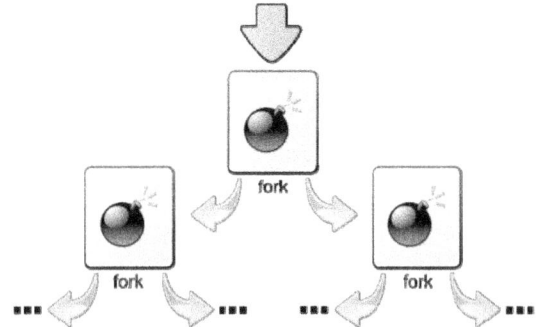

Figura 4.9. Esquema de funcionamiento de la bomba fork

Los sistemas de tipo Unix típicamente tienen establecido este límite en el número de procesos (mediante el fichero /etc/security/limits.conf), controlado con el comando **ulimit** del Shell. En los kernel Linux existe una variable llamada **RLIMIT_NPROC**, que indica la cantidad máxima de procesos que se pueden ejecutar. Si un proceso intenta llamar a la función fork y el usuario propietario del proceso ya tiene igual o más procesos que los indicados en RLIMIT_NPROC, la llamada a la función fallará.

Bash también dispone de una bomba fork que está formada por el siguiente código:

```
$ :(){ :|:& };:
```

Bomba fork

> ⚠️ La explicación de la **bomba fork bash** es meramente informativa y didáctica. No utilice dicha orden en equipos en producción, ya que si el sistema no está correctamente configurado, será imposible continuar sin reiniciar.

La bomba fork para Bash no es nada más que una función recursiva. Con el siguiente formato se observa más claramente:

```
:() {
  :|: &
};:
```

Aquí se tiene una función denominada "**:**". La función se llama a sí misma y mediante una redirección (*pipe*) manda la salida de una función como entrada de otra. Con el **&**, el proceso hijo se lanza en el *background*. Normalmente, la llamada a una función no termina hasta que terminan todos los procesos hijos (permitiendo matar el proceso padre si fuese necesario), pero al lanzarse en el *background*, la función termina inmediatamente (evitando la cancelación del proceso con Ctrl+C), lo que hace casi imposible matar los procesos hijos, ya que crecen exponencialmente y toman el control de la CPU demasiado rápido.

4.6 APLICANDO CONOCIMIENTOS

AC 4.1

Cree un *script* que le pida al usuario dos números enteros y calcule su suma, su producto, su resta y su cociente.

```
#!/bin/bash
# operar.sh Operaciones matemáticas sobre dos números

echo -n "Deme el primer operando: "
read a
echo -n "Deme el primer operando: "
read b

echo
echo Operaciones
echo ===========
echo Suma: $a+$b=$(($a+$b))
echo Resta: $a-$b=$(($a-$b))
echo Multiplicación: $a*$b=$(($a*$b))
echo División: $a/$b=$(($a/$b))
```

AC 4.2

Cree un *script* que le pida un número y diga si es par o impar.

```
#!/bin/bash
# parimpar.sh Determina si el valor dado es par o impar

echo -n "Introduzca un número : "
read n

resultado=$(( $n % 2 ))

if [ $resultado -eq 0 ]
then
   echo "$n es par"
else
   echo "$n es impar"
fi
```

AC 4.3

Cree un *script* que pida dos números, 'a' y 'b', e imprima 'OK' si ambos son positivos o si 'a' es positivo. Debe imprimir 'NO' en otro caso.

```
#!/bin/bash

echo -n "Deme el primer valor: "
read a
echo -n "Deme el segundo valor: "
read b

#comprobación
if [ "$a" -lt 0 ] ; then
   echo NO
else
   echo OK
fi
```

AC 4.4

Cree una función que pida un número entero y verifique que realmente se trata de un valor entero.

```
#!/bin/sh
#Comprueba si la entrada es un valor numérico

if [ -z $1 ] ; then
   echo "Uso: $0 número"
   exit 1
fi

if [ $1 -eq $1 2> /dev/null ] ; then
   echo $1 es numérico ;
```

```
else
  echo $1 no es numérico ;
fi
```

Si la comparación numérica se realiza con éxito, se trata de un valor numérico.

AC 4.5

Cree una función que determine si el usuario que ejecuta el *script* es *root*. **En caso contrario, finalice la ejecución del** *script* **mostrando un mensaje que informe de tal hecho.**

```
function chkroot()
{
  if [ $(whoami) != "root" ] ; then
    echo "Debe ser root para ejecutar el script"
    exit 1
  fi
}
```

AC 4.6

Compruebe que el usuario dado está ejecutando tareas en modo remoto.

Para comprobar si un usuario es del sistema, hay que ver si existe su entrada en el fichero */etc/passwd*.

```
if ! grep $USER /etc/passwd ; then
  echo "Usuario remoto no controlado localmente"
fi
```

AC 4.7

Realice un *script* que, dado un nombre de fichero, muestre información relativa al mismo: tamaño, tipo, inodo y punto de montaje.

```
#!/bin/bash
# fileinfo.sh Información sobre un fichero
# uso fileinfo fichero

if [ -z "$1" ] ; then
  echo "Uso: fileinfo fichero"
  exit 1
fi

Fichero="$1"
```

```
if [ -f $Fichero ] ; then
  echo "Información del fichero $Fichero"
  echo "Tamaño: `ls -lh $Fichero | awk '{ print $5 }'` bytes"
  echo "Tipo: `file $Fichero | cut -d":" -f2 -`"
  echo "Inodo nº: `ls -i $Fichero | cut -d" " -f1 -`"
  echo "Punto de montaje: `df -h $Fichero | grep -v Montado | \
  awk '{ print $1 " dentro de la partición " $6}'`"
else
  echo "El fichero $Fichero no existe"
fi
```

Nota: el ejemplo anterior falla si en el nombre del fichero aparecen espacios. Este problema se puede solventar mediante la utilización de comillas dobles o del doble corchete en el **if**: if [-f "$Fichero"] o if [[-f $Fichero]].

AC 4.8

Realice un *script* que le solicite al usuario números hasta que introduzca el 0.

```
#!/bin/sh
#Pide un valor numérico (validado) hasta que se introduzca 0

while read -p "Deme un número (0 para salir): " n
do
  if [ $n -eq $n 2> /dev/null ] ; then #numérico
    if [ $n -eq 0 ] ; then
      exit 1
    fi
  fi
done
```

AC 4.9

Realice un *script* que le solicite al usuario números hasta que introduzca el 0. **Al finalizar, debe mostrar el número de valores, la suma de ellos y su media**.

```
#!/bin/bash
#Pide valores numéricos (validados) hasta que se introduzca 0
#Tras esto calcula la suma y media de los valores introducidos

num=0 #número de valores introducidos
suma=0 #suma de los valores introducidos

read -p "Deme un número (0 para salir): " n
until [ $n -eq 0 2> /dev/null ] ; do
  if [ $n -eq $n 2> /dev/null ] ; then #numérico
    suma=`expr $suma + $n`
    num=`expr $num + 1`
  fi
  read -p "Deme un número (0 para salir): " n
done
```

```
#Se ha introducido 0 => calcular la suma y media
echo $num valores numéricos introducidos
echo Suma=$suma
#Se evitan divisiones por cero
echo -n Media=
if [ $num -gt 0 ] ; then
   echo "scale=2;$suma/$num" | bc #con scale=2 se muestran 2
decimales
else
   echo 0.0
fi
```

Como se observa, el *script* valida todos los valores introducidos y evita todos los posibles problemas que puedan producirse durante su ejecución por mal uso.

AC 4.10

Realice un *script* que muestre los números pares del 1 al 100.

```
#!/bin/bash
#Imprime los pares entre 1 y 100
for (( i = 2 ; i <= 100; i+=2 ))
do
   echo " $i "
done
```

AC 4.11

Realice un *script* que muestre todos los directorios que hay en /home.

```
#!/bin/bash
# Lista los directorio de /home

for fichero in /home/*
do
   if [ -d $fichero ] ; then
     echo "$fichero"
   fi
done
```

Este *script* es meramente didáctico. Solo lista los directorios hijos de /home que no son ocultos. No profundiza más en el árbol de directorios, por ejemplo, en los nietos.

Si se quisieran listar todos los directorios que cuelgan de /home, a cualquier nivel, ocultos o no, lo más cómodo no sería usar un *script*, sino el siguiente comando:

```
$ ls -Rla /home | grep "^d"
```

AC 4.12

Cree un *script* que permita buscar enlaces a un determinado archivo. El *script* recibe como parámetros el fichero al que se le desean buscar los enlaces asociados y, opcionalmente, un directorio en el que buscar los enlaces. Si no se le facilita, el directorio busca enlaces al fichero en el directorio de trabajo y sus subdirectorios.

Se utiliza el número de inodo del fichero para localizar los enlaces y solo busca enlaces "duros", no enlaces simbólicos.

```
#!/bin/bash
# Identifica los enlaces a un fichero
# Uso: lnks fichero [directorio]
if [ $# -eq 0 -o $# -gt 2 ]; then
   echo "Uso: lnks fichero [directorio]" 1>&2
   exit 1
fi
if [ -d "$1" ]; then
   echo "El primer argumento no puede ser un directorio." 1>&2
   echo "Uso: lnks fichero [directorio]" 1>&2
   exit 1
else
   fichero="$1"
fi

if [ $# -eq 1 ]; then
   directorio="."
elif [ -d "$2" ]; then
   directorio="$2"
else
   echo "El parámetro opcional debe ser un directorio." 1>&2
   echo "Uso: lnks fichero [directorio]" 1>&2
   exit 1
fi

# Comprueba que el archivo existe y es un fichero regular
if [ ! -f "$fichero" ]; then
   echo "lnks: $fichero no encontrado o no es un fichero regular" 1>&2
   exit 1
fi

# Comprueba los enlaces al archivo
set -- $(ls -l "$fichero")
linkcnt=$2
if [ "$linkcnt" -eq 1 ]; then
   echo "lnks: no hay enlaces al fichero $fichero" 1>&2
   exit 0
fi

# Obtiene el inodo del archivo dado
set $(ls -i "$fichero")
inodo=$1
```

```
# Encuentra e imprime los archivos con ese nº de inodo
echo "lnks: usando find para encontrar los enlaces..." 1>&2
find "$directorio" -xdev -inum $inodo -print
```

AC 4.13

Utilizando los comandos NetPBM, cree un *script* llamado tojpg que reciba un nombre de fichero con las extensiones .tga, .pcx, .xpm, .tif o .gif, y genere los ficheros del mismo nombre, pero con la extensión .jpg.

En primer lugar, se van a utilizar los comandos tgatoppm, xmptoppm, pxxtoppm, tifftoppm y giftoppm para generar un fichero .ppm intermedio y, posteriormente, se utiliza ppmtojpeg para obtener el fichero .jpg final

```
#!/bin/bash
# tojpg Convierte ficheros de imagen a formato jpg
# uso tojpg ficheroImagen

if [ -z "$1" ] ; then
  echo "Uso: tojpg ficheroImagen"
  exit 1
fi

fichero="$1"
ficheroPPM=${fichero%.*}.ppm

case $fichero in
  *.jpg) exit 0 ;;
  *.tga) tgatoppm $fichero > $ficheroPPM ;;
  *.xpm) xpmtoppm $fichero > $ficheroPPM ;;
  *.pcx) pcxtoppm $fichero > $ficheroPPM ;;
  *.tif) tifftoppm $fichero > $ficheroPPM ;;
  *.gif) giftoppm $fichero > $ficheroPPM ;;
  *.pnm|*.ppm) ;;
  *) echo "Formato .${fichero##*.} no soportado"
     exit 1 ;;
esac

ficheroSalida=${ficheroPPM%.ppm}.jpg
pnmtojpeg $ficheroPPM > $ficheroSalida

if ! [ $fichero = $ficheroPPM ]; then
  rm $ficheroPPM
fi
```

AC 4.14

Realice un *script* que implemente la utilidad zmore. Dicha utilidad permite visualizar archivos de texto comprimidos con gzip.

```
#!/bin/bash
# zmore
```

```
#Visualiza archivos de texto comprimidos con gzip

NOARGS=65
NOTFOUND=66
NOTGZIP=67

if [ $# -eq 0 ] # es lo mismo que if [ -z "$1" ]
# $1 existe, pero está vacío: zmore "" arg2 arg3
then
   echo "Uso: `basename $0` fichero" >&2
   # Salida de error por stderr.
   exit $NOARGS
   # Devuelve el valor 65 como código de error.
fi

fichero=$1

if [ ! -f "$fichero" ]  # Se usan comillas para permitir ficheros
con espacios
en el nombre.
then
   echo "Fichero $fichero no encontrado!" >&2
   exit $NOTFOUND
fi

if [ ${fichero##*.} != "gz" ] ; then
   echo "El Fichero $1 no está comprimido con gzip!"
   exit $NOTGZIP
fi

zcat $1 | more

# Se descomprime con zcat y se muestra con 'more'
# Si se desea se puede usar less
```

AC 4.15

Realice un *script* con una función que implemente el comando del Korn Shell cd old new. Dicho comando recibe los argumentos old y new, obtiene el *path* del directorio actual y busca el patrón old y, si lo encuentra, lo sustituye por new e intenta cambiar a ese directorio. Cuando recibe cero o un argumento, actúa como un cd normal.

```
#!/bin/bash
# korncd Función que implementa la función cd del Korn Shell

function cd
{
  case $# in
    0|1)     builtin cd $@ ;;
    2)  destino=${PWD//$1/$2}
        if [ $destino = $PWD ] ; then
          echo "Sustitución a $destino no válida"
        elif ! cd $destino ; then
          echo "Directorio $destino no válido"
        fi ;;
```

```
    *)  echo "Número erróneo de argumentos" ;;
  esac
}
```

AC 4.16

Implemente un *script* que liste la información disponible en el DNS de una lista de direcciones webs (*www.google.com* y *www.yahoo.com*).

```
#!/bin/bash
# dns.sh Muestra la información del DNS de los sitios google.com
y yahoo.com

for HOST in www.google.com www.yahoo.com
do
  echo "-----------------------"
  echo $HOST
  echo "-----------------------"

  /usr/bin/host $HOST
  echo "-----------------------"
done
```

Un ejemplo de salida puede ser el siguiente:

```
programacion@shell:~$ ./dns.sh
-----------------------
www.google.com
-----------------------
www.google.com is an alias for www.l.google.com.
www.l.google.com has address 209.85.148.99
www.l.google.com has address 209.85.148.103
www.l.google.com has address 209.85.148.105
www.l.google.com has address 209.85.148.147
www.l.google.com has address 209.85.148.106
www.l.google.com has address 209.85.148.104
-----------------------
-----------------------
www.yahoo.com
-----------------------
www.yahoo.com is an alias for fp.wg1.b.yahoo.com.
fp.wg1.b.yahoo.com is an alias for eu-fp.wa1.b.yahoo.com.
eu-fp.wa1.b.yahoo.com has address 87.248.122.122
eu-fp.wa1.b.yahoo.com has address 87.248.112.181
-----------------------
```

AC 4.17

Implemente un *script* que redimensione todas las imágenes con extensiones .jpg y .png del directorio actual a un tamaño de 800 × 600. **Nota: para poder realizar el ejercicio, debe tener instalado el paquete imagemagick.**

```
#!/bin/bash
# redimensiona.sh Redimensiona archivos .jpg y .png del
directorio actual

for img in *.png *.jpg
do
  convert $img -resize 800x600 -quality 70 peque_$img
  if [ $? -eq 0 ] ; then
   echo "Redimensionando $img"
  fi
done
```

AC 4.18

Implemente un *script* **que informe de los 10 comandos más utilizados.**

```
#!/bin/bash
#Filename: top10comandos.sh
#Descripción: Lista los 10 comandos más usados

printf "COMANDO\tCONTADOR\n" ;
cat ~/.bash_history | awk '{ list[$1]++; } \
END{
for(i in list)
{
  printf("%s\t%d\n",i,list[i]); }
}'| sort -nrk 2 | head
```

El resultado del mismo será similar al siguiente:

```
programacion@shell:~$ ./top10comandos.sh
COMANDO      CONTADOR
ls           199
clear        91
cd           80
more         65
echo         61
chmod        49
cat          43
man          41
pwd          32
sudo         21
```

AC 4.19

Cree un *script* que liste y almacene los enlaces simbólicos de un directorio dado en un fichero de salida.

```
#!/bin/bash
# symlinks.sh: Guarda los enlaces simbólicos de un directorio en
un archivo.

OUTFILE=symlinks.list            # Fichero de salida
```

```
directorio=${1-`pwd`}
# Si no se especifica un directorio se toma,
# el directorio actual.

echo "Enlaces simbólicos del directorio \"$directorio\"" >
"$OUTFILE"
echo "---------------------------" >> "$OUTFILE"

for fichero in "$( find $directorio -type l )"  # -type l =
enlace simbólico
do
  echo "$fichero"
done | sort >> "$OUTFILE"
#         ^^^^^^^^^^^^^^         Redirección al fichero de salida.
```

A continuación puede ver una muestra de la salida producida:

```
Enlaces simbólicos al directorio "/home/gonzalo"
------------------------
/home/gonzalo/.mozilla/firefox/wkj0ci99.default/lock
/home/gonzalo/.pulse/355019bd7c8e7d8e77a0632c00000007-runtime
```

AC 4.20

Cree un *script* que muestre por pantalla la paleta de colores de Bash.

```
#!/bin/bash

# Imprime una tabla de colores de 8bg * 8fg * 2 estados
(regular/negrita)
echo
echo "Tabla de colores de Bash"
echo
echo "Background | Foreground"
echo "-------------------------------------------"
for((bg=40;bg<=47;bg++)); do
  for((bold=0;bold<=1;bold++)) do
    echo -en "\033[0m"" ESC[${bg}m   | "
    for((fg=30;fg<=37;fg++)); do
      if [ $bold == "0" ]; then
        echo -en "\033[${bg}m\033[${fg}m [${fg}m "
      else
        echo -en "\033[${bg}m\033[1;${fg}m [1;${fg}m"
      fi
    done
    echo -e "\033[0m"
  done
  echo "------------------------------------------- "
done

echo
echo
```

AC 4.21

Cree un *script* que, a partir de un directorio dado, enumere y muestre los tipos de ficheros que se encuentran en tal directorio y sus subdirectorios.

El *script* cuenta el número de ficheros de cada tipo que encuentra, para lo que utiliza *arrays* asociativos y el comando file.

```
#!/bin/bash
# filestat.sh Crea una estadística de los tipos de ficheros del
directorio
# dado y sus subdirectorios
# uso filestat directorioBase

if [ $# -ne 1 ]; then
   echo "Uso: $0 directorioBase";
   exit 1
fi

path=$1
declare -A statarray;

while read line ; do
   tipo=`file -b "$line"`
   let statarray["$tipo"]++;
done< <(find $path -type f -print)

echo ============ Tipo de ficheros y conteo =============

for tipo in "${!statarray[@]}"; do
   echo $tipo : ${statarray["$tipo"]}
done
```

A continuación, se presenta un ejemplo de salida:

```
============ Tipo de ficheros y conteo =============
Bourne-Again shell script text executable : 44
JPEG image data, JFIF standard 1.01 : 1
PNG image, 748 x 146, 8-bit/color RGBA, non-interlaced : 1
ASCII text : 2
UTF-8 Unicode text : 1
```

El *script* utiliza redirección en el bucle para listar ficheros del directorio dado y sus subdirectorios.

Nota: el *script* utiliza el comando file para identificar el tipo de fichero mediante su contexto. Esto se debe a que en el sistema GNU/Linux los tipos de archivos no se determinan por su extensión.

AC 4.22

Cree un *script* **que, dado un número en el rango [0-200], muestre su representación en romano.**

```
#!/bin/bash
# numeroRomano.sh
# Rango: 0 - 200
# Uso: numeroRomano numero

LIMITE=200

if [ -z "$1" ] ; then
  echo "Uso: `basename $0` numero"
  exit 1
fi

numero=$1
if [ "$numero" -gt $LIMITE ] ; then
  echo "Valor fuera del rango [0-200]"
  exit 2
fi

# Se debe declarar antes de la primera llamada
romano ()
{
  number=$1
  factor=$2
  rchar=$3
  let "resto = number - factor"
  while [ "$resto" -ge 0 ] ; do
   echo -n $rchar
   let "number -= factor"
   let "resto = number - factor"
  done

return $number
# Funciona mediante división por extracción sucesiva.
}

romano $numero 100 C
numero=$?
romano $numero 90 XC
numero=$?
romano $numero 50 L
numero=$?
romano $numero 40 XL
numero=$?
romano $numero 10 X
numero=$?
romano $numero 9 IX
numero=$?
romano $numero 5 V
numero=$?
romano $numero 4 IV
numero=$?
romano $numero 1 I
echo
```

AC 4.23

Cree un *script* que implemente el máximo común divisor mediante el algoritmo de Euclides.

```
#!/bin/bash
# mcdEuclides.sh: Máximo Común Divisor mediante el Algoritmo de
Euclides

# El Algoritmo de Euclides utiliza divisiones sucesivas
# En cada paso:
#+ dividendo <--- divisor
#+ divisor <--- resto
#+ Hasta que resto = 0.
#+ MCD = dividendo, en el último paso.

# ---------------------------------------------------------
# Comprobación de los argumentos

if [ $# -ne "2" ] ; then
  echo "Uso: `basename $0` primerNumero segundoNumero"
  exit 1
fi

# ---------------------------------------------------------

mcd ()
{
  dividendo=$1   # Asignación arbitraria.
  divisor=$2     # No importa cuál es el mayor.

  resto=1

  until [ "$resto" -eq 0 ]
  do
   let "resto = $dividendo % $divisor"
   dividendo=$divisor # Se repite con dos nº menores.
   divisor=$resto
  done

}
mcd $1 $2
echo; echo "MCD de $1 y $2 = $dividendo"; echo
```

AC 4.24

Cree un *script* que muestre un determinado menú en pantalla, solicite al usuario una opción del menú y finalice al pulsar 0.

```
#!/bin/bash
# menuBreak.sh Muestra un modo de acabar la iteración de un bucle
con break

while true; do
```

```
echo " Seleccione su lenguaje de programación favorito:"
echo "1. Bash"
echo "2. Awk"
echo "3. Java"
echo "4. C++"
echo

echo -n "Selecciona un menú, o 0 para salir: "
read opcion
echo

case $opcion in
  1)
    echo "Ha seleccionado el menu de Bash"
    ;;
  2)
      echo "Ha seleccionado el menu de Awk"
    ;;
  3)
      echo "Ha seleccionado el menu de Java"
    ;;
  4)
      echo "Ha seleccionado el menu de C++"
    ;;
  0)
    echo "OK, Hasta la próxima!"
    break
    ;;
  *)
    echo "Opción incorrecta. Recuerde, valores en el rango [0-4]"
    ;;
esac
done
```

AC 4.25

Modifique el ejercicio anterior para que haga uso de una función para la creación del menú.

```
#!/bin/bash
# menuSelect.sh Muestra un menú mediante select
# Dicho comando se implementa dentro una función

PS3="Seleccione su lenguaje de programación favorito: "

Menu()
{
  select lenguaje
  do
    if [ "$lenguaje" == "" ] ; then
      echo -e "Opción incorrecta\n"
      continue
    elif [ $lenguaje = SALIR ] ; then
      echo "Hasta la próxima"
      break
    fi
```

```
    echo "Su lenguaje favorito es $lenguaje"
    echo -e "Es la opción número $REPLY\n"
  done
}

Menu Bash Awk Java C++ SALIR
```

Nota: observe que no se ha indicado el apartado [in argumento…]. En su lugar, select hace uso de los parámetros que se le han pasado a la función.

AC 4.26

Cree un *script* **que cambie a minúsculas el nombre de los ficheros que se encuentran en el directorio actual. Si el fichero ya tiene un nombre completamente en minúsculas, no realiza ningún cambio en el mismo**.

```
#!/bin/bash
# minuscula.sh

# Convierte a minúscula el nombre de todo archivo que se encuentra
en el directorio
# actual.
# Si el nombre ya está en minúscula, no hace ningún cambio

LISTA="$(ls)"

for nombre in $LISTA; do
  if [[ "$nombre" != *[[:upper:]]* ]]; then
    continue
  fi

  ORIGINAL="$nombre"
  NUEVO=`echo $nombre | tr 'A-Z' 'a-z'`

  mv "$ORIGINAL" "$NUEVO"
  echo "* $ORIGINAL renombrado como $NUEVO"
done
```

AC 4.27

Implemente un *script* **para resolver el juego de Las Torres de Hanoi**.

```
#! /bin/bash
# hanoi.sh Las torres de hanoi
# Uso: hanoi Nº de fichas

Hanoi() {
  case $1 in
  0)
    ;;
  *)
    Hanoi "$(($1-1))" $2 $4 $3
    echo Mover $2 "-->" $3
```

```
      Hanoi "$(($1-1))" $4 $3 $2
      ;;
  esac
}

case $# in
  1)
    case $(($1>0)) in
      1)
        Hanoi $1 1 3 2
        exit 0;
        ;;
      *)
        echo "$0: Número incorrecto de fichas.";
            echo "Recuerde; Nº de fichas > 0"
        exit 2;
        ;;
    esac
    ;;
  *)
    echo "Uso: $0 Número de fichas"
    exit 1;
    ;;
esac
```

AC 4.28

Cree un *script* que implemente de forma recursiva el máximo común divisor.

```
#!/bin/bash
# mcdRecursivo.sh Máximo Común Divisor Recursivo

uso()
{
  echo
  echo "Uso del MCD:"
  echo "`basename $0` primerNumero segundoNumero"
  echo
  exit 1
}

mcd ()
{
  # Se asignan los valores
  m=$1
  n=$2

  # Se verifica que los argumentos sean correctos
  if [ $n -eq 0 -a $m -eq 0 ]; then
    echo "mcd(0,0) no está definido!"
    exit 1
  elif [ $m -eq 0 ]; then
    return $n
  elif [ $n -eq 0 ]; then
    return $m
  fi
```

```
    # Llamada recursiva a la función
    # El 1º parámetro es el resto de la operación $n / $m,
    # El segundo parámetro es $m
    # El tercer parámetro es $n
    # Note que $n y $m se invierte continuamente
    mcd $(( $n % $m )) $m
}

#######################
# Programa principal #
#######################

# Control del número de parámetros
if [ $# -ne 2 ]; then
   uso
fi

# Primera llamada a la función con los argumentos de la línea de
comandos
mcd $1 $2

# Impresión del resultado
MCD=$?
echo "El MCD de $1 y $2 es: $MCD"
```

4.7 EJERCICIOS PROPUESTOS

1. Cree un *script* que pida tres números y los muestre ordenados.

2. Cree un *script* que pida cinco números y muestre los que sean mayores que la media.

3. Cree una función que determine si el usuario que ejecuta el *script* es *root*. En caso contrario, finaliza la ejecución del *script* mostrando un mensaje que informa de tal hecho (modo alternativo de hacerlo al visto en el Ejemplo 4.4). **Nota:** utilizar el comando id –un.

4. Utilice el valor devuelto por el comando **grep** para comprobar si el usuario actual es controlado localmente.

5. Utilice una estructura anidada **if… then… elif** para calcular si el año en curso es bisiesto.

   Nota: un año es bisiesto si es divisible por 400 o bien es divisible por 4 y no es divisible por 100.

6. Realice el ejercicio anterior, pero, en este caso, utilice una estructura **if… then… else** junto a los operadores lógicos **AND** y **OR** para llevar a cabo las

comprobaciones. **Nota:** para llevar a cabo las operaciones aritméticas, puede hacer uso del modificador let o de los dobles paréntesis ((( ))).

7. Cree un *script* que muestre por pantalla un menú con cuatro opciones:

    - Mostrar la fecha.

    - Mostrar los usuarios conectados.

    - Mostrar el directorio de trabajo.

    - Listar el contenido del directorio de trabajo.

    Implemente la funcionalidad de cada uno de los apartados.

8. Cree un *script* que liste todos los ficheros ejecutables que se encuentren en los directorios de la variable de entorno **PATH**. En caso de que encuentre un directorio que no exista, debe informar de tal hecho.

9. Crea un *script* que, dado un directorio, indicado como argumento, muestre el tamaño ocupado por el directorio en bytes, kilobytes (KB) y megabytes (MB).

10. Implemente un *script* que calcule la frecuencia de repetición de las palabras de un fichero de texto dado.

11. Implemente un *script* que reciba un directorio y descomprima todos los ficheros .zip del mismo en nuevos subdirectorios, con nombre igual al del fichero comprimido.

12. Implemente un juego que genere un número aleatorio entre 0 y 99 y que se lo pregunte al usuario hasta que este lo acierte o falle 10 veces.

13. Implemente un *script* que acepte valores enteros desde el teclado, en el rango [0-100], hasta que se introduzca el carácter q. Tras ello, calcula la media de los valores introducidos.

14. Implemente un *script* que solicite una ruta absoluta para un fichero y que almacene en el mismo todo lo introducido por la entrada estándar hasta que se pulse Ctrl+C.

15. Implemente un *script* que solicite la ruta absoluta de un fichero y muestre el contenido del mismo por la salida estándar. Utilice para ello un bucle **while** y una redirección mediante el comando **exec**.

16. Cree un *script* que monitorice cada 5 segundos el tamaño del fichero de *log* (/tmp/logfile) y, una vez que alcance un tamaño de 2000 bytes, realice una copia del mismo que contenga la fecha en que fue realizada. Para llevar a cabo la temporización puede utilizar el comando **sleep**, que detiene la ejecución del proceso durante el período (en segundos) que se le indique.

17. Realice un *script* que monitorice la disponibilidad de una máquina red, cuya dirección IP se solicite. Utilice para ello un bucle **until** que finalice cuando la máquina responda a **ping**. El test a la máquina se debe llevar a cabo cada 60 segundos.

18. Implemente el comando de las distribuciones BSD lock. Al principio, solicita una clave secreta y utiliza una estructura de control until para bloquear el terminal hasta que se vuelva a introducir dicha clave. Este *script* permite abandonar el terminal abierto, durante cortos períodos de tiempo, de una forma segura.

19. Cree un *script* que muestre un menú por pantalla hasta que se pulse la opción de salir. Las opciones de dicho menú serán las siguientes:

    - Mostrar la fecha del sistema.

    - Mostrar información sobre qué usuarios han iniciado sesión y qué están haciendo. Para ello, utilice el comando w.

    - Mostrar los 10 procesos que consumen más memoria. Para ello, utilice el comando ps.

    - Mostrar los 10 procesos que consumen más CPU. Para ello, utilice el comando ps.

    - Mostrar el estado de la red. Para ello, utilice el comando netstat.

    - Salir del menú.

    Además de esto, deberá evitar su finalización de otro modo que no sea mediante la opción del menú.

20. Cree un *script* que realice la ordenación de un vector de elementos mediante el algoritmo de la burbuja.

21. Cree un *script* que realice la ordenación de un vector de elementos mediante el algoritmo **quicksort**.

22. Cree una función recursiva denominada "**makepath**" que, dado un *pathname*, cree todos los componentes del mismo como directorios. Por ejemplo, el comando makepath a/b/c/d creará los directorios a, a/b, a/b/c y a/b/c/d. **Nota:** la orden **mkdir –p** crea los directorios usando este procedimiento.

23. Cree un *script* para la búsqueda de elementos en un vector mediante el algoritmo de **búsqueda binaria**.

    Nota: recuerde que, para poder llevar a cabo la búsqueda binaria, los elementos del vector deben estar ordenados. Puede utilizar el algoritmo quicksort anterior para lograrlo.

Recuerde

En la página web del libro podrá encontrar los ejercicios resueltos.

Capítulo 5

PROGRAMACIÓN DE TAREAS

5.1 ASPECTOS BÁSICOS

En cualquier sistema informático se deben realizar, con cierta periodicidad, determinadas acciones o tareas (algunas de ellas, internas del sistema operativo; otras, definidas por el administrador; e incluso algunas, definidas por un usuario, con los privilegios adecuados). Por lo tanto, todas aquellas tareas que se ejecuten de forma periódica se denominan **tareas programadas**.

La programación de tareas permite programar la ejecución de un determinado programa en un momento concreto. Por ejemplo, se puede programar una copia de seguridad, enviar un fichero, comprobar la seguridad del sistema, enviar un informe, etc.

Algunas de las ventajas que se obtienen de estas tareas programadas son las siguientes:

- Automatización de la gestión del sistema.

- Fiabilidad: se llevan a cabo a pesar de posibles olvidos o descuidos por parte del administrador.

- Se ejecutan en un momento preciso (día y hora).

- Ayudan o detectan situaciones de error.

- Facilitan el control del sistema.

- Posibilidad de creación de tareas personalizadas por cada usuario.

Existen muchas funcionalidades que se pueden llevar a cabo mediante tareas programadas, entre las que se encuentran las siguientes:

- Generación de informes periódicos (fin de mes, semanal, etc.).

- Comprobación del estado de las comunicaciones.

- Borrado de ficheros temporales (/tmp, /var/tmp).

- Tareas de respaldo de información.

- Control de procesos presentes en el sistema.

- Parada del sistema según horarios de trabajo.

- Recordatorios.

- Descarga de *software* en horarios de poco tráfico.

En los sistemas GNU/Linux, existen diversas herramientas para llevar a cabo la programación de tareas. La necesidad de este tipo de herramientas viene dada, en principio, tanto por el funcionamiento interno del sistema operativo como por la necesidad del administrador de garantizar un aceptable funcionamiento del sistema. Las cuatro utilidades que permiten la automatización de tareas son:

- **Cron.** Es un servicio que permite la programación de tareas pensado especialmente para servidores.

- **Anacron.** Es un programador de tareas pensado para equipos de sobremesa y portátiles, ya que no necesita que el sistema esté continuamente en ejecución.

- **At** y **batch.** Permite la ejecución puntual de una tarea no repetitiva.

En la Tabla 5.1 se muestran las principales diferencias entre cron y anacron.

Este capítulo se va a centrar en dos de estas herramientas: **cron** y **at**, ya que son las herramientas más utilizadas para la gestión de tareas automatizadas en los entornos GNU/Linux, aunque **anacron** y **batch** también se verán, pero con un menor nivel de detalle.

Tabla 5.1. Anacron vs. Cron

Cron	Anacron
La granularidad mínima es el minuto.	La granularidad mínima es el día.
Cualquier usuario que no esté registrado por el *root* podrá ejecutar tareas programadas mediante cron.	Solo puede ser usado por el *root* (aunque existen modos de saltarse esta restricción).
Cron está desarrollado para sistemas con un tiempo de uso de 24 × 7. Si el sistema está apagado en el momento en que estaba previsto llevar a cabo la tarea programada, esta no se realizará.	Anacron no espera a que el sistema esté operativo 24 × 7. Si un trabajo está programado y el equipo está apagado durante ese tiempo, el trabajo se iniciará una vez el equipo vuelva a estar operativo.
Ideal para servidores.	Ideal para equipos de sobremesa y portátiles.
Se debe utilizar para ejecutar un trabajo en una hora y minuto concretos.	Se debe utilizar para ejecutar un trabajo independientemente de la hora y el minuto.

5.2 CRON

Cron es un administrador o planificador de tareas en segundo plano. Se trata de un servicio (demonio) que ejecuta procesos, programas o *scripts* a intervalos regulares programados.

El servicio cron se ejecuta en segundo plano y comprueba constantemente que el fichero /etc/crontab y los directorios /etc/cron.*/ y /var/spool/cron no tengan tareas pendientes de ejecutar.

Los procesos que deben ejecutarse y el momento en que debe hacerse se especifican en el archivo **crontab** correspondiente.

5.2.1 Iniciar cron

Cron es un demonio (servicio), lo que significa que solo requiere ser iniciado una vez, generalmente en el momento del arranque del sistema. El servicio de cron se llama cron. En la mayoría de las distribuciones, el servicio se instala automáticamente y queda iniciado desde el arranque del sistema.

Antes de programar las tareas, hay que comprobar que el servicio cron se encuentra en ejecución. Esto se puede llevar a cabo de diversas formas. El modo más apropiado es mediante el comando:

```
$ service cron status

programacion@shell:~$ service cron status
cron start/running, process 866
```

Aunque también se puede comprobar mediante el comando ps:

```
$ ps -ef | grep cron

programacion@shell:~$ ps -ef | grep cron
root       866     1  0 17:14 ?        00:00:00 cron
gonzalo  13336  5187  0 17:41 pts/0    00:00:00 grep --color=auto cron
```

O ejecutando:

```
$ /etc/init.d/cron status
```

Nota

En algunas distribuciones, el servicio cron se denomina **crond**.

Si el servicio no se inicia automáticamente, puede configurarlo ejecutando:

```
$ chkconfig --level 35 cron on
```

Con el comando anterior se inicia automáticamente el servicio cron en los niveles de ejecución 3 y 5.

5.2.2 Configuración de cron

Existen dos tipos de configuración de cron:

- **El crontab del sistema**. Usualmente es usado por los servicios del sistema y las tareas críticas, que requieren privilegios del *root*. Permite

- la posibilidad de que el crontab ejecute comandos como cualquier otro usuario.

- **Los crontab del usuario**. Cada usuario tiene su propio crontab y los comandos serán ejecutados con los permisos del usuario que es dueño del crontab. Por defecto, todos los comandos son ejecutados como si lo hiciera el usuario que creó el crontab.

Crontab del *root*

El fichero **crontab** del **root** se guarda en /var/spool/cron/crontabs/root, pero nunca se editan los ficheros de cron directamente. Para editar el crontab (cron table: fichero donde se guardan las tareas programadas) del **root**, ejecute el comando:

```
$ crontab -e
```

Se utiliza siempre esta orden en lugar de modificar el fichero directamente con un editor de texto, ya que así se garantiza que dicho fichero se está ejecutando en exclusiva, con lo que se evitan problemas de concurrencia con otros administradores.

En caso de que no exista una entrada para el usuario, se informa del hecho y se pide la creación de un crontab nuevo mediante un editor a elegir:

```
programacion@shell:~$ crontab -e
no crontab for gonzalo - using an empty one

Select an editor. To change later, run 'select-editor'.
 1. /bin/ed
 2. /bin/nano        <---- easiest
 3. /usr/bin/vim.tiny

Choose 1-3 [2]:
```

En algunas ocasiones, existe un fichero por defecto con la siguiente línea de cabeceras:

```
# m h dom mon dow command
```

Dicha línea sirve únicamente de guión para escribir debajo de ella las tareas. Como se observa, indica el formato del fichero:

```
# minutos horas dia_del_mes mes dia_semana comando_a_ejecutar
```

No obstante, se deberán añadir algunas líneas al principio, indicando las variables de entorno de interés. Las variables predefinidas (se pueden indicar o no) aparecen en la Tabla 5.2.

A continuación, puede ver un ejemplo de declaración de variables.

```
PATH=/bin
SHELL=/bin/bash
MAILTO=suEmail@aqui.es
```

Tabla 5.2. Variables de crontab

Comando	Descripción
SHELL	Indica el Shell bajo el cual se ejecuta el cron. Si no se especifica, se tomará por defecto el indicado en la línea correspondiente al usuario que está ejecutando cron.
PATH	Contiene o indica la ruta a los directorios en los cuales cron buscará el comando a ejecutar. Este *path* es distinto al *path* global del sistema o del usuario.
MAILTO	Indica a quién se enviará la salida del comando (en caso de que el comando produzca alguna salida) o bien notificaciones en caso de que algo vaya mal a la hora de ejecutar alguna de las tareas. Cron enviará un correo a quien se especifique en esta variable, ya sea una dirección de correo electrónico o un nombre de usuario. Si no se especifica, cron enviará el correo al usuario propietario del comando que se ejecuta.
HOME	Es el directorio raíz o principal del comando cron. Si no se especifica, la raíz será la que se indique en el archivo correspondiente al usuario que ejecuta cron.

Tras estas líneas, se indican todas las tareas programadas de acuerdo a la sintaxis vista previamente:

```
# .---------------- minuto (0 - 59)
# | .------------- hora (0 - 23)
# | | .---------- día del mes (1 - 31)
# | | | .------- mes (1 - 12) o jan,feb,mar,apr ...
# | | | | .----- día de la semana (0 - 6) (Sunday=0 o 7) OR
# | | | | |               sun,mon,tue,wed,thu,fri,sat
# | | | | |
* * * * * Comando a ejecutar (puede contener múltiples palabras y espacios)
```

Un ejemplo de fichero crontab puede ser:

```
PATH=/ bin
0 0 * * * /root/comprobar_seguridad.sh
0 0 1 * * /root/copia_seguridad.sh
```

En el ejemplo anterior se ejecuta el *script* comprobar_seguridad.sh todos los días a las 0:00 horas y se ejecuta copia_seguridad.sh el primer día de cada mes a las 0:00 horas.

Crontab del sistema

El archivo de cron del sistema es **/etc/crontab**. Si se indican tareas en dicho archivo, estas se ejecutan igualmente, pero no es recomendable. Este crontab se deja para que lo manejen la distribución y sus programas.

Es igual que el crontab de usuario, salvo que en este se puede especificar con qué usuario se ejecuta cada tarea, para lo cual cron realiza una suplantación previa a la ejecución.

Un fichero /etc/crontab típico puede ser:

```
programacion@shell:~$ cat /etc/crontab
# /etc/crontab: system-wide crontab
# Unlike any other crontab you don't have to run the `crontab'
# command to install the new version when you edit this file
# and files in /etc/cron.d. These files also have username fields,
# that none of the other crontabs do.

SHELL=/bin/sh
PATH=/usr/local/sbin:/usr/local/bin:/sbin:/bin:/usr/sbin:/usr/bin

# m h dom mon dow user    command
17 *   * * *  root   cd / && run-parts --report /etc/cron.hourly
25 6   * * *  root   test -x /usr/sbin/anacron || ( cd / && run-parts
--report /etc/cron.daily )
47 6   * * 7  root   test -x /usr/sbin/anacron || ( cd / && run-parts
--report /etc/cron.weekly )
52 6   1 * *  root   test -x /usr/sbin/anacron || ( cd / && run-parts
--report /etc/cron.monthly )
#
```

Observe que a los campos vistos en el crontab del *root* se ha añadido un nuevo campo para indicar el usuario que ejecuta las tareas, siendo en este caso el *root*.

Permisos

Se debe ser muy cuidadoso con los permisos de los que dispone cada usuario. Hay que verificar que el usuario que necesite cron para la realización de las tareas programadas tenga los permisos suficientes para poder llevarlas a cabo, evitando, de este modo, posibles problemas.

Además, para asegurar el sistema, solo el usuario *root* puede modificar los *scripts* que ejecuta crontab.

Listando el crontab

Para obtener el listado de las tareas programadas del crontab, debe utilizar el comando:

```
$ crontab -l
```

Este muestra el crontab del usuario actual. Si desea conocer las tareas programadas de otro usuario, utilice la opción **–u**.

```
$ crontab -u nombreUsuario -l
```

Eliminando tareas del crontab

Para suprimir todas las tareas del crontab del usuario actual, debe utilizar el comando:

```
$ crontab -r
```

Y si lo que desea es borrar todas las tareas de un usuario específico, se utilizará:

```
$ crontab -r -u nombreUsuario
```

5.2.3 Operadores

Mediante la utilización de los operadores, es posible especificar múltiples valores en un campo. Los operadores disponibles los puede encontrar en la Tabla 5.3.

Tabla 5.3. Operadores de crontab

Comando	Descripción
*	Este operador abarca todos los valores posibles en un campo. Por ejemplo, un asterisco en el campo de la hora será equivalente a cada hora.
,	El operador coma se utiliza para especificar una lista de valores. Por ejemplo, "1,5,10,15".
-	El operador guión se utiliza para especificar una serie de valores. Por ejemplo, el valor "5-10" equivale a escribir "5,6,7,8,9,10" usando el operador coma.
Valor o lista/incremento	Se aplica un incremento al valor o lista de valores. Por ejemplo, el valor "*/15" en el campo de los minutos equivale a su ejecución en intervalos de 15 minutos.

En la Tabla 5.4 se muestran múltiples ejemplos de utilización de la programación temporal.

Tabla 5.4. Ejemplos de programación

Ejemplo	Descripción
1 * * * *	Se ejecuta el minuto 1 de cada hora todos los días.
15 8 * * *	Se ejecuta a las 8:15 a.m. de cada día.
15 20 * * *	Se ejecuta a las 8:15 p.m. de cada día.
0 5 * * 0	Se ejecuta a las 5:00 a.m. todos los domingos.
* 5 * * Sun	Se ejecuta cada minuto de 5:00 a.m. a 5:59 a.m. todos los domingos.

45 19 1 * *	Se ejecuta a las 7:45 p.m. del primero de cada mes.
1 * 20 7 *	Se ejecuta el minuto 1 de cada hora del 20 de julio.
10 1 * 12 1	Se ejecuta a las 1:10 a.m. todos los lunes de diciembre.
0 12 16 * Wed	Se ejecuta al mediodía de los 16 de cada mes, siempre que sea miércoles.
30 9 20 7 4	Se ejecuta a las 9:30 a.m. del día 20 de julio si es jueves.
30 9 20 7 *	Se ejecuta a las 9:30 a.m. del día 20 de julio sin importar el día de la semana.
20 * * * 6	Se ejecuta el minuto 20 de cada hora de los sábados.
20 * * 1 6	Se ejecuta el minuto 20 de cada hora de los sábados de enero.
59 11 * 1-3 1,2,3,4,5	Se ejecuta a las 11:59 a.m. de lunes a viernes, de enero a marzo.
45 * 10-25 * 6-7	Se ejecuta el minuto 45 de todas las horas de los días 10 al 25 de todos los meses, siempre que el día sea sábado o domingo.
10,30,50 * * * 1,3,5	Se ejecuta en los minutos 10, 30 y 50 de todas las horas de los lunes, miércoles y viernes.
*/15 10-14 * * *	Se ejecuta cada 15 minutos de las 10:00 a.m. a las 2:00 p.m. todos los días.
* 12 1-10/2 2,8 *	Se ejecuta todos los minutos de las 12 a.m., en los días 1, 3, 5, 7 y 9 de febrero y agosto (el incremento en el tercer campo es de 2 y comienza a partir del 1).
* */5 1-10,15,20-23 * 3	Se ejecuta cada 5 horas de los días 1 al 10, el día 15 y del 20 al 23 de cada mes, siempre que sea miércoles.

3/3 2/4 2 2 2	Se ejecuta cada 3 minutos, empezando por el minuto 3 (3, 6, 9…) de las horas 2, 6, 10, etc. (cada 4 horas, empezando en la hora 2), del día 2 de febrero, siempre que sea martes.

Como puede apreciar en el último ejemplo anterior, una tarea solo se ejecuta si se cumplen los cinco campos temporales, ya que se utiliza una operación **AND booleana** entre ellas.

Hay que tener en cuenta que **el programa cron se invoca cada minuto** y ejecuta las tareas cuyos campos se cumplan en ese preciso minuto.

Además de indicar el instante de tiempo en el que se ejecuta una tarea, también es posible utilizar momentos preestablecidos (véase la tabla 5.5).

Tabla 5.5. Cadenas de texto

Cadena	Descripción
@reboot	Se ejecuta una vez, en el reinicio.
@yearly	Se ejecuta una vez al año. Equivale a "0 0 1 1 *".
@annually	Tiene la misma funcionalidad que @yearly.
@monthly	Se ejecuta una vez el mes. Equivale a "0 0 1 * *".
@weekly	Se ejecuta una vez a la semana. Equivale a "0 0 * * 0".
@daily	Se ejecuta una vez al día. Equivale a "0 0 * * *".
@midnight	Tiene la misma funcionalidad que @daily.
@hourly	Se ejecuta cada hora. Equivale a "0 * * * *".

Por ejemplo, si quiere hacer un *backup* diario puede utilizar la siguiente entrada:

```
@daily /path/al/script/de/backup
```

5.2.4 Directorios predefinidos

En los sistemas GNU/Linux existen unos directorios predefinidos para que cron los lea y ejecute su contenido en los intervalos que indican sus nombres. La Tabla 5.6 recoge dichos directorios.

Adicionalmente, cron lee los archivos del directorio **/etc/cron.d**, ya que por lo general distintos demonios colocan sus trabajos de cron aquí.

Tabla 5.6. Directorios predefinidos

Directorio	Descripción
/etc/cron.hourly	Se ejecuta cada hora.
/etc/cron.daily	Se ejecuta una vez al día.
/etc/cron.weekly	Se ejecuta una vez a la semana.
/etc/cron.monthly	Se ejecuta una vez al mes.

Dichos directorios se suelen utilizar para enlazar *scripts* que se ejecutan en el intervalo correspondiente, indicado en el nombre del directorio, **sin argumentos**. Por ejemplo, si crea un *script*, lo guarda en el directorio /root/bin y se enlaza con /etc/cron.hourly, cron lo ejecuta cada hora:

```
$ chmod u+x /root/bin/script.sh
$ ln -s /root/bin/script.sh /etc/cron.hourly/
```

A continuación se muestra un *script* que realiza la limpieza de los archivos almacenados en caché cada 10 días. Este *script* se puede crear directamente en el directorio /etc/cron.daily, por ejemplo, /cron/etc.hourly/cleanCache.sh.

Ejemplo 5.1. Limpiar la caché

```
#!/bin/bash
# Un shell script de ejemplo para limpiar
# archivos de la cache de un servidor web lighttpd
CROOT="/tmp/cachelighttpd/"
DAYS=10
LUSER="lighttpd"
LGROUP="lighttpd" # empezar limpieza<br>/usr/bin/find ${CROOT} -type
f -mtime +${DAYS} | xargs -r /bin/rm # si el directorio es borrado
por algún otro script, regresar
if [ ! -d $CROOT ]
then
   /bin/mkdir -p $CROOT
   /bin/chown ${LUSER}:${LGROUP} ${CROOT}
fi
```

5.2.5 Control de acceso a cron

Los ficheros **/etc/cron.allow** y **/etc/cron.deny** se utilizan para restringir el acceso a cron. El formato de los ficheros de acceso es un nombre de usuario en cada línea. No están permitidos los espacios en blanco en ninguno de los ficheros. El demonio cron no se debe reiniciar si se modifican los ficheros de control de acceso. Estos ficheros de control de acceso se leen cada vez que el usuario intenta añadir o borrar una tarea cron.

El usuario *root* puede utilizar siempre cron, sin prestar atención a los nombres de usuarios listados en los ficheros de control de acceso.

Si existe el fichero **cron.allow**, tan solo se permite a los usuarios presentes en la lista utilizar cron y el fichero cron.deny se ignora.

Si el fichero cron.allow no existe, ninguno de los usuarios listados en cron.deny puede utilizar cron.

5.2.6 *Log* de cron

En la distribución Ubuntu, el *log* de cron viene desactivado por defecto. Para poder activarlo, es necesario editar el fichero **/etc/default/cron** y descomentar la siguiente línea:

```
# EXTRA_OPTS="-L 2"
```

De esta forma se consigue que cron registre toda su actividad en el archivo /var/log/syslog.

5.2.7 Deshabilitar el envío de *e-mails*

Por defecto, la salida del comando o *script* se envía por correo electrónico a la bandeja del usuario. Para dejar de recibir *e-mails* de salida del crontab, debe aplicar una redirección del mismo al final de la línea de programación de la tarea:

```
>/dev/null 2>&1
```

Por ejemplo, si quiere que una tarea de *backup* no genere un correo electrónico escriba:

```
0 3 * * * /root/backup.sh >/dev/null 2>&1
```

5.2.8 Instalar crontab desde archivo

Si no quiere editar directamente el fichero crontab, puede añadir todas las entradas en un fichero normal previamente y añadirlas con posterioridad al fichero crontab mediante el siguiente comando:

```
$ crontab fichero
```

Esto inserta las entradas del fichero en crontab, eliminando las entradas antiguas del mismo, por lo que se debe tener cuidado al utilizar este modo de trabajo.

5.3 ANACRON

Anacron es un programador de tareas pensado para los equipos de sobremesa y portátiles, ya que no requiere que el sistema esté continuamente en ejecución.

Para poder utilizarlo debe comprobar, al igual que se hacía con cron, que el servicio está instalado y en ejecución, mediante:

```
$ service anacron status
```

5.3.1 Configuración de las tareas de anacron

Las tareas anacron están incluidas en el fichero de configuración **/etc/anacrontab**. A continuación, puede ver un ejemplo del mismo.

```
# /etc/anacrontab: configuration file for anacron

# See anacron(8) and anacrontab(5) for details.

SHELL=/bin/sh
PATH=/usr/local/sbin:/usr/local/bin:/sbin:/bin:/usr/sbin:/usr/bin

# These replace cron's entries
1       5       cron.daily      nice run-parts --report /etc/cron.daily
7       10      cron.weekly     nice run-parts --report /etc/cron.weekly
@monthly        15      cron.monthly nice run-parts --report
/etc/cron.monthly
```

A continuación, se muestra el formato del fichero cuyos campos puede ver en la tabla 5.7.

```
Periodo Retraso IdTrabajo Comando
```

Cada tarea anacron determina si se ha ejecutado dentro del período especificado en el **campo período** del archivo de configuración. Si no se ha ejecutado dentro de ese período, anacron ejecuta el comando especificado en el **campo comando**, después de esperar la cantidad de tiempo especificado en el **campo retraso**.

Tabla 5.7. Campos de anacron

Campo	Descripción
Período (*period*)	Frecuencia (en días) con la que se ejecuta el comando. Se puede utilizar la cadena **@monthly** si se quiere ejecutar la tarea mensualmente.
Retraso (*delay*)	Tiempo de retraso en minutos que se debe esperar para la ejecución de la tarea programada tras el inicio de la máquina.
IdTrabajo (*jobidentifier*)	Descripción de las tareas usada en los mensajes anacron, que puede contener cualquier carácter no blanco (excepto barras oblicuas). Debe ser único para cada trabajo, ya que se utilizará para la construcción de la marca de hora.
Comando (*command*)	Comando que debe ejecutarse.

Una vez finalizada la tarea, anacron registra la fecha en el fichero de marca de fecha que se encuentra en el directorio **/var/spool/anacron**. Solo se utiliza la fecha (no la hora), y se utiliza el valor **IdTrabajo** como nombre del fichero de marca de hora.

```
programacion@shell:~$ ls -1 /var/spool/anacron/
cron.daily
cron.monthly
cron.weekly
```

Las variables de entorno como SHELL y PATH pueden definirse en la parte superior de **/etc/anacron**, de forma similar al fichero de configuración de cron.

Tal y como se observa en el fichero de configuración **/etc/anacrontab**, anacron se configura de modo que queda garantizada la ejecución diaria, semanal y mensual de las tareas de cron.

Si en el momento planeado para llevar a cabo una operación, el sistema está apagado por alguna razón, anacron ejecutará la tarea una vez arranque el equipo y trascurrido el retardo indicado.

Por ejemplo, con:

```
7    15    test.daily    /bin/bash /home/backup.sh
```

La copia de seguridad se ejecutará a los 15 minutos del encendido del equipo, sin tener que esperar otros 7 días.

Si, por el contrario, el equipo no se encuentra apagado en el momento de llevar a cabo la tarea, ¿cuándo se ejecuta esta? Para dar respuesta a esta pregunta se utiliza la variable de entorno **START_HOUR_RANGE**, que se define en el fichero /etc/anacrontab.

Por defecto, dicha variable está establecida a 3-22, con lo cual la tarea se realiza en el período horario comprendido entre las 3:00 a.m. y las 10:00 p.m.

Si el usuario no especifica el retraso que debe transcurrir antes de la realización de la tarea, anacron utiliza un valor aleatorio de minutos. Este valor aleatorio lo define la variable **RANDOM_DELAY** del fichero /etc/anacrontab. Por defecto, el valor de esta variable es de 45 minutos, lo que significa que anacron añade un retraso aleatorio comprendido entre 0 y 45 minutos.

5.3.2 Iniciar y finalizar el servicio

Para iniciar el servicio anacron, debe utilizar el comando:

```
$ service anacron start
```

Se recomienda iniciar el servicio en el momento del arranque del equipo. Para parar el servicio, se utiliza el comando:

```
$ service anacron stop
```

Si desea conocer su estado en cualquier momento, lo puede realizar mediante:

```
$ service anacron status
```

5.4 AT Y BATCH

Mientras que cron y anacron se usan para programar tareas, el comando **at** se utiliza para programar una única tarea en un tiempo específico. El comando **batch** se utiliza para programar que se ejecute una única tarea cuando la carga del sistema en promedio se encuentre por debajo de **0.8**.

Para poder utilizar batch, at debe encontrarse instalado en el sistema y el demonio **atd** debe estar en ejecución. Esto se puede comprobar mediante:

```
$ service atd status
```

```
programacion@shell:~$ service atd status
atd start/running, process 884
```

5.4.1 Configuración de tareas at

Para programar una tarea no repetitiva en un tiempo específico, se debe utilizar el comando:

```
$ at time [date]
```

El argumento de tiempo puede ser uno de los indicados en la Tabla 5.8.

La hora debe ser especificada en primer lugar, seguida de la fecha opcional. Para más información sobre el formato del tiempo, consulte el fichero **/usr/share/doc/at/timespec**.

Tabla 5.8. Especificación de tiempo

Tiempo	Descripción
Formato HH:MM	Por ejemplo, 04:00 se ejecuta a las 4:00 a.m. Si se inserta el tiempo, se ejecuta en el tiempo específico del día después.
midnight	Se ejecuta a las 12:00 a.m.
noon	Se ejecuta a las 12:00 p.m.
teatime	Se ejecuta a las 4:00 p.m.
Día (day)	Se ejecuta el día de la semana indicado (0-6).

mmddyy mm/dd/yy mm.dd.yy	Establece la fecha en el formato indicado.
today	Se ejecuta hoy.
tomorrow	Se ejecuta mañana.
now	Se ejecuta ahora.
now + tiempo	Se ejecuta transcurrido el tiempo indicado desde este momento. Por ejemplo, at now+2days hará que la tarea se ejecute en 2 días. Los parámetros permitidos para indicar el tiempo adicional son day[s], week[s], minute[s] y hour[s].

Tras escribir el comando **at**, el prompt pasa a ser el prompt de at. En él se debe introducir el comando a ejecutar. Se pueden escribir varias líneas pulsado Intro y, si se quieren ejecutar varios comandos, se deben separar mediante Ctrl+D. Después de haber escrito todos los comandos, se debe dejar una línea en blanco, pulsando Intro, y finalizar con Ctrl+D. Alternativamente, se puede introducir un *script* de Shell en el intérprete de comandos y escribir Ctrl+D en una línea en blanco para salir. Si se introduce un *script*, la configuración del Shell usada será la configuración del Shell en la variable SHELL de usuario, el Shell del registro de usuario o /bin/sh (el primero que se encuentre).

Si la configuración de comandos o el *script* intentan visualizar información, la salida de datos será enviada vía correo electrónico al usuario.

Por ejemplo, la siguiente programación imprime un mensaje con la hora:

Ejemplo 5.2. Imprimir cadena

```
$ at 20:46
warning: commands will be executed using /bin/sh
at> echo "Son las 20:46"
at> <EOT>
job 2 at Thu Jul 21 20:46:00 2011
```

Como se trata de un comando que va a provocar una salida, la misma se enviará por correo electrónico al usuario y se informará de tal evento a través de la consola.

```
Tiene correo nuevo en /var/mail/gonzalo
```

Si observa el contenido de dicho correo, podrá comprobar si la ejecución ha sido correcta:

```
programacion@shell:~$ more /var/mail/gonzalo
From gonzalo@server1 Thu Jul 21 20:46:00 2011
Return-Path: <gonzalo@server1>
X-Original-To: gonzalo
Delivered-To: gonzalo@server1
Received: by server1 (Postfix, from userid 1000)
        id 740B72016CB; Thu, 21 Jul 2011 20:46:00 +0200 (CEST)
Subject: Output from your job     2
To: gonzalo@server1
Message-Id: <20110721184600.740B72016CB@server1>
Date: Thu, 21 Jul 2011 20:46:00 +0200 (CEST)
From: gonzalo@server1 (gonzalo)

Son las 20:46
```

Listar las tareas programadas

Para consultar las tareas programadas debe ejecutar el comando **atq**, que muestra una lista de tareas pendientes con cada línea de trabajo. Para cada línea se muestra la fecha, la hora, el tipo de tarea y el nombre del usuario. Los usuarios solo pueden ver las tareas propias, pero si el comando atq se ejecuta como superusuario, se listan los trabajos programados por cualquier usuario.

Si, tras programar la tarea anterior, comprueba la programación de tareas, se obtiene:

```
programacion@shell:~$ atq
THU JUL 21 20:46:00 2011 A GONZALO
```

Cancelar tareas programadas

Si desea cancelar alguna de las tareas programadas, deberá utilizar el comando **atrm**:

```
$ atrm numeroTrabajo
```

Configuración de tareas batch

El comando **batch** se utiliza para la ejecución no repetitiva de una tarea, cuando el promedio de carga del sistema está por debajo del 0.8. El modo de realizar la creación de la tarea es el mismo que con el comando **at**. Al igual que ocurre con at, si la configuración de comandos o el *script* intentan visualizar información, la salida se envía al correo electrónico del usuario. Puede utilizar **atq** para visualizar las tareas pendientes y **atrm** para cancelar trabajos programados.

Opciones adicionales de la línea de comandos

Las opciones adicionales de la línea de comandos de at y batch aparecen recogidas en la Tabla 5.9.

Tabla 5.9. Opciones de at y batch

Opción	Descripción
-c tarea	Muestra la tarea programada.
-d tarea	Elimina la tarea programada.
-f file	Lee los comandos o el *script* de Shell desde un fichero, en lugar de ser especificados desde el intérprete de comandos.
-l	Lista todas las tareas programadas del usuario actual.
-m	Envía un *e-mail* al usuario cuando se ha completado la tarea.
-v	Muestra la hora en que la tarea será ejecutada.

5.4.2 Control de acceso a at y batch

Los ficheros **/etc/at.allow** y **/etc/at.deny** se utilizan para restringir el acceso a los comandos at y batch. El formato de ambos ficheros de control de acceso es un nombre de usuario en cada línea. El espacio en blanco no está permitido en ningún fichero. Los ficheros de control de acceso se leen cada vez que un usuario intenta ejecutar los comandos at y batch.

El usuario *root* siempre puede ejecutar los comandos at y batch, sin tener en cuenta los ficheros de control de acceso.

Si existe el fichero at.allow, tan solo se permite a los usuarios listados en él utilizar at o batch y el fichero at.deny se ignora.

Si el fichero at.allow no existe, a ninguno de los usuarios listados en at.deny se le permite utilizar at o batch.

5.4.3 Iniciar y finalizar el servicio

Para iniciar el servicio at (y batch), debe utilizar el comando:

```
$ service atd start
```

Para detenerlo:

```
$ service atd stop
```

Se recomienda iniciar el servicio en el momento del arranque del sistema.

5.5 APLICANDO CONOCIMIENTOS

AC 5.1

Programe una tarea que cada cinco minutos escriba la fecha y la hora en el fichero /var/log/mi-cron.log.

Para ello, debe insertar el siguiente comando en crontab:

```
*/5 * * * * date >>/var/log/mi-cron.log
```

AC 5.2

Programe una tarea que cada 5 minutos escriba la fecha y la hora en el terminal.

Se debe crear un *script* con el siguiente contenido:

```
#! /bin/bash
# fecha.sh Imprime la fecha en el terminal

fecha=$(date)
echo $fecha > /dev/pts/0
```

Y posteriormente, crear la siguiente entrada en el crontab:

```
*/5 * * * * /pathAlScript/fecha.sh
```

Cada una de las terminales que el usuario tenga abiertas lleva asociado un identificador. Este identificador se puede obtener mediante el comando echo $(tty). Una vez que se conoce el identificador del terminal (en este caso, /dev/pts/0), se utiliza directamente la redirección a la misma.

Si no se desea tener un *script* para esta tarea tan sencilla, se puede programar directamente desde el fichero crontab, mediante la siguiente entrada:

```
*/5 * * * * echo `date` > /dev/pts/0
```

AC 5.3

Programe una tarea que, cada día a las 0:00 horas, busque los archivos que contengan la palabra "*hack*" y los guarde en la carpeta /root/cuarentena.

Si se quiere utilizar un *script* para ello, el contenido del mismo será el siguiente:

```
#! /bin/bash
# cuarentena.sh
# Busca todos los ficheros con la palabra hack en el nombre
# y los mueve a una carpeta de cuarentena

find / -type f -name *hack* > /root/cuarentena
```

La entrada en el fichero de crontab será alguna de las siguientes:

```
0 0 * * * /pathAlScript/cuarentena.sh
@midnight /pathAlScript/fecha.sh
```

Tal y como sucedía en el ejercicio anterior, al tratarse de una tarea sencilla, se puede programar directamente en el fichero crontab.

```
0 0 * * * find / -type f -name *hack* > /root/cuarentena
@midnight find / -type f -name *hack* > /root/cuarentena
```

AC 5.4

Programe una tarea que elimine los ficheros almacenados en la carpeta /tmp todos los domingos a las 2:00 horas.

El *script* que realiza dicha tarea es el siguiente:

```
#! /bin/bash
# clearTmp.sh
# Eliminar archivos temporales
rm -R /tmp/*
```

Y la entrada del crontab correspondiente es la siguiente:

```
0 2 * * 7 /pathAlScript/clearTmp.sh
```

AC 5.5

Programe una tarea que liste todos los ficheros que puedan ser modificados por cualquier usuario y guarde dicha lista con la ruta exacta en el fichero /root/archivos_peligrosos.txt todos los lunes a las 7:15 horas.

Para ello, lo primero a realizar será ubicarse en el directorio raíz para, posteriormente, ir descendiendo por los directorios hijos, de modo que se busque en todo el sistema.

Los ficheros que pueden ser modificados por cualquier usuario son los que tienen los permisos (--- --- rwx), en binario, 007.

```
#!/bin/bash
# peligrosos.sh Busca archivos modificables por cualquier usuario
# y mueve el listado al fichero /root/peligrosos.txt

cd ..
touch /root/peligrosos.txt #se crea el archivo si no existe
find . -perm 007 >/root/peligrosos.txt
```

La entrada del crontab correspondiente es:

```
15 7 * * 1 /pathAlScript/peligrosos.sh
```

AC 5.6

Cree un *script* que, cada vez que se ejecute, genere una copia de seguridad comprimida mediante tar del directorio /etc en la carpeta /backup. El nombre del fichero debe contener la fecha en la que se ha llevado a cabo la copia, por ejemplo: copia_etc_23072011.tgz. Dicha labor se debe llevar a cabo diariamente a medianoche.

```
#!/bin/bash
# backupETC.sh Crea una copia de seguridad del directorio /etc
# y la almacena en la carpeta /backup

#definición del directorio de backup
directorioBackup="/backup/"
#fecha de la copia
fecha=`date '+copia_etc_%d%m%Y.tgz'`

nombreFichero="$directorioBackup$fecha"

#se crea el fichero
tar zcvf $nombreFichero /etc
```

Para su realización diaria a media noche, se crea la siguiente entrada en el crontab.

```
@daily /pathAlScript/backupETC.sh
```

AC 5.7

Cree un *script* que compruebe la ocupación de disco de cada partición montada en el sistema, y que deje un informe de dicha ocupación cada 12 horas en el directorio **/var/log/ocupacionDiscos.log**.

```
#!/bin/bash
# ocupacion.sh Informe de la ocupación de discos

echo "----------------------------------------------------"
echo "Fecha Informe: " `date`
echo
df -h
echo "----------------------------------------------------"
```

La entrada del crontab correspondiente es la siguiente:

```
0 */12 * * * /pathAlScript/ocupacion.sh
```

AC 5.8

Crea un *script* que monitorice el funcionamiento del demonio Apache y lo reinicie en caso de que se encuentre apagado por cualquier motivo. La verificación de funcionamiento se lleva a cabo cada minuto.

```
#!/bin/bash
# monitorApache.sh Reinicia el servidor web Apache si está caído

#comando de reinicio
# RHEL / CentOS / Fedora Linux
#RESTART="/sbin/service httpd restart"

#Debian / Ubuntu Linux
RESTART="/etc/init.d/apache2 restart"

#Acceso al comando pgrep
PGREP="/usr/bin/pgrep"

# Nombre del demonio HTTPD

# RHEL/CentOS/Fedora
# HTTPD="httpd"
# Debian/Ubuntu
HTTPD="apache2"

# Búsqueda del identificador del proceso
$PGREP ${HTTPD}
```

```
if [ $? -ne 0 ] # Apache no se está ejecutando
then
# se reinicia apache
$RESTART
fi
```

La entrada del crontab correspondiente es la siguiente:

```
* * * * * /pathAlScript/monitorApache.sh
```

AC 5.9

Cree un *script* **que monitorice un listado de máquinas en red mediante el comando ping. En el caso de que algunas de ellas se encuentren inaccesibles, debe enviar un** *e-mail* **al usuario, informando de tal situación. La tarea de monitorización se debe llevar a cabo cada 5 minutos.**

```
#!/bin/bash
# monitorPing.sh
# Monitorizado de máquinas mediante el uso de ping

# Listado de ip/hostnames separados por espacios
HOSTS="192.168.0.1 localhost"

# Sin respuesta al ping
COUNT=1

# Definición del email de error
SUBJECT="Fallo de comunicación ping"
EMAILID="gonzalo@server1"
for myHost in $HOSTS
do
 count=$(ping -c $COUNT $myHost | grep 'received' | awk -F',' '{
print $2 }' | awk '{ print $1 }')
 if [ $count -eq 0 ]; then
  # 100% error
  echo "Host : $myHost está caído (falla el ping) en $(date)" |
mail -s "$SUBJECT" $EMAILID
 fi
done
```

La entrada del crontab correspondiente es la siguiente:

```
*/5 * * * * /pathAlScript/monitorPing.sh
```

En caso de error, se obtiene un mensaje como el siguiente:

```
Return-Path: <gonzalo@server1>
X-Original-To: gonzalo@server1
Delivered-To: gonzalo@server1
Received: by server1 (Postfix, from userid 1000)
        id 9B4012016E5; Sat, 23 Jul 2011 13:55:06 +0200 (CEST)
```

```
Subject: Fallo de comunicacion ping
To: <gonzalo@server1>
X-Mailer: mail (GNU Mailutils 2.1)
Message-Id: <20110723115506.9B4012016E5@server1>
Date: Sat, 23 Jul 2011 13:55:06 +0200 (CEST)
From: gonzalo@server1 (gonzalo)

Host : 192.168.0.1 esta caído (falla el ping) en sáb jul 23
13:55:06 CEST 2011
```

5.6 EJERCICIOS PROPUESTOS

1. Programe una tarea cron que, a las 20:00 horas, muestre en el terminal el siguiente mensaje: "Descanso de 5 minutos".

2. Programe una tarea que escriba, cada 10 minutos, los siguientes datos en el fichero **/var/log/historial.txt**:

```
19:44:11 up 2:36, 3 users, load average: 0,10, 0,18, 0,22
USER     TTY    FROM    LOGIN@   IDLE   JCPU   PCPU WHAT
gonzalo  tty1           17:11    2:31m 37.07s 0.00s xinit /etc/X11/
gonzalo  pts/0 :0.0     17:13    0.00s  5.11s 0.00s w
gonzalo  pts/1 :0.0     19:08   19:55   0.20s 0.20s bash
```

3. Programe una tarea que apague el equipo todos los días a las 23:59 horas.

4. Escriba un *script* que se ejecute cada día a las 1:00 horas y que cumpla las siguientes condiciones:

    - Si es domingo, se genera una copia completa de los directorios /home, /etc/ y /root en la carpeta /copia_seguridad/completa.

    - Si es cualquier otro día, se realiza una copia diaria del directorio /etc y se guarda en la carpeta /copia_seguridad/incremental/mes_dia_año, donde se indica la fecha del sistema.

    - Las copias de seguridad se ejecutan con el comando **tar**.

    - Siempre que se genera una copia, en la misma carpeta se genera el fichero **fecha.txt**, que contiene la fecha exacta del sistema.

5. El demonio **mcelog** se encarga de monitorizar errores en sistemas Linux x86, tanto de 32 como de 64 bits, especialmente errores relacionados con la memoria y la CPU. Este demonio mcelog almacena la información de los posibles errores en el fichero de *log* **/var/log/mcelog**. En versiones de kernel antiguas no estaba configurado como un demonio, sino que se debía programar

como una tarea cron. Por ello, de cara a trabajar con sistemas antiguos, programe un *script* que notifique los errores *hardware* de un servidor mediante correo electrónico.

6. Programe un *script* que monitorice todos los procesos en ejecución en el sistema cada 30 segundos durante 3 minutos.

7. Cree un *script* que monitorice la ejecución de MySQL en un servidor y reinicie dicho servicio en caso de que se encuentre detenido. Envíe un *e-mail* al usuario informando de dicha eventualidad.

8. Desarrolle un *script* que monitorice el porcentaje de utilización de los discos del sistema. En caso de que alguno de ellos supere una ocupación del 90%, envíe un *e-mail* al administrador informando de tal hecho.

9. Cree un *script* que recoja un mensaje predefinido por el usuario, para enviárselo al mismo como recordatorio por correo posteriormente. Para el envío del mensaje, haga uso de la programación at.

Recuerde

En la página web del libro podrá encontrar los ejercicios resueltos.

Capítulo 6

ADMINISTRACIÓN DEL SISTEMA

6.1 INTRODUCCIÓN

La administración del sistema consiste, básicamente, en gestionar los recursos del mismo para que se puedan utilizar de la forma más eficiente posible. Las tareas de administración del sistema más comunes son:

- Instalar el sistema operativo.

- Añadir, eliminar y controlar a los usuarios y sus contraseñas.

- Instalar y configurar el *software*.

- Instalar y configurar el *hardware* del sistema.

- Mantener la seguridad del sistema y de la red.

- Comprobar la utilización de los sistemas de archivos para verificar que no se encuentren llenos y, además, controlar la utilización indiscriminada de ellos.

- Realizar copias de seguridad.

- Mantener los servicios de red, correo y otros servicios de comunicaciones.

- Optimizar la utilización de los recursos del sistema.

- Asistir a los usuarios en sus necesidades.

Como se ha visto a lo largo de los capítulos anteriores, la programación Shell puede ser de gran ayuda a la hora de realizar tareas de administración del sistema, ya que permite automatizar tareas complejas, las cuales se pueden realizar por parte del administrador o delegar en otros usuarios para que las realicen, siempre de manera controlada.

En este capítulo, se irán viendo diferentes aspectos de la administración del sistema y se desarrollarán diferentes *scripts* para facilitar la labor en dicho campo. Todo ello, con una gran orientación práctica, pero sin olvidar los fundamentos teóricos necesarios para comprender su funcionamiento y que permitan al lector desarrollar *scripts* de administración adaptados a sus necesidades.

Permisos

Cualquier tarea de administración que se trate a partir de ahora será necesario realizarla como usuario **root**.

6.2 ADMINISTRACIÓN DE USUARIOS

En Linux, al tratarse de un sistema multiusuario, resulta importante administrar a los usuarios del sistema. La administración de usuarios y sus grupos de trabajo implica una gran responsabilidad, ya que el primer paso para mantener la seguridad del sistema consiste en evitar el acceso al mismo a personas no autorizadas.

6.2.1 Tipos de usuarios

Los usuarios en los sistemas GNU/Linux se identifican mediante un número único de usuario, **UID** (*user* ID), y pertenecen a un grupo principal de usuarios, identificado también por un número único de grupo, **GID** (*group* ID). Un usuario puede pertenecer a más grupos además de al grupo principal.

Aunque sujeto a cierta polémica, es posible identificar tres tipos de usuarios distintos en GNU/Linux:

- **Usuario *root***. También llamado **superusuario** o **administrador**, es la única cuenta de usuario con privilegios sobre todo el sistema. Tiene acceso total a todos los archivos y directorios, con independencia de propietarios y permisos. Su UID es 0.

- **Usuarios especiales**. Llamados también **cuentas del sistema** (por ejemplo, bin o daemon), no tienen los privilegios del usuario *root*, pero, dependiendo de la cuenta, asumen distintos privilegios de *root*. Generalmente, se les asigna un UID entre 1 y 100.

- **Usuarios normales**. Se trata de usuarios individuales. Cada usuario dispone de un directorio de trabajo, ubicado generalmente en **/home**, siendo este el único sobre el que tienen permiso. En las distribuciones actuales se les asigna, generalmente, un UID superior a 500.

6.2.2 Comandos de administración de usuarios

A lo largo de este apartado se van a detallar los comandos necesarios para la administración de usuarios.

6.2.2.1 COMANDO USERADD

El comando **useradd** es el encargado de agregar usuarios al sistema. La sintaxis es la siguiente:

```
$ useradd [-u uid [-o]] [-m [-k skel_dir]] [-d dir] [-g gid] [-G gid
[, gid...]] [-s shell_inicio] [-c "comentario"] [-e expiración] [-f
inactividad] [-r] usuario
```

La Tabla 6.1 describe cada una de las opciones del mismo:

Tabla 6.1. Opciones de useradd

Opción	Descripción
-u uid	Asigna un identificador al nuevo usuario.
-o	Permite duplicar el UID.
-d dir	Asigna dir como directorio home del usuario.
-m	Crea el directorio home si no existe y, si existe, le asigna los permisos necesarios.
-g gid	Asigna gid como grupo principal (dicho grupo debe existir).

-G gid, ...	Asigna los grupos detallados como secundarios.
-s shell	Shell de inicio para el usuario a crear.
-c	Añade un comentario o descripción sobre el perfil del usuario.
-e	Fecha de caducidad de la cuenta.
-f	Indica el número de días que deben pasar, tras la caducidad de la contraseña, hasta que la cuenta se desactive.
-r	Crea un usuario del sistema.
-k	Determina dónde copiar los archivos de personalización de los nuevos usuarios.
usuario	Nombre asignado al usuario. Debe ser único.

Administración de los valores por defecto

El comando **useradd** también dispone de opciones para administrar los valores por defecto. Su sintaxis es la siguiente:

```
$ useradd -D [-g default_gid] [-b default_home] [-e default_expire]
[-s default_shell]
```

Modifica o muestra (si no se le indican argumentos) los valores por defecto que se utilizan al dar de alta a un nuevo usuario, los cuales se obtienen del fichero **/etc/default/useradd**.

```
programacion@shell:~$ useradd -D
GROUP=100
HOME=/home
INACTIVE=-1
EXPIRE=
SHELL=/bin/sh
SKEL=/etc/skel
CREATE_MAIL_SPOOL=no
```

Una vez conocidos los ficheros y comandos involucrados, se van a mostrar una serie de ejemplos.

Ejemplo 6.1. Creación de una cuenta de usuario por defecto

```
$ useradd julio
```

Ejemplo 6.2. Creación de una cuenta de usuario, modificando el grupo principal

```
$ useradd -g administradores soledad
```

Nota

Tal y como se ha indicado en varias ocasiones, a la hora de asignar un grupo al usuario, dicho grupo debe existir previamente.

Ejemplo 6.3. Creación de una cuenta de usuario con caducidad el 01/12/2011 y creando su directorio de trabajo

```
$ useradd -m -d /home/jose -e 20111201 jose
```

6.2.2.2 COMANDO USERMOD

El comando **usermod** permite modificar la cuenta de usuario. Su sintaxis es la siguiente:

```
$ usermod [-u uid [-o]] [-d dir] [-m] [-g gid] [-G gid [, gid...]]
[-s shell_inicio] [-c "comentario"] [-e expiración] [-f inactividad]
[-l nuevo_nombre][-L|-U] usuario
```

Las opciones son las mismas que para el comando **useradd**, salvo las indicadas en la Tabla 6.2.

Tabla 6.2. Opciones de usermod

Opción	Descripción
-l nuevo_nombre	Permite cambiar el nombre a un usuario existente.
-L	Bloquea la cuenta.
-U	Desbloquea la cuenta.

6.2.2.3 COMANDO CHFN

El comando **chfn** permite modificar los valores adicionales de usuario. Su sintaxis es sencilla:

```
$ chfn usuario
```

Por ejemplo, se quiere modificar los valores del usuario "Julio":

```
programacion@shell:~$ chfn julio
Changing the user information for julio
Enter the new value, or press ENTER for the default
        Full Name []: Julio Gomez Lopez
        Room Number []: 23
        Work Phone []: 950987654
        Home Phone []: 950123456
        Other []:
```

6.2.2.4 COMANDO USERDEL

El comando **userdel** permite eliminar una cuenta de usuario. Su sintaxis es la siguiente:

```
$ userdel [-r] usuario
```

La opción **–r** elimina el directorio home del usuario.

6.2.2.5 COMANDO ULIMIT

Este comando otorga control sobre los recursos de los que dispone el Shell y los procesos lanzados por él. Se puede inicializar en los ficheros **/etc/profile** o **~/.bashrc** de cada usuario.

Se dispone de varias opciones, algunas de las cuales se listan en la Tabla 6.3.

Tabla 6.3. Opciones de ulimit	
Opción	**Descripción**
-a	Despliega todas las limitaciones.
-f	Cantidad máxima de archivos creada por el Shell.
-n	Cantidad máxima de archivos abiertos.
-u	Cantidad máxima de procesos por usuario.

Otro modo de configurar dichas limitaciones es a través del fichero **/etc/security/limits.conf**. Por ejemplo, si se quisiera limitar al usuario "Julio" para que solo pueda acceder a dos terminales simultáneamente y que sus archivos generados no superen un tamaño de 1 kB, habría que incluir lo siguiente:

```
julio           hard            fsize           1024
julio           hard            maxlogins       2
```

Se puede limitar incluso el número de procesos que puede lanzar un grupo de usuarios. Si, por ejemplo, se quiere que el grupo "estudiantes" no pueda lanzar más de 50 procesos, hay que incluir las siguientes líneas en el fichero /etc/security/limits.conf:

```
@estudiantes            soft            nproc           40
@estudiantes            hard            nproc           50
```

6.2.3 Comandos de administración de contraseñas

A lo largo de este apartado se van a exponer los comandos necesarios para la administración de contraseñas.

6.2.3.1 COMANDO PASSWD

Cuando se crea un usuario, la cuenta queda bloqueada. Para que el usuario pueda acceder a ella, el administrador debe asignarle una contraseña.

La sintaxis del comando **passwd** es la siguiente:

```
$ passwd [Opciones] usuario
```

Las opciones disponibles para este comando se muestran en la Tabla 6.4.

Tabla 6.4. Opciones de passwd

Opción	Descripción
-d	Borra la contraseña.
-l	Bloquea la cuenta de usuario.
-u	Desbloquea la cuenta de usuario.

-n	Tiempo mínimo que se debe esperar antes de cambiar la contraseña.
-x	Tiempo máximo que puede transcurrir antes de cambiar la contraseña.
-w	Tiempo a transcurrir antes de avisar del vencimiento de la contraseña.
-i	Plazo máximo antes de proceder al bloqueo de la cuenta tras haber expirado la contraseña.
-- stdin	Obtiene el valor desde la entrada estándar.
-S	Muestra el estado de la contraseña.

Por ejemplo, para listar el estado de la contraseña del usuario "Julio", ejecute:

```
$ passwd -S julio
julio L 07/28/2011 0 99999 7 -1
```

6.2.3.2 COMANDO CHAGE

Modifica o muestra los atributos de la contraseña, cambiando el archivo **/etc/shadow**. Su sintaxis es:

```
$ chage [Opciones] usuario
```

La Tabla 6.5 muestra sus opciones.

Si se ejecuta **chage** sin argumentos, el comando muestra una interfaz interactiva para introducir los valores.

Tabla 6.5. Opciones de chage

Opción	Descripción
-m	Tiempo mínimo a esperar antes del cambio de contraseña.
-M	Tiempo de validez de la contraseña.

-d	Última fecha de modificación.
-I	Inactividad. Si vale cero (0) y la contraseña vence sin cambiarse, se bloquea la cuenta. Si vale -1, el usuario puede ingresar y cambiar la contraseña (es la opción por defecto).
-E	Tiempo de expiración tras el cual se bloquea la cuenta.
-W	Tiempo tras el cual se muestra un aviso para el cambio de contraseña.

6.2.3.3 COMANDO PWCK

El comando **pwck** permite comprobar la consistencia de los archivos **/etc/passwd** y **/etc/shadow**. Verifica todos los nombres de usuario y que cada entrada incluya los siguientes datos:

- Un número correcto de campos.
- Un único nombre de usuario.
- Un usuario válido y un identificador de grupo.
- Un grupo primario válido.
- Un directorio inicial válido.
- Un Shell de conexión válido.

Por último, pwck emite un aviso si detecta alguna cuenta que no tenga asignada una contraseña.

6.2.4 Comandos de administración de grupos

En Linux, cada usuario pertenece, como mínimo, a un grupo (su grupo principal de usuario), y podrá pertenecer a varios grupos más.

Existen ciertos grupos del sistema como pueden ser **root** o **bin**, que, por lo general, salvo raras excepciones, los usuarios nunca deben pertenecer a ninguno de esos grupos.

La configuración de grupos se almacena en el fichero **/etc/group**, pero, al igual que sucede con los usuarios, no se trabaja directamente sobre el mismo, sino que se hace a través de diversos comandos para mantener su integridad. La tabla 6.6. recoge los distintos comandos disponibles para administrar los grupos.

Tabla 6.6. Comandos de administración de grupos

Comando	Descripción
groupadd [opciones] [nombreGrupo]	Crea nuevos grupos de usuario. Opciones: • **-g GID**: indica explícitamente el GID del grupo. • **-o**: pemite duplicar el GID (totalmente desaconsejable). • **-r**: crea un grupo del sistema. • **-f**: hace que groupadd no dé error si el grupo ya existe.
groupmod [opciones] [nombreGrupo]	Modifica grupos de usuarios. Opciones: • **-g GID**: asigna un nuevo GID. • **-o**: pemite duplicar el GID (totalmente desaconsejable). • **-n nuevoNombre**: asigna un nuevo nombre al grupo.
groupdel grupo	Elimina el grupo indicado.
groups [usuario]	Indica los grupos a los que pertenece el usuario.
gpasswd [opciones] usuario grupo	Agrega o elimina usuarios al grupo. Opciones: • **-a**: agrega usuarios.

	- **-d**: elimina usuarios.
- **-A**: asigna un administrador de grupo.
- **-M**: define los miembros con derechos de administración.
newgrp jovenes	Cambia al usuario que lo ejecuta a su grupo secundario "jovenes".
grpck	Comprueba la consistencia de los archivos /etc/group y /etc/gshadow. Verifica si el número de campos es correcto, si los nombres del grupo son únicos y si las listas de usuarios y administradores son válidas. Igualmente, la opción **-r** genera un informe automático, por lo que puede utilizarse cron para activar automáticamente esta comprobación.

Una vez conocidos los comandos de administración de grupos, se muestran una serie de ejemplos de los mismos:

Tabla 6.7. Ejemplos de uso de los comandos de administración de grupos

Ejemplo	Descripción
groupadd estudiantes	Crea el grupo estudiantes.
groupmod -n estudiantes jovenes	Cambia el nombre del grupo estudiantes por "jovenes".
groupdel estudiantes	Elimina el grupo "estudiantes".
groups gonzalo	Indica los grupos a los que pertenece el usuario "gonzalo".
groups	Indica los grupos a los que pertenece el usuario que lo ejecuta.

gpasswd -A julio estudiantes	Se delegan en el usuario "julio" los permisos para crear y modificar usuarios del grupo "estudiantes".
gpasswd -d julio estudiantes	Elimina al usuario "julio" del grupo "estudiantes".
	Nota: los administradores de un grupo no tienen por qué pertenecer a dicho grupo. Por lo tanto, si se aplican los dos últimos comandos, el usuario "julio" podría seguir administrando el grupo "estudiantes".
gpasswd -A "" estudiantes	Elimina todos los administradores del grupo "estudiantes".
grpck	Comprueba la consistencia de los archivos /etc/group y /etc/gshadow.

6.2.5 Ficheros involucrados

Para que un usuario pueda acceder al sistema, debe estar previamente registrado en el mismo. Esta tarea, realizada por el administrador del sistema, afecta a tres archivos: **/etc/passwd**, **/etc/shadow** y **/etc/group**. Sin embargo, estos archivos no deben ser editados directamente para evitar errores que los corrompan, pues son críticos para al acceso al sistema. Por ello, el registro de usuarios se realiza por medio de un conjunto de utilidades suministradas por el sistema.

6.2.5.1 /ETC/PASSWD

Este archivo es consultado por el proceso de *login* cuando un usuario se identifica, para ver si figura su identificativo en el mismo, y, si es así, localiza la información pertinente para dejarle correctamente conectado al sistema.

En este archivo existe una línea por cada usuario registrado en el sistema. Cada registro consta de siete campos, separados por el carácter ":" de la siguiente forma:

```
Usuario:Contraseña:UID:GID:Comentario:Directorio:Shell
```

Por ejemplo:

```
gonzalo:x:1000:1000:gonzalo,,,,:/home/gonzalo:/bin/bash
```

El significado de cada uno de los campos se resume en la Tabla 6.8.

Tabla 6.8. /etc/passwd

Campo	Descripción
Usuario	Es el nombre del usuario, el identificador del inicio de sesión (*login*). Tiene que ser único.
Contraseña	En versiones anteriores de Linux, este campo almacenaba la contraseña de acceso del usuario de forma encriptada. Actualmente, contiene un carácter "x", y tanto la contraseña como sus características están en el archivo /etc/shadow.
User ID (UID)	Número asignado al usuario para identificarlo internamente. Se trata de un número único utilizado por el sistema para efectuar los controles de propiedad de archivos y subdirectorios.
Group ID (GID)	Número de identificación del grupo al que se asocia ese usuario. Debe tener una correspondencia con el archivo /etc/group. Afectará a los permisos de acceso a archivos a nivel de grupo.
Comentario	Normalmente contiene información sobre el usuario, como puede ser su nombre completo, su dirección, etc.
Directorio	Ruta completa del directorio HOME, en el que se sitúa al usuario cuando tanto el identificativo como la contraseña son correctos.
Shell	Nombre completo del proceso que se arrancará automáticamente para el usuario cuando se identifique. Aunque puede ser cualquier programa ejecutable, normalmente se tratará del intérprete de comandos (Shell), por defecto, de ese usuario.

Se puede utilizar el fichero /etc/passwd para comprobar la existencia de un usuario dado, tal y como demuestra el Ejemplo 6.4:

Ejemplo 6.4. Comprobar la existencia de un usuario

```
#!/bin/bash
# existeUsuario.sh
# Comprueba la existencia de un usuario dado

# Debe ser superusuario para poder ejecutar el script
if [ $UID -ne 0 ]; then
   echo "Debe ejecutar $0 como Root."
   exit 1
fi

# Comprobación de los argumentos
if [ $# -ne "1" ] ; then
   echo "Uso: `basename $0` usuario"
   exit 2
fi

usuario=$1

#comprueba la existencia del usuario mediante el fichero /etc/passwd
cut -d: -f1 /etc/passwd | grep "$usuario" > /dev/null
OUT=$?
if [ $OUT -eq 0 ] ; then
   echo "El usuario $usuario existe en el sistema"
else
   echo "El usuario $usuario no existe en el sistema"
fi
```

6.2.5.2 /ETC/SHADOW

El archivo **/etc/shadow** es totalmente crítico para la seguridad del sistema y contiene toda la información relativa a las contraseñas de acceso de los usuarios. Contiene una línea por cada uno de los usuarios registrados en el sistema y cada línea, a su vez, está formada por nueve campos separados por el carácter ":", siguiendo la siguiente estructura:

```
Usuario:Contraseña:Cambio:Mínimo:Máximo:Aviso:Inactividad:Expiración
:Flag
```

Por ejemplo:

```
gonzalo:$6$VU0KTjDo$ce6adWWz46m7SZfo.m8yEzv.5uIBVAbfD2DlQlp6XVlbdjZB
gLUfOrVzkXhx
sq7gEHkpMj/XG4aNZ.OVXEJcX0:15088:0:99999:7:::
```

El significado de cada uno de los campos se indica en la Tabla 6.9.

Tabla 6.9. /etc/shadow

Campo	Descripción
Usuario	Nombre de la cuenta de usuario. Debe coincidir con un usuario registrado en /etc/passwd.
Contraseña	Contraseña cifrada del usuario. Ocupa un total de 13 caracteres. Sin embargo, si se acaba de crear el usuario, puede aparecer vacío para indicar que no tiene contraseña. Si se trata de una cuenta *nologin*, se indica mediante "*".
Cambio	Días transcurridos desde el 01/01/1970 hasta la fecha en que la contraseña fue cambiada por última vez.
Mínimo	Número de días que deben transcurrir hasta que la contraseña se pueda volver a cambiar.
Máximo	Número de días tras los cuales hay que cambiar la contraseña (-1 significa nunca). A partir de este dato se obtiene la fecha de expiración de la contraseña.
Aviso	Número de días, antes de la expiración de la contraseña, en que se avisará al usuario al inicio de la sesión.
Inactividad	Días después de la expiración en que la contraseña se inhabilitará si no se cambia la contraseña. Si vale cero (0), la cuenta estará bloqueada; si vale -1, se podrá ingresar y cambiar la contraseña. Por defecto, este campo está vacío.
Expiración	Fecha de caducidad de la cuenta. Se expresa en días transcurridos desde el 01/01/1970.
Flag (bandera)	Campo reservado.

6.2.5.3 /ETC/GROUP

En este archivo se almacenan los grupos existentes en el sistema y los usuarios asignados a cada grupo. Cada entrada de este archivo tiene la sintaxis siguiente:

```
Grupo:Contraseña:GID:Usuarios
```

Por ejemplo:

```
adm:x:4:gonzalo
```

El significado de cada uno de los campos se muestra en la Tabla 6.10.

Tabla 6.10. /etc/group

Campo	Descripción
Grupo	Nombre asignado al grupo.
Contraseña	Contraseña cifrada del grupo.
GID	Número identificativo del grupo. Se utiliza para comprobar los permisos a nivel de grupo.
Usuarios	Lista con los nombres de los usuarios (que aparecen en /etc/passwd) que están asignados a cada grupo. Aparecen separados por comas. Un mismo usuario puede estar asignado simultáneamente a varios grupos, pero el principal será aquel que figura en el campo correspondiente de /etc/passwd. No es necesario incluirse en el grupo en el que se creó un usuario.

Una forma de determinar si un grupo existe en el sistema, como demuestra el Ejemplo 6.5, es realizando una consulta sobre este fichero.

Ejemplo 6.5. Comprobar la existencia de un grupo

```
#!/bin/bash
# existeGrupo.sh
# Comprueba la existencia de un grupo dado

# Debe ser superusuario para poder ejecutar el script
if [ $UID -ne 0 ]; then
  echo "Debe ejecutar $0 como Root."
  exit 1
fi

# Comprobación de los argumentos
if [ $# -ne "1" ] ; then
  echo "Uso: `basename $0` grupo"
  exit 2
fi

grupo=$1
```

```
#comprueba la existencia del grupo mediante el fichero /etc/groups
cut -d: -f1 /etc/passwd | grep "$grupo" > /dev/null
OUT=$?
if [ $OUT -eq 0 ] ; then
  echo "El grupo $grupo existe en el sistema"
else
  echo "El grupo $grupo no existe en el sistema"
fi
```

6.2.6 Archivos de inicialización

El administrador tiene la posibilidad de establecer un entorno general de trabajo para todos los usuarios. A su vez, el usuario dispone de métodos para establecer su propio entorno individual, de tal manera que, por el mero hecho de identificarse, el entorno quede creado.

Con este objetivo, existen diversos archivos de configuración en el directorio HOME de cada usuario.

La primea acción del programa de *login* es cargar una serie de variables (HOME, LOGNAME). Tras esto, se ejecuta el archivo de inicialización del sistema, el cual configura el entorno del usuario con valores genéricos.

Finalmente, se ejecutan el o los archivos de inicialización del usuario, los cuales cargan las variables específicas para el mismo.

6.2.6.1 ARCHIVOS DE INICIALIZACIÓN GENERALES

Los archivos de inicialización de los usuarios son:

- **/etc/profile.** Contiene la configuración del perfil de arranque del *login*. Se ejecuta cada vez que un usuario entra en el sistema.

- **/etc/bashrc.** Contiene funciones de configuración como umask y PS1. Se ejecuta cada vez que se invoca el Shell.

- **/etc/motd.** Mensaje del día para todos los usuarios, que será mostrado al inicio de la sesión.

- **/etc/default/useradd.** Configuración de los valores predeterminados al crear el usuario, como puede ser el directorio personal y el grupo principal.

- **/etc/login.defs.** Configuración de los valores predeterminados al crear el usuario, como el número de usuario y los valores de la contraseña.

- **/etc/issue.** Contiene el *banner* que se mostrará en el momento del *login* local.

- **/etc/issue.net.** Contiene el banner que se mostrará en el momento del login remoto, por ejemplo al acceder por telnet.

6.2.6.2 /ETC/PROFILE

Una vez que el usuario se identifica correctamente, se ejecuta de forma automática el *script* contenido en este archivo. Dado que este contenido es el mismo para todos los usuarios, permite crear el entorno general.

Durante la ejecución de este *script*, se pueden efectuar una serie de operaciones de interés general para los usuarios, tales como:

- Se ejecuta un comando **umask** para modificar los permisos por defecto, a la hora de crear nuevos archivos.

- Se analiza la existencia del archivo **/etc/motd**. Si el archivo existe, se lista su contenido.

- Se establecen los parámetros por defecto para el **terminal**.

- Se analiza si el usuario que se acaba de identificar tiene correo en un buzón. Si es así, se visualiza un **mensaje de aviso**.

- Se analiza la existencia de algún **boletín de noticias** que aún no haya sido leído por el usuario, visualizando su nombre en caso de que exista.

El archivo **/etc/profile** es propiedad del administrador y, por lo tanto, puede ser modificado cuando lo desee, para eliminar o añadir aquello que considere oportuno que se ejecute cada vez que se identifica un usuario.

6.2.6.3 $HOME/.PROFILE

Este archivo se crea en el directorio **Home** del usuario cuando este es añadido al sistema. Normalmente, se copia desde el existente en **/etc/skel**. El archivo **.profile**, salvo que el administrador disponga lo contrario, es propiedad del usuario, y, por lo tanto, cada uno puede modificarlo a su voluntad para crearse su propio entorno individual.

6.2.7 Archivos de configuración del usuario

Dichos archivos se encuentran en el directorio personal, están ocultos y se copian desde /etc/skel en el momento de crear la cuenta del usuario.

- **~/.bash_profile.** Configura la variable PATH y las variables de entorno (como PS1), y llama al fichero .bashrc.

- **~/.bashrc.** Se encarga de la definición de los alias y de llamar al fichero /etc/bashrc.

- **~/.bash_history.** Guarda los comandos ejecutados por el usuario, que se muestran con el comando history.

- **~/.bash_logout.** Se lee cuando el usuario ejecuta el comando exit.

Tras la lectura del fichero **/etc/profile**, el sistema operativo intentará leer alguno de los siguientes ficheros, en este orden (depende de la distribución).

6.2.8 Comunicación con los usuarios

El administrador del sistema dispone de varios métodos para comunicarse con los usuarios a través del sistema. Dependiendo del motivo que provoque esta necesidad, unos son más convenientes que otros. Algunos de estos métodos son los siguientes.

6.2.8.1 ARCHIVO /ETC/ISSUE

El contenido de este archivo aparece en la pantalla precediendo al mensaje que solicita el *login*, esto es, antes incluso a la identificación del usuario.

En caso de que la conexión se lleve a cabo de forma remota, el archivo involucrado es **/etc/issue.net**.

Ambos archivos pueden contener ciertos códigos de escape (Tabla 6.11) para mostrar diferente información. Todos ellos irán precedidos por la barra invertida (\) seguida de unas letras de valor.

Tabla 6.11. Códigos de escape

Carácter	Descripción
D	Inserta la fecha actual.
l	Inserta el nombre de la tty actual.
m	Inserta el identificador de la arquitectura de la máquina.
n	Inserta el nombre de la máquina (*hostname*).
o	Inserta el nombre del dominio al que pertenece la máquina.
r	Inserta la versión del kernel.
s	Inserta el nombre del sistema operativo.
t	Inserta la hora actual.
u	Inserta el número de usuarios conectados en ese momento.
U	Inserta la cadena "1 user" o "<n> users", donde <n> es el número de usuarios conectados en ese momento.
v	Inserta la versión del sistema operativo.

6.2.8.2 ARCHIVO /ETC/MOTD

Cuando un usuario se identifica ante el sistema, se ejecuta el *script* contenido en el archivo /etc/profile y una de sus misiones es visualizar el contenido de este archivo. Por lo tanto, aparece en pantalla antes de que el usuario reciba el mensaje del prompt. Se suele utilizar para informar a todos los usuarios de que se identifiquen en algún evento a producirse a lo largo de ese día. Por ello, se le conoce como "**mensaje del día**".

6.2.8.3 COMANDO WALL

Envía un mensaje a todos los usuarios activos del sistema. Se utiliza para enviar mensajes urgentes, como, por ejemplo, avisar que se va a apagar el equipo, etc.

Este comando se puede utilizar de dos modos diferentes:

```
$ cat mensaje | wall
```

```
root@server1:/home/gonzalo/scripts/unidad4# cat mensaje.txt | wall
Mensaje de difusión general (broadcast) de root@server1
    (/dev/pts/0) at 18:00 ...
Este es un mensaje enviado mediante el comando wall
```

O bien mediante la utilización de:

```
$ wall < mensaje
```

Para que el mensaje se visualice en las terminales de otros usuarios, la opción de escritura de mensajes debe estar activada (en la mayor parte de las distribuciones actuales, está activada por defecto). Si el encargado de enviar el mensaje es el *root*, el mensaje se muestra independientemente de si el usuario tiene o no activada dicha opción.

Para activar la visualización de los mensajes debe utilizar:

```
$ mesg y
```

Y para desactivarlos:

```
$ mesg n
```

6.3 SISTEMA DE ARCHIVOS

Linux, al igual que UNIX, organiza la información del sistema en una estructura de árbol jerárquico de directorios compuesta de ficheros. Esta estructura se forma mediante un sistema de ficheros raíz (*file system root*) y un conjunto de sistemas de ficheros montables.

Un sistema de ficheros, o *file system*, es una estructura de directorios completa. Para poder utilizar un sistema de ficheros, hay que montarlo; o sea, enlazarlo a la estructura de directorios ya existente. Los sistemas de ficheros se montan automáticamente cada vez que se inicia el sistema operativo. Cuando un usuario se conecta al sistema, se encuentra un único árbol de directorios formado por los distintos sistemas de ficheros que se encuentran montados en ese instante. La estructura que le aparece al usuario será similar a la que se muestra, de forma abreviada, en la Figura 6.1.

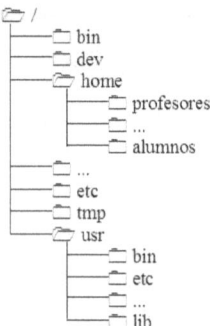

Figura 6.1. Estructura de directorios

Los directorios más importantes que tiene un sistema operativo GNU/Linux son los siguientes:

- **/bin**. Comandos y binarios del usuario.
- **/boot**. Archivos utilizados para el arranque del sistema.
- **/dev**. Dispositivos del sistema.
- **/etc**. Ficheros de configuración del sistema.
- **/home**. Directorios de trabajo de los usuarios.
- **/lib**. Bibliotecas compartidas y módulos del kernel necesarios para ejecutar los programas residentes en /bin y /sbin.
- **/media**. Directorio donde se suelen encontrar los dispositivos extraíbles, como es el caso del CD-ROM.
- **/mnt**. Directorio donde se suelen montar los sistemas de archivos temporales.
- **/proc**. Es un directorio virtual y en él se puede ver toda la información sobre el kernel y los procesos del sistema.
- **/root**. Directorio de trabajo del administrador del sistema.
- **/sbin**. Ficheros binarios del sistema que suele ejecutar el *root*.
- **/tmp**. Directorio donde se suelen encontrar los ficheros temporales del sistema.

- **/usr**. Utilidades, bibliotecas y aplicaciones del usuario.
- **/var**. Datos y archivos variables, como *logs*, colas de correo, tareas de impresión, etc.

Esto permite realizar una gestión muy coherente, ya que los dispositivos se comportan como directorios, del mismo modo que se tiene mejor estructurada la seguridad y mejor asignado el espacio de almacenamiento.

6.3.1 Comandos básicos

A la hora de trabajar con el sistema de ficheros, existen una gran cantidad de comandos. En la Tabla 6.12 se resumen los más frecuentes en la manipulación de directorios.

Los comandos para trabajar con ficheros también son numerosos, pero los más utilizados se recogen en la Tabla 6.13.

Tabla 6.12. Comandos de manipulación de directorios

Comando	Descripción
cd <ruta>	Cambia de directorio.
cp <origen> <destino>	Copia directorios.
find locate	Busca directorios.
ls	Muestra el contenido de un directorio.
mkdir <directorio>	Crea un directorio.
mv <origen> <destino>	Mueve o cambia el nombre de un directorio.
pwd	Muestra el directorio de trabajo actual.
rm <directorio>	Borra directorios.
rmdir <directorio>	Borra directorios vacíos.
tree	Muestra de forma gráfica la estructura de un directorio.

Tabla 6.13. Comandos de manipulación de ficheros

Comando	Descripción
cp <origen> <destino>	Copia ficheros.
find locate	Permite buscar ficheros en el sistema.
cat <fichero> less <fichero> more <fichero>	Muestra el contenido de un fichero.
mv <origen> <destino>	Mueve o cambia el nombre de un fichero.
rm <fichero>	Borra el fichero.
touch <fichero>	Crea un fichero vacío.

6.3.2 Búsqueda de ficheros

Todos los comandos mostrados anteriormente permiten realizar acciones de administración sobre el sistema, pero si hay algunos comandos que se necesitan conocer con más profundidad, son aquellos referidos a la búsqueda de ficheros y directorios en el sistema, ya que se trata de una acción necesaria en muchos casos, incluso para mantener la integridad del sistema.

Find es uno de los comandos más utilizados y tiene una gran utilidad a la hora de desarrollar *scripts*. El modo de funcionamiento de find es sencillo: desciende por la estructura de directorios, localiza aquellos archivos que cumplen con el criterio de búsqueda y lleva a cabo diversas acciones sobre los mismos.

Si desea mostrar todos los archivos y directorios desde el directorio actual hacia abajo (navegando a través de sus hijos), debe utilizar:

```
$ find dirOrigen
```

DirOrigen es el directorio desde el cual find comenzará a buscar (por ejemplo, /home). Por ejemplo, para listar todos los ficheros y directorios desde el directorio actual, ejecute:

```
$ find . -print
```

El modificador **–print** se utiliza para mostrar el nombre (*path*) de los ficheros encontrados. Por defecto, utiliza el delimitador **\n** para separar cada fichero, pero se le puede indicar cualquier otro mediante **–print0**, que utiliza el delimitador **\0**. Esto es muy útil si desea buscar ficheros que contienen espacios en su nombre.

Find es un comando dotado de una gran variedad de opciones, muy potentes a la hora de realizar acciones relacionadas con las búsquedas de ficheros. En los siguientes apartados se detallan las más interesantes.

6.3.2.1 BÚSQUEDA BASADA EN EL NOMBRE DEL FICHERO O EN LAS EXPRESIONES REGULARES

El parámetro **–name** se utiliza para llevar a cabo la búsqueda por el nombre del fichero, el cual permite el uso de comodines (*,?). Además, se pueden concatenar parámetros, por ejemplo **–print** para imprimir los ficheros que cumplen con la condición indicada.

Por ejemplo, para listar todos los ficheros con extensión **txt** a partir de su directorio /home, debe utilizar:

```
$ find /home -iname "*.txt" -print
```

La búsqueda por nombres se puede complementar con diferentes parámetros de cara a dotarla de mayor flexibilidad. Dichos parámetros se recogen en la Tabla 6.14.

La Tabla 6.15 recoge diferentes ejemplos de cada uno de los parámetros anteriores.

Tabla 6.14. Argumentos para la búsqueda basada en el nombre del fichero

Opción	Descripción
-iname	Realiza la búsquedas ignorando las mayúsculas/minúsculas en el nombre del fichero.
-or	Operación lógica **or** que se puede utilizar para combinar múltiples criterios de búsqueda.
-path	Se utiliza para buscar ficheros que cumplan con el criterio de búsqueda, no solo en el nombre del fichero, como sucede con –name, sino en cualquier parte del *path* absoluto del mismo.

-regex	Es similar a -path, pero -regex realiza búsquedas basadas en expresiones regulares.
-iregex	Misma funcionalidad que –regex, pero no es sensible a mayúsculas y minúsculas.

Tabla 6.15. Ejemplos de búsqueda basada en el nombre del fichero

Opción	Descripción
find . -iname "ejemplo*" -print	Busca los ficheros cuyo nombre contenga la palabra "ejemplo", ignorando las mayúsculas y minúsculas.
find . \(-name "*.txt" -o -name "*.jpg" \) -print	Lista todos los ficheros con extensión .txt y .jpg. Se deben escapar los paréntesis con la barra inversa (\) y es obligatorio dejar un espacio tras el primer paréntesis y tras jpg. En caso contrario, se muestra un error de ejecución.
find /home/gonzalo -path "*script*" -print	Busca ficheros que cumplan con el criterio de búsqueda "script*", no solo en el nombre del fichero, sino en cualquier parte del *path* absoluto del mismo.
find . -regex ".*\(\.txt|\.jpg\)"	Lista todo los ficheros con extensión .txt y .jpg
find . -iregex ".*\(\.txt|\.png\)"	Lista todo los ficheros con extensión .txt y .jpg, sin distinguir entre mayúsculas y minúsculas.

6.3.2.2 NEGANDO ARGUMENTOS

Find admite la negación de sus argumentos mediante "!". Por ejemplo, para listar todos los ficheros menos aquellos cuya extensión sea .txt, se utiliza:

```
programacion@shell:~$ find . ! -name "*.txt" -print
```

6.3.2.3 BÚSQUEDA BASADA EN EL TIPO DE ARCHIVO

Tal y como se ha referido en varias ocasiones, los sistemas operativos basados en UNIX (como Linux) consideran todo como un archivo. Pero, a su vez, existen diversos tipos de archivos, como ficheros de texto, *sockets*, cauces, enlaces, dispositivos, etc.

Find permite restringir la búsqueda dependiendo del tipo de archivo, para lo cual se debe utilizar el parámetro –type.

La Tabla 6.16 recoge los tipos de argumento que se pueden utilizar para la búsqueda por tipo de fichero.

Por ejemplo, para listar únicamente los directorios descendientes del actual se utiliza:

```
$ find . -type d -print
```

Y para listar solo los ficheros regulares:

```
$ find . -type f -print
```

Tabla 6.16. Argumentos para la búsqueda por tipo de fichero

Argumento	Tipo de fichero
f	Archivo regular.
l	Enlace simbólico.
d	Directorio.
c	Dispositivo especial.
b	Dispositivo de bloques.
s	*Socket*.
p	Cauce.

6.3.2.4 BÚSQUEDA BASADA EN LA PROFUNDIDAD DEL DIRECTORIO

Cuando se utiliza el comando find, se busca recursivamente en el árbol de directorios hasta llegar a "las hojas" del mismo. Si lo desea, puede restringir la profundidad de la búsqueda mediante los argumentos **–maxdepth** (profundidad máxima) y **–mindepth** (profundidad mínima).

En la mayoría de los casos, solo es necesario buscar en el directorio actual. En tal caso, se puede restringir la profundidad. Si se desea acceder como máximo al primer nivel de subdirectorios del directorio actual, debe indicar una profundidad máxima (–maxdepth) de uno; si se desea descender dos niveles, se indica una profundidad de dos; etc.

Por ejemplo, si desea mostrar los ficheros regulares limitando la profundidad de búsqueda máxima a un nivel (no se accede a los subdirectorios), ejecute:

```
$ find . -maxdepth 1 -type f -print
```

Similarmente, es posible indicar el mínimo nivel en el que comenzar la búsqueda, a contar a partir del directorio actual, utilizando el argumento –mindepth.

Por ejemplo, para listar todos aquellos archivos que se encuentren al menos a dos subdirectorios de distancia del directorio actual, debe utilizar:

```
$ find . -mindepth 2 -type f -print
```

> **Nota**
>
> **-maxdepth** y **-mindepth** se deben especificar, como máximo, como el tercer argumento de la búsqueda. Si se indica posteriormente, puede afectar a la eficiencia de la búsqueda al realizar comprobaciones innecesarias.
>
>
>
> Por ejemplo, si se indica como cuarto argumento la profundidad máxima de búsqueda (–maxdepth) y como tercero el tipo de archivo (–type), el comando find busca primero aquellos tipos de archivos que coinciden con el dado y, posteriormente, se filtran aquellos que coincidan con la profundidad. Sin embargo, si se indican los argumentos en orden inverso (primero la profundidad y, posteriormente, el tipo), find primero selecciona aquellos que cumplen con las restricciones de profundidad y, posteriormente, filtra por tipo, lo cual es un modo mucho más eficiente.

6.3.2.5 BÚSQUEDA BASADA EN SELLOS DE TIEMPO

Los sistemas GNU/Linux disponen de tres tipos de sellos temporales (*timestamp*) para cada archivo:

Tabla 6.17. Sellos temporales

Argumento	Descripción
-atime [+|-] numeroDias -amin [+|-] numeroMinutos	Tiempo de acceso: momento en el que se accedió al fichero por última vez.
-mtime [+|-] numeroDias -mmin [+|-] numeroMinutos	Tiempo de modificación: momento en el cual el fichero fue modificado por última vez.
-ctime [+|-] numeroDias -cmin [+|-] numeroMinutos	Tiempo de cambio: momento en el cual los metadatos del fichero (como los permisos o la propiedad) fueron modificados.
-newer ficheroReferencia	Especifica un fichero de referencia con el que comparar el sello temporal.

Nota

Los símbolos + y – implican un valor mayor o menor del indicado respectivamente.

La Tabla 6.18 recoge unos ejemplos de utilización de los argumentos anteriores.

Tabla 6.18. Ejemplos de búsqueda basada en el nombre del fichero

Opción	Descripción
find . –type f –atime -7 -print	Lista los archivos a los que se ha accedido en los últimos siete días.

find . –type f –atime 7 -print	Lista aquellos archivos a los que se accedió exactamente hace siete días.
find . –type f –atime +7 -print	Lista todos aquellos archivos a los que se accedió hace más de siete días.
find . –type f –amin +7 -print	Lista aquellos archivos a los que se accedió hace más de siete minutos
find . –type f –newer archivoReferencia -print	Lista todos aquellos archivos que son más recientes (con un mayor tiempo de modificación) que el especificado como referencia.

Backup

La utilización de los sellos de tiempo con el comando find tiene una gran utilidad práctica a la hora de escribir *scripts* de mantenimiento y de copias de seguridad.

6.3.2.6 BÚSQUEDA BASADA EN EL TAMAÑO DEL ARCHIVO

Mediante la utilización del parámetro **–size** se puede realizar una búsqueda basada en el tamaño del fichero. Al igual que sucede con las búsquedas basadas en sellos temporales, se pueden utilizar los símbolos + y – para indicar un mayor o menor tamaño de fichero.

El tamaño del fichero debe ser numérico e ir acompañado de un indicador del tipo de medida a emplear (recogidas en la Tabla 6.19).

Por ejemplo, para listar todos aquellos ficheros de tamaño superior a 2 MB ejecute:

```
$ find . -type f -size +2M
```

Para listar aquellos archivos de tamaño exactamente 2 MB:

```
$ find . -type f -size 2M
```

Y, finalmente, para listar todos aquellos de tamaño inferior a 2MB:

```
$ find . -type f -size -2M
```

Tabla 6.19. Indicador del tamaño del fichero

Argumento	Tipo de fichero
b	Bloques de 512 bytes.
c	Bytes.
w	Palabras de 2 bytes.
k	Kilobyte.
M	Megabyte.
G	Gigabyte.

6.3.2.7 BORRADO DE FICHEROS

El parámetro **–delete** se utiliza para eliminar los archivos que cumplan con las restricciones de búsqueda.

Por ejemplo, para eliminar todos los archivos con extensión .swp desde el directorio actual, ejecute:

```
$ find . -type f -name "*.swp" -delete
```

6.3.2.8 BÚSQUEDA BASADA EN PERMISOS Y PROPIEDAD DEL ARCHIVO

Es posible llevar a cabo búsquedas basadas en los permisos del archivo, utilizando el argumento **-perm** seguido de la tripla numérica de permisos.

Por ejemplo, para listar todos los ficheros con permiso 644:

```
$ find . -type f -perm 644 -print
```

Este tipo de búsqueda es de gran utilidad. Por ejemplo, suponga que dispone de un servidor web Apache. Los ficheros PHP del mismo deben tener asignados los adecuados permisos para su ejecución. Si desea localizar aquellos archivos que no dispongan de estos permisos, puede ejecutar:

```
$ find . -type f -name "*.php" ! -perm 644 -print
```

Por otro lado, para llevar a cabo búsquedas basadas en la propiedad del fichero, se debe utilizar el parámetro **–user**, seguido del nombre de usuario o del UID del mismo.

Por ejemplo, para listar todos los ficheros del usuario "gonzalo", ejecute:

```
$ find . -type f -user gonzalo -print
```

6.3.2.9 EJECUTAR COMANDOS O ACCIONES JUNTO A LA BÚSQUEDA

El comando find puede ir acompañado de muchos otros comandos mediante la utilización del parámetro –**exec**, el cual es una de las características más potentes de find.

Retomando el ejemplo de los permisos de los ficheros del servidor Apache, al igual que se utiliza –**perm** para localizar aquellos archivos que no tienen los permisos necesarios, puede ser necesario cambiar la propiedad de todos los archivos de cierto usuario (por ejemplo, *root*) a otro usuario (por ejemplo, www-data, usuario por defecto de un servidor web Apache), para lo cual se deben localizar los ficheros pertenecientes al *root* mediante el parámetro –**user** y cambiar la propiedad de dichos ficheros mediante –**exec**.

Permisos

Debe ejecutar el comando find como *root* para poder llevar a cabo cambios de propiedad.

Considere el siguiente ejemplo:

```
$ find . -type f -user root -exec chown gonzalo {} \;
```

En él, aparecen los caracteres especiales {} que acompañan al parámetro –exec. Por cada coincidencia en la búsqueda, {} se reemplaza por el nombre del fichero que la cumple antes de llevar a cabo la ejecución del comando indicado con –exec.

Por ejemplo, si la búsqueda mediante find devuelve dos ficheros (fichero1 y fichero2), que son propiedad del *root*, "chown gonzalo {}" se resuelve como "chown gonzalo fichero1" y "chown gonzalo fichero2".

Otro posible ejemplo de uso es concatenar todos los ficheros de un programa en **C++** de un directorio dado en un único fichero txt. Para esto debe ejecutar:

```
$ find . -type f -name "*.cpp" -exec cat {} \; > concatenados.txt
```

Para redireccionar la salida hacia un fichero se utiliza >. Nótese que no se emplea el operador de concatenación (>>), dado que la salida completa del comando find forma un único flujo de datos. Solo debe utilizar >> si múltiples flujos de datos anexan datos al mismo fichero.

Por ejemplo, para copiar todos los ficheros .txt con una antigüedad superior a diez días al directorio "viejos", debe emplear:

```
$ find . -type f -mtime +10 -name "*.txt" -exec cp {} viejos \;
```

-exec con múltiples comandos

El parámetro **–exec** no puede ir acompañado de comandos múltiples. Sin embargo, hay un truco para conseguirlo y no es otro que escribir todos los comandos en un *script* (por ejemplo, comandos.sh*)* y usarlo como comando acompañando a –exec*:*

```
-exec ./comandos.sh {} \;
```

De modo similar, el comando find puede ir acompañado de muchos otros comandos. Por ejemplo, se puede acompañar a –exec con printf, de cara a producir una salida más legible:

```
$ find . -type f -name "*.txt" -exec printf "Ficheros de texto:
    %s\n" \;
```

6.3.2.10 OMITIR DIRECTORIOS DE LA BÚSQUEDA

En ocasiones, es necesario omitir ciertos directorios de la búsqueda. Por ejemplo, cuando un programador busca un determinado fichero a través del árbol de directorios de desarrollo, el cual se encuentra bajo un sistema de control de versiones como **Git**, existe el directorio .git (almacena la información del control de versiones de cada directorio) dentro de cada directorio. Dado que dicho directorio no contiene información relevante para la búsqueda, se puede excluir de la misma. La técnica de excluir directorios de la búsqueda se conoce como **poda** (*pruning*). De ahí que el parámetro a indicar sea **–prune**.

```
$ find desarrollo/programas \( -name ".git" -prune \) -o \( -type -f
    -print \)
```

El ejemplo anterior lista todos los ficheros menos los que se encuentren en los directorios .git. Para ello, se ha dividido el proceso en dos partes. En la primera \(**-name ".git" -prune** \) se realiza la exclusión de directorios y en la segunda \(-

type –f –print \) se indica la acción a realizar (se deben indicar siempre en segundo lugar).

6.3.3 Copias de seguridad

Un adecuado plan de copias de seguridad es imprescindible para todo administrador de sistemas. A su vez, y dada la cantidad de datos procesados, es necesario llevar a cabo una compresión de los mismos junto a dicha copia. Igualmente, la encriptación es un proceso necesario para la protección de los datos.

A lo largo de este apartado se van a presentar los comandos más utilizados a la hora de llevar a cabo copias de seguridad (comprimidas o no) del sistema.

6.3.3.1 ARCHIVANDO CON TAR

El comando **tar** se utiliza para archivar ficheros. Fue originalmente diseñado para almacenar datos en cinta (*tape archives*). Este comando permite almacenar múltiples ficheros y directorios en un único archivo (se va a denominar "archivador"), almacenando incluso los atributos de dichos ficheros (permisos, propietario, etc.).

Los ficheros de origen pueden ser tanto ficheros como directorios, expresados individualmente o mediante el uso de comodines.

Tar está incluido por defecto en todos los sistemas GNU/Linux, tiene una sintaxis sencilla y crea formatos de archivo portables. Dispone, además, de múltiples argumentos. Los más utilizados se recogen en la Tabla 6.20.

Tabla 6.20. Argumentos de tar

Argumento	Tipo de fichero
-A	Añade ficheros a un archivador.
-a --auto-compress	Utiliza formatos de compresión sin indicar explícitamente el algoritmo de compresión. Para ello, tar puede comprimir observando la extensión dada para el archivador o la extensión de los ficheros a añadir.
-c	Crea un archivador.
-C directorioDestino	Indica un directorio de extracción específico.

-d	Busca diferencias entre los ficheros del archivador y el sistema de ficheros.
--delete ficheros	Elimina ficheros del archivador.
--exclude fichero [Patrón]	Excluye del archivado los ficheros cuyo nombre cumpla con el patrón indicado.
-f	Especifica el nombre del archivador. El nombre del fichero resultante debe aparecer tras este argumento, el cual debe ser el último del listado de argumentos.
-j	Comprime el archivador mediante **Bzip**.
--lzma	Comprime el archivador mediante **lzma**.
-r	Añade ficheros al final del archivador.
-t	Lista el contenido del archivador.
--totals	Indica el tamaño (en bytes) de los ficheros copiados al archivador.
-u	Añade solo archivos nuevos al archivador.
-v -vv	Muestra el proceso de archivado/desarchivado.
-x	Extrae archivos del archivador.
-z	Comprime el archivador mediante **gzip**.

Los argumentos anteriores se pueden combinar entre sí. La Tabla 6.21 presenta diversos ejemplos de utilización de tar.

Tabla 6.21. Ejemplos de búsqueda basada en el nombre del fichero

Opción	Descripción
tar -cf fichero.tar [ficherosOrigen]	Crea el archivador con los ficheros indicados, o bien con todos los ficheros del directorio actual si no se indica nada.
tar -xf fichero.tar	Extrae el archivador en el directorio actual.

tar -xf fichero.tar -C /directorioDestino	Extrae los ficheros del archivador en el directorio de destino indicado.
tar -xf fichero.tar fichero1 fichero2	Limita los ficheros a extraer del archivador, indicando el nombre de dichos ficheros (por defecto, se extraen todos los ficheros contenidos en el archivador).
tar -rvf ficheroOrginal.tar nuevoFichero	Añade un nuevo fichero a un archivador existente.
tar -tf fichero.tar tar -tvf fichero.tar tar -tvvf fichero.tar	Lista el contenido de un archivador. Mediante –v o –vv, se muestran más detalles.
tar -A fichero1.tar fichero2.tar	Mezcla el contenido de fichero1.tar y fichero2.tar (el resultado se almacena en el primero de ellos).
tar -uf fichero.tar fichero	La opción de añadir archivos anexa los ficheros al final del archivador. Si ya existe algún fichero con el mismo nombre en el archivador, dicho fichero se añade al final y el archivador contendrá duplicados. Para evitar este comportamiento, se puede usar la opción –u para indicar que añada archivos solo si son más recientes que los que se encuentran en el archivador.
tar -df fichero.tar fichero1 fichero2…	Imprime las diferencias entre los ficheros indicados y los del mismo nombre almacenados en el archivador.
tar -f fichero.tar --delete fichero1 fichero2… tar --delete --file fichero.tar [lista de archivos]	Elimina del archivador los ficheros indicados.

tar -cf fichero.tar * --exclude [patrón]	Excluye del archivador aquellos ficheros que cumplan con el patrón dado.
tar -cf fichero.tar * -X listado	Excluye del archivador aquellos ficheros que se indican en el fichero listado.
tar –zcvf fichero.tar.gz [ficheros] tar –cavf fichero.tar.gz [ficheros]	Crea un archivador con los ficheros indicados y lo comprime mediante gzip.
tar –xavf fichero.tar –C /destino	Descomprime el archivador, detectando el formato de compresión (-a) del directorio de destino indicado.

6.3.3.2 COMPRIMIENDO CON GZIP

Gzip es el formato de compresión más usado en las plataformas Linux. Aplicaciones como gzip, gunzip y zcat se encuentran disponibles para manejar ficheros comprimidos con gzip.

Gzip solo se puede utilizar sobre un único fichero, y no sobre directorios o múltiples archivos simultáneos. Si se indican varios ficheros a comprimir, se produce un fichero comprimido (*.gz*) por cada uno de ellos.

```
$ gzip fichero
```

El proceso de compresión **elimina** el fichero original, sustituyéndolo por un fichero comprimido. Para descomprimir se utiliza:

```
$ gunzip fichero.gz
```

Si desea mostrar las propiedades de un fichero comprimido, debe utilizar gzip con la opción –l.

```
$ gzip -l fichero.gz
```

Gzip permite indicarle el grado de compresión a utilizar. Deberá indicar --**fast** o --**best** de cara a utilizar el menor o mayor grado de compresión respectivamente. Además, admite la especificación de un rango de compresión, el cual está comprendido entre 1 y 9, siendo 1 el que obtiene un menor rango de compresión, pero a una mayor velocidad, y 9 el de mayor grado de compresión, pero sacrificando, para ello, el tiempo empleado. Para especificar el rango de compresión se emplea:

```
$ gzip -rango fichero
```

El comando **zcat** permite ver los ficheros que contiene el fichero gzip sin necesidad de descomprimirlo.

```
$ zcat fichero.gz
```

6.4 PERMISOS

Es muy importante establecer correctamente los permisos en el sistema de ficheros para así evitar usos indebidos o pérdidas de datos en el sistema.

Si ejecuta en un directorio el comando **ls –la**, puede ver los permisos del sistema de ficheros.

```
programacion@shell:~$ ls -la
total 68
drwxr-xr-x  3 gonzalo gonzalo 4096 2011-08-16 19:39 .
drwxr-xr-x 27 gonzalo gonzalo 4096 2011-08-18 17:01 ..
-rw-r--r--  1 gonzalo gonzalo   31 2011-08-08 17:00 fichero1
-rw-r--r--  1 gonzalo gonzalo  144 2011-08-08 17:01 fichero2
-rw-r--r--  1 gonzalo gonzalo   80 2011-08-08 19:23 fichero3
-rwxr--r--  1 gonzalo gonzalo  193 2011-07-09 19:47 prueba.sh
```

La Figura 6.2 muestra el significado de cada uno de los campos.

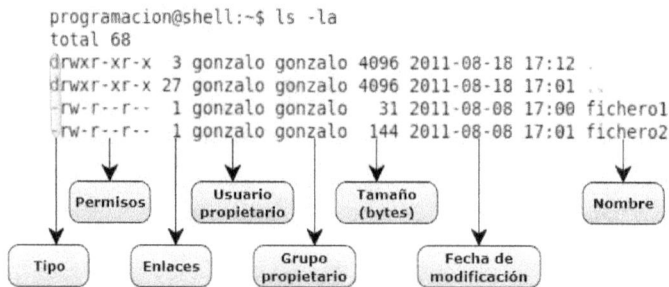

Figura 6.2. Permisos

El primer carácter, comenzando por la izquierda, representa el tipo de archivo. Los posibles valores para dicho campo se registran en la Tabla 6.22.

Tabla 6.22. Tipos de archivo

Carácter	Descripción
-	Archivo común (html, txt, sh, etc).
d	Directorio.
l	Enlace (*link*).
c	*Character device.*
s	*Socket.*
p	Cauce (*pipe*).
b	Binario (generalmente, un archivo ejecutable).

Los siguientes nueve caracteres representan los permisos del archivo y deben leerse en grupos de tres. Los tres primeros representan los permisos para el propietario del archivo, los tres siguientes son los permisos para el grupo del archivo y los tres últimos son los permisos para el resto de usuarios u otros.

El formato para establecer los permisos es **(rwx)**, donde r indica lectura, w escritura y x indica ejecución. Si existe el permiso, entonces se muestra su correspondiente letra, y en el caso de que no exista ese permiso, entonces aparece el carácter (-).

Por ejemplo, el archivo fichero1 tiene permisos de lectura y escritura (rw-) para el usuario propietario, que es gonzalo; el grupo propietario gonzalo solo tiene permiso de lectura (r--), al igual que el resto de los usuarios (---).

Nota

En un fichero, el permiso de ejecución indica que puede ejecutarlo como un programa, y en el caso de los directorios, el permiso indica que es posible acceder a ese directorio.

6.4.1 Establecer permisos

Para definir los permisos de un fichero o directorio, se utiliza el comando **chmod**. Su sintaxis es:

```
$ chmod <modo> fichero
```

\<modo\> indica los permisos que le quiere asignar al fichero. Por ejemplo, si quiere establecer los permisos rw- para el propietario y r-- para el resto, el comando que debe utilizar es:

```
$ chmod 644 fichero
```

Con **chmod** se pueden establecer los permisos con tres valores numéricos (por ejemplo, 664): el primer valor corresponde al usuario propietario; el segundo, al grupo propietario; y el tercer valor corresponde a todos los demás usuarios del sistema.

Cada permiso tiene una equivalencia numérica, donde r vale 4, w vale 2 y x vale 1. De esta forma, si tiene el valor 7, este corresponde a (rwx), el valor 6 corresponde a (rw-), etc.

Una opción común, cuando se desea cambiar todo un árbol de directorios, es decir, varios directorios anidados y sus archivos correspondientes, es usar la opción de recursividad **(-R)**. Por ejemplo, el comando

```
$ chmod -R 755 copias/*
```

cambia los permisos a 755 (rwxr-xr-x) del directorio "copias" y de todos los subdirectorios y archivos que estén contenidos dentro de este.

Otro modo de establecer los permisos de un archivo o directorio es a través de los identificadores del bit (r,w,x) de los permisos, pero identificando, además, al usuario con la letra **u**; al grupo, con la letra **g**; o a otros usuarios, con la letra **o**. Si desea referirse a todos (usuario, grupo y otros), puede hacerlo mediante la letra **a**. Se debe usar el signo + para establecer el permiso y el signo − para eliminar o quitar el permiso. La sintaxis, en este caso, es la siguiente:

```
$ chmod augo [+|-] rwx [, …] fichero[s]
```

Por ejemplo, si quiere que otros tengan permiso de escritura sobre un archivo, debe utilizar:

```
$ chmod o+w archivo
```

En este modo de establecer permisos, solo debe tener en cuenta que, partiendo de los permisos ya establecidos, se agregan o se quitan nuevos permisos. La Tabla 6.23 recoge varios ejemplos de utilización de este modo de operar.

Tabla 6.23. Estableciendo permisos de modo simbólico

Actual	chmod	Resultado	Descripción
rwx------	a+x	rwx--x--x	Agrega permisos de ejecución a todos.
rwx------	go-x	rwx------	Elimina el permiso de ejecución para grupo y otros.
rwxr-xr-x	u-x,go-r	rw---x--x	Al usuario se le quita la ejecución y al grupo y otros la lectura.
rwxrwxrwx	u-x,go-rwx	rw-------	Al usuario se le quita la ejecución y al grupo y otros todos los permisos.
r--------	a+r,u+w	rw-r--r--	A todos se les agrega la lectura y al usuario se le agrega permiso de escritura.
rw-r-----	u-rw,g+w,o+x	---rw---x	Al usuario se le quitan lectura y escritura, al grupo se le agrega lectura y a otros se les agrega la ejecución.

6.4.2 Establecer el usuario y el grupo propietario

El propietario de un fichero es aquel usuario que creó dicho fichero. Unix permite cambiar el propietario de cualquier fichero o directorio. Opcionalmente, puede cambiar también el grupo al que pertenece dicho fichero o directorio. Para ello, se utiliza la orden **chown**, que tiene la siguiente sintaxis:

```
$ chown <NombreUsuario>[.|:<NombreGrupo>] <fichero>...
```

<NombreUsuario> identifica el nuevo propietario del fichero o directorio; <NombreGrupo>, el nuevo grupo; y <fichero> identifica el fichero o directorio sobre el que se va a actuar.

Por ejemplo, para asignar permisos sobre el fichero "presentación" al usuario "soledad" del grupo "administradores", se debe utilizar:

```
$ chown soledad.administradores presentacion
```

Por otro lado, para cambiar el grupo al que pertenece un directorio, se utiliza **chgrp**. Su sintaxis es:

```
$ chgrp <NombreGrupo> <fichero>...
```

<NombreGrupo> identifica el nuevo nombre de grupo que se le va a asignar al fichero o directorio <fichero>. Se puede actuar sobre varios ficheros a la vez.

Nota

Al igual que sucedía con el comando **chmod**, los comandos **chown** y **chgrp** admiten la opción **–R** para aplicar los cambios recursivamente al directorio y archivos que contenga.

6.5 COMUNICACIONES

La red es un factor importante en la administración del sistema. A la hora de trabajar con la red, se pueden definir cuatro grandes campos a los que el administrador del sistema debe prestar especial atención si desea que todo funcione adecuadamente:

- Seguridad.
- Monitorización.
- Comunicaciones.

A lo largo de este apartado se van a presentar diversos *scripts* con fundamentado interés práctico, ya que le ayudarán con sus labores de administración de red.

6.5.1 Conexión remota mediante SSH

SSH (Secure **SH**ell) es el nombre de un protocolo y del programa que lo implementa, que permite acceder a máquinas remotas a través de una red. Permite manejar por completo el equipo remoto mediante un intérprete de comandos, y también puede redirigir el tráfico de X para ejecutar programas gráficos si se dispone de un servidor X ejecutándose.

Además de la conexión a otros dispositivos, SSH permite copiar datos de forma segura (tanto ficheros sueltos como simulaciones de sesiones FTP cifradas), gestionar claves RSA (Rivest, Shamir y Adleman, sistema criptoráfico de clave pública), para no escribir claves al conectar a los dispositivos, y enviar los datos de cualquier otra aplicación por un canal seguro tunelizado, mediante SSH.

6.5.1.1 CONEXIÓN AUTOMÁTICA SIN CONTRASEÑA

SSH es un protocolo muy utilizado a la hora de automatizar procesos mediante *scripts*, dada su capacidad para ejecutar comandos remotos y leer cualquier salida. SSH se puede autenticar mediante un usuario y una contraseña, los cuales se deben introducir para realizar la conexión.

Pero a la hora de automatización mediante *scripts*, los comandos SSH se pueden ejecutar cientos de veces en un bucle; en este caso, proveer la contraseña en cada uno de los casos se vuelve impracticable, por lo que aparece la necesidad de conexiones automáticas. Para ello, SSH permite utilizar claves SSH y, en este apartado, se va a enseñar a crearlas y utilizarlas.

SSH utiliza técnicas de encriptación basadas en clave privada y pública para llevar a cabo la autenticación automática. Las claves se pueden generar con el siguiente comando:

```
$ ssh-keygen
```

Para llevar a cabo la autenticación automática, la clave pública se debe ubicar en el servidor (añadiendo la clave al archivo ~/.ssh/authorized_keys) y la clave privada debe estar presente en el directorio ~/.ssh del equipo cliente (el equipo desde el que se realiza la conexión).

Los parámetros de configuración, como la ruta y el nombre del fichero authorized_keys, se pueden configurar mediante el fichero **/etc/ssh/sshd_config**.

Para utilizar el par de claves se deben seguir los siguientes pasos:

- Crear el par de claves (mediante el algoritmo RSA).

- Transferir la clave pública al equipo remoto y añadirla al fichero ~/.ssh/authorized_keys.

Se procede, por tanto, a crear el par de claves.

```
programacion@shell:~$ ssh-keygen -t rsa
Generating public/private rsa key pair.
Enter file in which to save the key (/home/gonzalo/.ssh/id_rsa):
Created directory '/home/gonzalo/.ssh'.
Enter passphrase (empty for no passphrase):
Enter same passphrase again:
Your identification has been saved in /home/gonzalo/.ssh/id_rsa.
Your public key has been saved in /home/gonzalo/.ssh/id_rsa.pub.
The key fingerprint is:
c0:57:09:a5:6d:45:2f:96:47:3c:4a:4c:90:c9:e3:70 gonzalo@server1
The key's randomart image is:
+--[ RSA 2048]----+
|      .++O+..    |
|     . .+E.o+o   |
|      o o+oo+.o. |
|       o ....o   |
|        S        |
|                 |
|                 |
|                 |
+-----------------+
```

Durante el proceso, necesita introducir una frase de paso (*passphrase*) para poder generar el par de claves (se pueden generar sin esta frase de paso, pero resulta inseguro). Si necesita escribir *scripts* que se conecten de forma automática a varios equipos, debería dejar la frase de paso vacía para evitar que el *script* pregunte por ella durante su ejecución.

Tras completarse el proceso, las claves **~/.ssh/id_rsa.pub** y **~/.ssh/id_rsa** se habrán creado, siendo la primera de ellas la clave pública y la segunda la clave privada.

Ya solo queda anexar la clave pública al fichero **~.ssh/authorized_keys** del servidor remoto donde necesita llevar a cabo las conexiones.

```
$ ssh usuario@hostRemoto "cat >> ~/.ssh/authorized_keys" <
~/.ssh/id_rsa.pub
```

Dicho proceso le solicita la contraseña para completarse. Tras ello, puede conectarse al equipo remoto mediante el comando siguiente, el cual no le solicita la contraseña:

```
$ ssh usuario@hostRemoto usuario
```

6.5.1.2 EJECUCIÓN REMOTA DE COMANDOS

SSH permite ejecutar comandos en un Shell remoto como si del Shell local se tratase. La información que se produce se envía de forma segura a través de un túnel encriptado. A lo largo de este apartado, se muestran diversos modos de ejecutar comandos en equipos remotos.

El modo más sencillo de ejecutar un comando en un equipo remoto y obtener la salida en el Shell local es el siguiente:

```
$ ssh usuario@hostRemoto 'comando'
```

Por ejemplo:

```
programacion@shell:~$ ssh gonzalo@192.168.1.50 'whoami'
gonzalo@192.168.1.50's password:
gonzalo
```

Si desea ejecutar varios comandos de modo simultáneo, debe usar:

```
$ ssh usuario@hostRemoto 'comando1 ; comando2 ; comando3'
```

Los comandos se pueden enviar a través de **stdin** y su salida estará disponible en **stdout**. Un ejemplo de esto puede ser:

```
$ ssh usuario@hostRemoto "comandos" > stdout.txt 2> errores.txt
```

Igualmente, puede utilizar comandos que involucren un encauzamiento a los comandos SSH a través de **stdin** del siguiente modo:

```
$ echo "comandos" | ssh usuario@hostRemoto > stdout.txt 2> errores.txt
```

Un posible ejemplo de uso es el siguiente:

```
programacion@shell:~$ ssh gonzalo@192.168.1.50 "echo usuario:
$(whoami) ; echo S.O: $(uname)"
gonzalo@192.168.1.50's password:
usuario: gonzalo
S.O: Linux
```

El proceso anterior se puede generalizar como sigue:

```
COMANDOS="comando1 ; comando2; comando3"
$ ssh usuario@hostRemoto "$COMANDOS"
```

Para finalizar, en el Ejemplo 6.6 se muestra cómo obtener información remota mediante SSH.

Ejemplo 6.6. Uptime

```
#!/bin/bash
# Filename: uptime.sh
# Monitor de tiempo de uso

IP_LIST="192.168.1.34 192.168.1.50"

USUARIO="gonzalo"

for IP in $IP_LIST;
do
   utime=$(ssh $USUARIO@$IP uptime | awk '{ print $3 }' )
   echo "$IP Uptime: $utime"
done
```

6.5.1.3 AUTOMATIZACIÓN DE CONEXIONES

Un administrador puede necesitar conectarse de forma rápida a diversos equipos remotos mediante SSH. Si hay que introducir todos los parámetros necesarios, el proceso se ralentizaría.

Para acelerar el proceso de conexión, puede utilizar el siguiente conjunto de scripts.

El primero de ellos hace uso de **expect** (*www.nist.gov/el/msid/expect.cfm*), una herramienta para automatizar aplicaciones interactivas, como telnet, ftp, ssh, etc., incluso el propio Bash, por medio de *scripts*. Dado que se escapa de los objetivos del libro, no se va a entrar en detalle en el mismo, pero se recomienda que visite la página del desarrollador.

El Ejemplo 6.7 utiliza expect (debe tenerlo instalado en la máquina), y recupera los siguientes parámetros que se le pasan por la línea de comandos: máquina, usuario, *password*, directorio de inicio y carácter usado para el prompt. Su funcionalidad es tan simple como automatizar la conexión SSH, de manera que no sea necesario indicar la contraseña y que le ubique en el directorio indicado. Entonces, inicia una sesión interactiva para que escriba los comandos que necesita en la máquina remota.

Ejemplo 6.7. conectar.sh

```
#!/usr/bin/expect

set host [lindex $argv 0]
set user [lindex $argv 1]
set password [lindex $argv 2]
set prompt [lindex $argv 3]
set directorio [lindex $argv 4]
spawn ssh $user@$host
expect "password:"
send "$password\n";
expect "$prompt"
send "cd $directorio\n";
expect "$prompt"
interact
```

Como se ha comentado anteriormente, un administrador se puede conectar a múltiples máquinas. Para simplificar el proceso, se almacena un listado de dichas máquinas en un fichero de texto, del cual se obtiene la información necesaria (una posible mejora es utilizar una base de datos para almacenar dicha información).

Ejemplo 6.8. conexiones.txt

```
# Formato: alias | ip | user | password | directorio | prompt |
protocolo | descripcion
fedora|192.168.1.50|gonzalo|gonzalo|/home/gonzao/Escritorio|>|SSH|Mi
servidor ssh
```

Se añade una línea por cada máquina a la que quiera conectar y en ella se indica el nombre de la conexión (alias a usar), la dirección IP de la máquina, el usuario con el que conectar, la *password*, el directorio base donde quiere quedarse al inicio de la sesión, el prompt utilizado y el protocolo.

Para finalizar, se utiliza un *script* Bash que se encarga de llamar al *script* de expect (conectar.sh) con los parámetros adecuados. Su función principal es examinar el fichero **conexiones.txt** y extraer la IP, el usuario, la *password* y el directorio de esa máquina, para pasarle esos parámetros a expect. Si no indica ningún parámetro, muestra la lista actual de conexiones del fichero conexiones.txt a modo de recuerdo de las máquinas a las que se puede conectar.

Ejemplo 6.9. sshe.sh

```
#!/bin/bash

CONSOLA=false
repo="${HOME}/scripts/unidad7/conexiones.txt"
RUTA_LIB="${HOME}/scripts/unidad7/"
```

```
function DEBUG()
{
  if ( $CONSOLA )
  then
    echo "DEBUG: $1 \n"
  fi
}
#-----

GET_IP()
{
  busqueda="$1"
  #DEBUG "Buscando por : [ $busqueda ]"
  cat $repo | grep $busqueda | awk -F"|" '{print $2}'
}
#----

GET_USER()
{
  busqueda="$1"
  #DEBUG "Buscando por : [ $busqueda ]"
  cat $repo | grep $busqueda | awk -F"|" '{print $3}'
}
#----

GET_PASSWORD()
{
  busqueda="$1"
  #DEBUG "Buscando por : [ $busqueda ]"
  cat $repo | grep $busqueda | awk -F"|" '{print $4}'
}
#----

GET_DIRECTORIO()
{
  busqueda="$1"
  #DEBUG "Buscando por : [ $busqueda ]"
  cat $repo | grep $busqueda | awk -F"|" '{print $5}'
}
#----

CONECTAR_SSH()
{
  ${RUTA_LIB}conectar.sh "$1" "$2" "$3" "$4" "$5"
}

SSH()
{
  alias="$1"
  _Host=`GET_IP "$alias"`
  _User=`GET_USER "$alias"`
  _Pass=`GET_PASSWORD "$alias"`
  _Directorio=`GET_DIRECTORIO "$alias"`
  _Prompt=">"
  CONECTAR_SSH "$_Host" "$_User" "$_Pass" "$_Prompt" "$_Directorio"
}

ALIASNAME="$1"
if [ -z $ALIASNAME ];
```

```
then
  echo "Sintaxis: $0 <alias o nombre maquina>"
  echo ""
  echo "Conexiones disponibles:"
  echo "------------------------"
  echo ""
  tac $HOME/scripts/unidad7/conexiones.txt | grep -v "#" | awk -F"|" 
'{print $1}' | sort

else
  SSH "$1"
fi;
```

6.5.2 Transferencia de ficheros

La transferencia de ficheros entre equipos es un factor muy importante. Una de sus utilidades es, por ejemplo, la realización de copias de seguridad en remoto.

Para la transferencia de ficheros, se suele utilizar el protocolo FTP y sus derivados (SFTP, SCP, etc.).

6.5.2.1 FTP

FTP (protocolo de transferencia de archivos, del inglés File Transfer Protocol) es un protocolo de red para la transferencia de archivos entre sistemas conectados a una red **TCP** (Protocolo de Control de Transmisión), basado en la arquitectura cliente-servidor. Desde un equipo cliente se puede conectar a un servidor para descargar archivos desde él o para enviarle archivos, independientemente del sistema operativo utilizado en cada equipo.

El Servicio FTP es ofrecido por la capa de aplicación del modelo de capas de red **TCP/IP**, utilizando normalmente los puertos de red 20 y 21. Un problema básico de FTP es que está pensado para ofrecer la máxima velocidad en la conexión, pero no la máxima seguridad, ya que todo el intercambio de información, desde el *login* y la *password* del usuario en el servidor hasta la transferencia de cualquier archivo, se realiza en texto plano sin ningún tipo de cifrado, con lo que un posible atacante puede capturar este tráfico, acceder al servidor o apropiarse de los archivos transferidos.

Dado que se va a trabajar en modo consola, en la Tabla 6.24 se recogen los comandos más comunes.

Tabla 6.24. Comandos FTP

Comando	Descripción
?	Solicita ayuda o información sobre los comandos FTP.
ascii	Cambia a modo de transferencia de archivos ASCII (transmite 7 bits por carácter y se trata del modo de transferencia por defecto).
binary	Cambia a modo de transferencia de archivos binarios (8 bits por byte).
bye	Desconecta la sesión FTP.
cd	Cambia de directorio en la máquina remota.
close	Termina la conexión con el equipo remoto sin salir del programa FTP.
delete archivo	Borra el archivo de la carpeta actual.
dir	Lista los archivos y directorios de la máquina remota.
get archivo	Descarga una copia del archivo desde el equipo remoto.
help	Enumera los comandos de FTP.
lcd	Cambia de directorio en la máquina local.
ls	Lista los archivos y carpetas de la máquina remota.
mkdir directorio	Crea el nuevo directorio en la máquina remota.
mget archivos	Copia múltiples archivos de la carpeta remota a la local.
mput archivos	Copia múltiples archivos de la carpeta local a la remota.
put archivo	Copia el archivo de la máquina local a la remota.
pwd	Muestra el directorio de la máquina remota donde se encuentra ubicado.
quit	Desconecta la sesión FTP.
rmdir directorio	Borra el directorio de la máquina remota.

Transferencia mediante FTP

La transferencia de ficheros a un servidor FTP se puede automatizar mediante un *script*. Para ello, hay que llevar a cabo ciertas acciones para omitir la interactividad que se produce en toda comunicación FTP.

El Ejemplo 6.10 muestra un modo sencillo de automatización de la transferencia FTP.

Ejemplo 6.10. Transferencia FTP sencilla

```
#!/bin/bash
# ftpSimple.sh
# Transferencia ftp automática

#Parámetros de conexión al servidor
HOST='servidor.com'
USER='usuario'
PASSWD='password'

#Transferencia
ftp -i -n $HOST <<EOF
  user ${USER} ${PASSWD}
  binary
  cd /home/gonzalo/temporal
  put fichero1
  get license.txt
  quit
EOF
```

La estructura funcional del *script* anterior es la siguiente:

```
<<EOF
DATOS
EOF
```

La opción **–i** del comando ftp se utiliza para desactivar la interactividad con el usuario y, mediante **user ${USER} ${PASSWD}**, se asigna el usuario y su contraseña.

Transferencia múltiple mediante FTP

En el Ejemplo 6.10 los ficheros con los que se trabaja estaban definidos en el contenido del mismo, por lo que es necesario cambiar el *script* cada vez que se necesite realizar alguna acción sobre el FTP.

Para evitar esto, se puede llevar a cabo un *script* un poco más complejo, que acepte como parámetros los ficheros objeto de transferencia y los directorios involucrados, y realice los múltiples envíos. Para ello, crea un *script* adecuado para cada transferencia.

Una posible utilidad para este *script* es el envío de ficheros de trazas desde diversas máquinas a un servidor FTP que compruebe el administrador, de cara a realizar una comprobación centralizada de las mismas.

Ejemplo 6.11. Transferencia múltiple FTP

```bash
#!/bin/bash
# gfpt.sh

#**********************************************************************
# Script para enviar ficheros por FTP de manera automatizada
#
# Nota: Es mejor usar "expect" pero no todas las maquinas lo tienen
# instalado.
# Esta solución funciona con cualquier intérprete de bash.
#
# IMPORTANTE: En el directorio donde se generen los ficheros
# temporales, el usuario debe tener permisos de escritura.
#
#**********************************************************************

# Variables preconfiguradas. Sustituya aquí los valores de su
servidor FTP.

host='servidorFTP'
usuario='usuario'
password='password'
path=/
ftpfile=ftp.temp

#-------------------------------------------------------------
# @genera_ftp_script
#
# Genera un script FTP para transferir los archivos indicados.
#
# @param El fichero o La lista de ficheros a transferir
# @param el directorio destino dentro del ftp server
#-------------------------------------------------------------
function genera_ftp_script
{
   # Ver la lista de ficheros que se reciben como parámetro
   for i in $1; do
     echo item: $i
   done

   data=$1
   echo "Recibido: $data"
   echo "#!/bin/bash" > $ftpfile
   echo "ftp -n -iv $host <<EOF" >>$ftpfile
   echo "user $usuario $password" >> $ftpfile
   echo "binary" >> $ftpfile
```

```
    echo "hash" >> $ftpfile
    echo "cd $2" >> $ftpfile
    echo "mput \"$1\"" >> $ftpfile
    echo "bye" >> $ftpfile
    echo "EOF" >> $ftpfile
    return "0"
}
#---

#-----------
# PRINCIPAL
#-----------

# Chequear los parámetros recibidos
if [ "${1}" ]; then
  continue=0
else
  echo ""
  echo "Mueve los ficheros indicados a un servidor FTP
predeterminado (variables internas en el script)"
  echo "Sintaxis: $0 [fichero|Lista de ficheros]
[Directorio_destino]"
  echo "Ejemplo: $0 \"*.mp3\" MUSICA"
  echo "(Si se usan ficheros con patrones recursivos * el párametro
debe ir encerrado entre comillas simples. Ejemplo: \"cat*.txt\" )"
  echo ""
  echo "ERROR: No se ha especificado ningún parámetro. No se enviará
por FTP ningún archivo."
  echo ""
  exit
fi

# Comprobar si se indicó alguna ruta destino. Si no se indica
ninguna, por defecto se usa "/"
if [ "x${2}" == "x" ]; then
  path="/"
else
  path=$2
  continue=0
fi

# Transferir por FTP los ficheros indicados
genera_ftp_script "$1" "$path"

# Se da permiso de ejecución al script FTP de transferencia creado y
se ejecuta
chmod +x $ftpfile
resultado=`./$ftpfile`

# Imprimir resultados de la transferencia FTP
echo ""
echo "-- Respuesta FTP --"
echo $resultado
echo "-- Fin FTP --"
echo ""

# Borrar los ficheros temporales generados
rm $ftpfile
```

Backup mediante FTP

Otra posible utilidad de las transferencias FTP será el envío de ficheros a un servidor remoto, con el objeto de tener una copia de los mismos.

Para llevarlo a cabo, se puede hacer uso del comando **ncftpput**, una variación del comando ftp, especialmente diseñado para el envío de datos desde *scripts*.

El propósito de ncftpput es hacer transferencias de archivos desde la línea de comandos, sin entrar en un Shell interactivo. Esto le permite escribir *scripts* de Shell o de otros procesos desatendidos que puedan hacer FTP. También es útil para usuarios avanzados que quieren enviar archivos desde la línea de órdenes, sin entrar en un programa interactivo de FTP.

Por defecto, el programa intenta abrir el *host* remoto y acceder de forma anónima, pero se puede especificar un nombre de usuario y contraseña. La opción **–u** se utiliza para especificar el nombre de usuario y la opción **-p** se utiliza para especificar la contraseña. Si está ejecutando el programa desde la línea de comandos, se puede omitir la opción -p y el programa le pedirá la contraseña.

El uso de las opciones -u y -p no es recomendable, porque su información de cuenta se expone a cualquiera que pueda ver la secuencia de comandos de Shell o la información de su proceso. Por ejemplo, alguien con el comando **ps** podría ver la contraseña mientras se ejecuta el programa.

Para dotarlo de cierta privacidad, puede utilizar la opción **–f**, la cual se utiliza para especificar un archivo con la información de la cuenta. Sin embargo, esto tampoco es seguro, ya que cualquiera que tenga acceso a los archivos puede ver la información de la cuenta.

Para subir recursivamente todos los ficheros de un directorio se puede utilizar la opción **–R**.

Ejemplo 6.12. *Backup* **mediante FTP**

```
#!/bin/bash
# backupFTP-sh
# Copia recursivamente todos los ficheros y los sube
# a un servidor FTP remoto
#
# Para usar con cron debe existir el fichero $AUTHFILE
# y contener la siguiente información
# host servidorFTP
# user usuario
```

```
# pass contraseña
#

#Parámetros de configuración
FTP="/usr/bin/ncftpput"
CMD=""
AUTHFILE="/root/.configuracionFTP"
servidor="servidor"
dirRemoto=/
dirLocal=.

if [ -f $AUTHFILE ] ; then
   # Usar el fichero para la autenticación
   CMD="$FTP -m -R -f $AUTHFILE $servidor $dirRemoto $dirLocal"
else
   echo "*** Pulse [ CTRL + C ] para acabar***"
   read -p "Introduzca el nombre del servidor FTP : " servidor
   read -p "Introduzca el nombre de usuario : " usuario
   read -s -p "Introduzca la contraseña : " password
   echo ""
   read -p "Introduzca el directorio remoto [/] : " dirRemoto
   read -p "Introduzca el path de directorio a subir [.] : " dirLocal
   [ "$dirRemoto" == "" ] && dirRemoto="/" || :
   [ "$dirLocal" == "" ] && dirLocal="." || :
   CMD="$FTP -m -R -u $usuario -p $password $servidor $dirRemoto $dirLocal"
fi

$CMD
```

6.5.2.2 RSYNC

Rsync es una utilidad que se utiliza para sincronizar archivos y directorios entre dos localizaciones distintas, minimizando la transferencia de datos entre ambas localizaciones, y usando para ello cálculos de diferencias entre archivos y compresión. La ventaja de **rsync** frente a otros comandos como cp es que rsync utiliza potentes algoritmos de cálculo de diferencias entre archivos y, además, soporta la transmisión de datos a través de la red. Mientras lleva a cabo la copia, compara si el fichero del directorio de origen y el fichero del directorio remoto son diferentes y solo lleva a cabo la copia si el origen es más reciente que el destino.

Rsync también admite compresión, encriptación de datos y muchas más opciones. A continuación, se presenta el modo de funcionamiento del mismo.

Crear una copia mediante rsync

Para llevar a cabo una copia (en espejo) de un directorio origen en un directorio destino se debe utilizar lo siguiente:

```
$ rsync -av /path/origen /path/destino
```

–a indica que se va a llevar a cabo un archivado de datos (recursivo y preservando los enlaces simbólicos, los permisos, los sellos de tiempo y los propietarios y grupos de los ficheros), y **–v** muestra los detalles del progreso por la salida estándar **stdout**.

A la hora de indicar las rutas, se pueden emplear rutas locales o remotas, por ejemplo:

- **/home/gonzalo/datos**. Ruta absoluta de la máquina en la cual se ejecuta el comando rsync.

- **gonzalo@192.168.1.12:/home/backups/**. Carpeta /home/backups en la máquina con dirección IP 192.168.1.12, a la cual se accede con el usuario "gonzalo".

Por lo tanto, a la hora de realizar una copia en un directorio de una máquina remota, se debe utilizar:

```
$ rsync -av /path/origen usuario@host:PATH
```

Debido a su modo de funcionamiento, para mantener la copia en el equipo de destino, debe programar el comando rsync (usando cron) a intervalos regulares, ya que solo se copian los cambios que se han producido.

A la hora de formatear el *path*, si se utiliza / al final del origen, rsync copia en el destino únicamente el contenido del último directorio aparecido en el *path*. Si, por el contrario, el directorio de origen no se finaliza con /, se copia el directorio y todo su contenido.

```
programacion@shell:~$ rsync -av unidad6 /home/gonzalo/backup/
sending incremental file list
unidad6/
unidad6/6-1.sh
unidad6/6-2.sh
unidad6/6-3.sh

sent 12124 bytes received 206 bytes 24660.00 bytes/sec
total size is 11440 speedup is 0.93
programacion@shell:~$ rsync -av unidad6/ /home/gonzalo/backup/
sending incremental file list
./
6-1.sh
6-2.sh
6-3.sh

sent 12106 bytes received 205 bytes 24622.00 bytes/sec
total size is 11440 speedup is 0.93
```

De modo análogo, si se indica la barra (/) al final del directorio de destino, rsync copia el directorio de origen al directorio de destino. Si, por el contrario, no se indica la barra final, rsync crea un directorio con un nombre similar al directorio de origen, y copiará el directorio de origen en ese nuevo directorio.

Por ejemplo:

```
$ rsync -av /home/gonzalo/scripts /home/gonzalo/backup/
```

- copia el directorio /home/gonzalo/scripts al directorio existente /home/gonzalo/backup. Y el comando

```
$ rsync -av /home/gonzalo/scripts /home/gonzalo/backup
```

- copia el directorio /home/gonzalo/scripts al directorio existente /home/gonzalo/backup, creándolo previamente.

Si desea sincronizar el directorio a un servidor remoto, entonces ejecute:

```
$ rsync -av /home/gonzalo/scripts 10.0.0.2:/backup/
```

donde 10.0.0.2 es la dirección IP del equipo remoto y /backup el directorio donde se almacena la copia de seguridad.

Tareas frecuentes

La Tabla 6.25 recoge el modo de realizar diferentes tareas mediante rsync.

Tabla 6.25. Ejemplos de utilización de rsync

Opción	Descripción
rsync -v ficheroOrigen destino	Sincroniza un único archivo.
rsync -av usuario@host:PATH destino	Restaura datos desde un equipo remoto a localhost. **Nota:** rsync pregunta por la contraseña de usuario, al igual que sucede en las conexiones SSH, pero esto se puede evitar mediante el uso de claves SSH.
rsync -av -e ssh usuario@host:PATH destino	Rsync permite especificar el Shell remoto a utilizar para la sincronización de los datos. Para ello, debe utilizar ssh de cara a establecer la conexión remota segura, lo cual se indica

	mediante la opción **-e ssh**.
rsync –azv origen destino	La opción –z se utiliza para comprimir los datos, a la vez que se transfieren a través de la red, lo que puede significar una importante optimización en la velocidad de la transferencia.
rsync –azv origen destino --exclude Patron	Sincroniza los archivos, excluyendo aquellos cuyo nombre cumpla con el patrón dado.
rsync –azv origen destino --exclude-from listado	Sincroniza los archivos, excluyendo aquellos que se relacionen en el listado que contiene el fichero indicado.
rsync –azv --include Patron origen destino	Sincroniza únicamente aquellos archivos cuyo nombre cumpla el patrón indicado.
rsync –azvu origen destino	No sobrescribe aquellos ficheros que hayan sido modificados en el destino.
rsync –d -v origen destino	Sincroniza únicamente los directorios de modo recursivo.
rsync –azv origen destino --delete	Elimina del destino aquellos ficheros que hayan dejado de existir en el origen.
rsync –azv --progress origen destino	Muestra información del proceso de transferencia.
rsync –azv --existing origen destino	Actualiza únicamente los ficheros existentes en el destino, sin añadir los posibles nuevos archivos que se hayan creado en el origen.
rsync –azvi origen destino	Visualiza las diferencias existentes entre los ficheros del origen y del destino.
rsync –azv --max-size='tamK' origen destino	No se transmiten aquellos ficheros que superen un cierto tamaño, el cual se puede indicar en kB (K), MB (M) o Gb (G).
rsync –azvW origen destino	Rsync únicamente transfiere las diferencias entre ficheros, en lugar de enviar el fichero completo. Si por alguna razón necesita enviar el fichero completo, a expensas de un mayor consumo de ancho de banda y CPU, puede hacerlo con la opción -W.

6.5.2.3 SCP: SECURE COPY

Scp es un comando utilizado que permite realizar copias remotas de forma segura, ya que los datos se transfieren por un canal encriptado, para lo cual se utiliza SSH.

Para transferir ficheros a una máquina remota se utiliza:

```
$ scp fichero usuario@host:/path
```

Nota

Durante el proceso de copia, se solicita la contraseña de usuario, pero dicho paso se puede omitir mediante la utilización de llaves SSH.

El *host* puede tratarse de una dirección IP o bien de un nombre de dominio, lo cual se puede indicar tanto para el origen como para el destino, por lo que la sintaxis general del comando scp es:

```
$ scp origen destino
```

Por ejemplo, para copiar el fichero grupoNombre.sh desde un equipo remoto:

```
programacion@shell:~$ scp
gonzalo@192.168.1.50:/home/gonzalo/scripts/grupoNombre.sh
/home/gonzalo/temporal/
gonzalo@192.168.1.50's password:
grupoNombre.sh                    100%  403     0.4KB/s   00:00
```

Puede llevar a cabo una copia recursiva de un directorio mediante scp indicando la opción –r. Por ejemplo, el comando

```
$ scp -r /home/gonzalo/scripts
       gonzalo@192.168.1.50:/home/gonzalo/scripts
```

realiza una copia recursiva del directorio /home/gonzalo/scripts en el equipo remoto.

Si, además de copiar los archivos, desea preservar los atributos de los ficheros (permisos, propietarios, sellos temporales, etc.), debe indicar la opción **–p**.

6.6 APLICANDO CONOCIMIENTOS

ADMINISTRACIÓN DE USUARIOS Y GRUPOS

AC 6.1

El siguiente *script* se utiliza para crear cuentas de usuario de forma automática. Para ello, el *script* solicita el nombre del grupo (por ejemplo, "empleados") y el número de cuentas a crear (por ejemplo, 5), y crea automáticamente las cuentas "empleado1"*,* "empleado2"… y "empleado5", pertenecientes todas ellas al grupo "empleados". Además, el *script* se encarga de establecer inicialmente la contraseña de usuario, formada por el nombre del mismo más los símbolos __. Así, por ejemplo, para el "empleado1" se creará la contraseña empleado1__.

```
#!/bin/bash
# Creación de usuarios por lotes

#Pide confirmación del proceso
function procesar
{
  # Se informa del proceso
  clear
  echo "Creación de usuarios por lotes"
  echo "=============================="
  echo
  echo "Se va a crear la siguiente estructura:"
  echo "Grupo: $GRUPO"
  echo "Nº usuarios: $NUMERO"
  echo
  echo "¿Desea continuar? (S/N)"
  read sino

  case $sino in
    s|S)
       crearGrupo
       crearUsuarios ;;
    n|N) exit 1 ;;
    *) procesar ;;
  esac
}

# Crea el nuevo grupo
function crearGrupo
{
  clear

  # Comprobar si el grupo existe previamente (fichero
  # /etc/group)
  cut -d: -f1 /etc/group | grep "$GRUPO" > /dev/null
  OUT=$?

  if [ $OUT -eq 0 ];then
```

```bash
    echo "El grupo \"$GRUPO\" ya existe."
    echo
    echo "¿Desea continuar? (S/N)"
    read sino
    case $sino in
      s|S) echo "Usando grupo existente...";;
      n|N) exit 1 ;;
      *) crearGrupo ;;
    esac
  else
    #creación del grupo
    echo "Creando nuevo grupo: $GRUPO"
    /usr/sbin/groupadd $GRUPO
  fi
}

# Crea los usuarios
function crearUsuarios
{
  echo
  echo "Creando usuarios..."

  #El nombre de usuario se forma como el nombre del grupo
  #menos el último carácter
  prefijo=${GRUPO:0:${#GRUPO}-1}

  #Contador de usuarios creados
  let creados=0
  #contador de intentos de creación
  let intentos=0

  while ( test $creados -lt $NUMERO )
  do
    # Comprobar si el usuario existe previamente
    #(fichero /etc/passwd)
    usuario="$prefijo$intentos" #comillas concatenan
    echo "Comprobando $usuario"
    cut -d: -f1 /etc/passwd | grep "$usuario" > /dev/null
    OUT=$?
    if [ $OUT -eq 0 ] ; then
      echo "El usuario Usuario $usuario ya existe"
      echo "Se creará un nuevo usuario secuencial"
    else
      #se crea el nuevo usuario
      echo "Creando nuevo usuario: $usuario"
      /usr/sbin/useradd -g $GRUPO $usuario
      #se le asigna la contraseña
      sufijo="__"
      pass="$usuario$sufijo"
      echo "Asignando contraseña $pass a $usuario"
      echo $pass | passwd --stdin $usuario
      #se incrementa el número de usuarios creados
      let creados=creados+1
    fi
    #se incrementa el número de intentos
    let intentos=intentos+1
  done
}
```

```
############## PROGRAMA PRINCIPAL ####################

# Debe ser superusuario para poder ejecutar el script
if [ $UID -ne 0 ]; then
   echo "Debe ejecutar $0 como Root."
   exit 1
fi
```

El *script* sigue una serie de reglas:

- Si el grupo existe, da la opción de continuar, anexando usuarios al mismo, o de terminar el proceso sin crear los usuarios.

- Si el usuario existe, no se cambia el grupo del mismo ni su contraseña, sino que se intenta crear un nuevo usuario, incrementando el índice (valor numérico final) del mismo.

Estas reglas permiten al *script* anexar usuarios por lotes a grupos ya existentes.

AC 6.2

Las cuentas de usuario sin contraseña pueden significar un importante agujero de seguridad en el sistema que se debe evitar a toda costa. Crea un *script* **que se encargue de buscar y bloquear en el sistema las cuentas de usuario sin contraseña**.

```
#!/bin/bash
# Bloquea las cuentas de usuario sin contraseña
#
# Email del administrador del sistema
ADMINEMAIL="gonzalo@server1"

### No cambie nada de la parte inferior ###
#Fichero de LOG
LOG="/root/nopassword.lock.log"
STATUS=0
TMPFILE="/tmp/null.mail.$$"

echo "-------------------------------------------" >>$LOG
echo "Host: $(hostname), Fecha de ejecución: $(date)" >> $LOG
echo "-------------------------------------------" >>$LOG

# Obtener todos los nombres de usuario
USERS="$(cut -d: -f 1 /etc/passwd)"

# Mostrar mensaje
echo "Buscando contraseñas nulas..."
for u in $USERS
do
   # Comprueba si la contraseña es nula o no
   passwd -S $u | grep -Ew "NP" >/dev/null
```

```
    if [ $? -eq 0 ]; then # Contraseña nula
      echo "$u" >> $LOG
      passwd -l $u #Bloquea la cuenta
      STATUS=1 #Actualiza el estado para indicar que se
           #debe enviar un email
    fi
done
echo "=========================================================" 
>>$LOG
if [ $STATUS -eq 1 ]; then
  echo "Por favor, compruebe las cuentas bloqueadas en el fichero 
$LOG " >$TMPFILE
  echo "-- $(basename $0) script" >>$TMPFILE
  mail -s "Cuentas sin contraseñas encontradas y bloqueadas" 
"$ADMINEMAIL" < $TMPFILE
  #rm -f $TMPFILE
fi
```

Si la ejecución del *script* no encuentra cuentas sin contraseña, el registro solo almacena la fecha de búsqueda.

```
programacion@shell:~$ ./bloquearCuentas.sh
Buscando contraseñas nulas...
programacion@shell:~$ more /root/nopassword.lock.log
-------------------------------------------------
Host: server1, Fecha de ejecución: vie ago 12 17:31:04 CEST 2011
-------------------------------------------------
=================================================
programacion@shell:~$
```

El usuario de pruebas "julio" está bloqueado (estado L-Lock), debido a que se creó sin contraseña:

```
programacion@shell:~$ passwd -S julio
julio L 07/28/2011 0 99999 7 -1
```

Para desbloquearlo y dejarlo sin contraseña, se puede usar el siguiente comando:

```
programacion@shell:~$ passwd -d julio
passwd: se ha cambiado la información de expiración de la contraseña
programacion@shell:~$ passwd -S julio
julio NP 07/28/2011 0 99999 7
```

Una vez que se tiene un usuario sin contraseña (estado NP-No Password), se vuelve a probar el *script* de bloqueo:

```
programacion@shell:~$ ./bloquearCuentas.sh
Buscando contraseñas nulas...
passwd: se ha cambiado la información de expiración de la contraseña
programacion@shell:~$
```

Tras esto, el administrador recibe un *e-mail* con el siguiente contenido:

```
Date: Fri, 12 Aug 2011 17:56:31 +0200 (CEST)
From: root <root@server1>
To: gonzalo@server1
Subject: Cuentas sin contraseñas encontradas y bloqueadas
X-Mailer: mail (GNU Mailutils 2.1)

Por favor, compruebe las cuentas bloqueadas en el fichero
+/root/nopassword.lock.log
-- bloquearCuentas.sh script
```

Y si accede al registro de *log*, el resultado es el siguiente:

```
=========================================================
---------------------------------------------------------
Host: server1, Fecha de ejecución: vie ago 12 17:56:30 CEST 2011
---------------------------------------------------------
julio
=========================================================
```

AC 6.3

Si se tiene que administrar un gran número de cuentas de usuarios, puede ser de utilidad tener una aplicación que cambie las contraseñas de todos ellos de modo automático por un valor aleatorio.

Para la generación de contraseñas aleatorias, se va a utilizar **pwgen** y para su actualización por lotes, se utiliza **chpasswd**.

```bash
#!/bin/bash
# Cambio de contraseñas por lotes
#
# Fichero con las contraseñas en texto plano para consulta previa
FILE="/root/batch.passwd"

# Obtener cuentas de usuarios sin privilegios
# Con ID > 1000
USERS=$(awk -F: '{ if ( $3 > 1000 ) print $1}' /etc/passwd)

# Crear fichero de contraseñas aleatorias
echo "Generando fichero, por favor espere..."

# Sobrescribir el fichero (puede usar cat > $FILE)
>$FILE

for u in $USERS
do
  p=$(pwgen -1 -n 8) # crear password aleatorio
  echo "$u:$p" >> $FILE # guarda USUARIO:PASSWORD
done

echo ""
echo "Fichero de contraseñas $FILE creado"
```

```
echo "Revise el fichero $FILE. Si está de acuerdo ejecute: "
echo "chpasswd < $FILE"

# Descomente esta línea para actualizar las contraseñas de modo
automático,
# Úselo bajo su responsabilidad. Es preferible comprobar el fichero
$FILE primero
# chpasswd < $FILE
```

Un ejemplo de ejecución puede ser el siguiente:

```
nobody:ied1soow
julio:let2dieh
```

AC 6.4

Los ficheros de *log* **facilitan muchos detalles interesantes sobre el estado del sistema. Suponga, por ejemplo, el siguiente caso: se dispone de un equipo conectado a Internet con el protocolo SSH activado**. **Algunos atacantes pueden intentar conectarse al sistema, por lo que se debe diseñar un sistema de detección de intrusiones y, para ello, se va a emplear Bash**. **Se puede definir a un intruso como un usuario que realiza múltiples intentos de conexión en un corto espacio de tiempo y todos ellos con resultado fallido**.

El *script* de detección de intrusos debe detectar e informar de dichas incidencias. La información que recopila es la siguiente:

- Cuenta de usuario a la que se intenta conectar.
- Número de intentos.
- Dirección IP del atacante.
- Asignación de *host* (*host mapping*) por dirección IP.
- Rango de tiempo en que se producen los ataques.

El *script* se encarga de buscar en el fichero de *log* de accesos, sito en **/var/log/auth.log**, todos los intentos de acceso fallidos y recapitular cierta información. Este *script* hace uso de la utilidad *host* para realizar el *host mapping*.

```
#!/bin/bash
# deteccionIntrusos.sh
# Muestra un informe de intrusiones procesando el fichero auth.log

AUTHLOG=/var/log/auth.log

if [[ -n $1 ]] ; then
   AUTHLOG=$1
   echo "Usando el fichero de Log :" $AUTHLOG
```

```
fi

LOG=/tmp/valid.$$.log

#Búsqueda de información
grep -v "invalid" $AUTHLOG > $LOG
users=$(grep "Failed password" $LOG | awk '{ print $(NF-5) }' | sort
| uniq)

#Impresión del informe
printf "%-6s|%-10s|%-10s|%-13s|%-33s|%s\n" "Nº#" "Usuario"
"Intentos" \ "Dirección IP" "Host_Mapping" "Rango de Tiempo"
ucount=0;

ip_list="$(egrep -o "[0-9]+\.[0-9]+\.[0-9]+\.[0-9]+" $LOG | sort |
uniq)"
for ip in $ip_list ; do
  grep $ip $LOG > /tmp/temp.$$.log
  for user in $users; do
    grep $user /tmp/temp.$$.log> /tmp/$$.log
    cut -c-16 /tmp/$$.log > $$.time
    tstart=$(head -1 $$.time);
    start=$(date -d "$tstart" "+%s");
    tend=$(tail -1 $$.time);
    end=$(date -d "$tend" "+%s")
    limit=$(( $end - $start ))
    if [ $limit -gt 120 ] ; then
      let ucount++;
      IP=$(egrep -o "[0-9]+\.[0-9]+\.[0-9]+\.[0-9]+" /tmp/$$.log |
head -1 );
      TIME_RANGE="$tstart-->$tend"
      ATTEMPTS=$(cat /tmp/$$.log|wc -l);
      HOST=$(host $IP | awk '{ print $NF }' )
      printf "%-5s|%-10s|%-10s|%-13s|%-33s|%-s\n" "$ucount" "$user" \
"$ATTEMPTS" "$IP" "$HOST" "$TIME_RANGE";
    fi
  done
done
rm /tmp/valid.$$.log /tmp/$$.log $$.time /tmp/temp.$$.log 2>
/dev/null
```

Para comprobar su funcionamiento, se ha intentado acceder a la cuenta del usuario "gonzalo" mediante SSH de forma repetida e incorrecta. El resultado de procesar el fichero de *log* es el siguiente:

```
programacion@shell:~$ ./deteccionIntrusos.sh
Nº# |Usuario  |Intentos |Direccion IP |Host_Mapping    |Rango de
Tiempo
1   |gonzalo  |4        |127.0.1.1    |3(NXDOMAIN)     |Aug 12
19:46:14 -->Aug 12 19:56:05
```

El funcionamiento del *script* se basa en que todo intento de acceso incorrecto al sistema genera una entrada en el fichero de *log* similar a la siguiente:

```
Aug 12 19:55:53 server1 sshd[948]: Failed password for gonzalo from
127.0.1.1 port 53688 ssh2
```

Un bucle **for** recorre las direcciones IP y se utiliza el comando **awk** para localizar el nombre de usuario atacado. Se comprueba que el tiempo entre ataques no exceda los dos minutos (120 segundos).

AC 6.5

Cree un *script* que le permita al administrador enviar mensajes a las terminales de todos los usuarios o bien a un usuario en concreto en cualquiera de las máquinas de su red.

Recuerde que las terminales se tratan como un dispositivo más y que todos las terminales abiertas se pueden encontrar en **/dev/pts**.

```
#/bin/bash
# mensajeUsuario.sh
# Envía un mensaje a todas las terminales de un usuario concreto

USUARIO=$1

terminales=`ls /dev/pts/* -l | awk '{ print $3,$9 }' | grep $USUARIO
| awk '{ print $2 }'`

for dev in $terminales; do
  cat /dev/stdin > $dev
done
```

El funcionamiento es muy sencillo. Se localizan todas aquellas terminales (dispositivos /dev/pts) relacionadas con el usuario, mediante el comando **ls –l**, lo cual devuelve algo parecido a lo siguiente:

```
crw--w---- 1 gonzalo tty 136, 0 2011-08-13 11:34 /dev/pts/0
crw--w---- 1 gonzalo tty 136, 1 2011-08-13 11:30 /dev/pts/1
c--------- 1 root    root  5, 2 2011-08-13 11:04 /dev/pts/ptmx
```

De toda esta información solo interesa los campos tres (nombre de usuario) y nueve (dispositivo), por lo que se utiliza **awk** para discriminarlos. Tras ello, se discrimina al usuario, que debe recibir el mensaje mediante **grep**, y de nuevo se utiliza **awk** para obtener el nombre de los dispositivos.

Una vez se tienen los dispositivos, solo falta redireccionar la entrada recibida por el proceso creado para este *script* (/dev/stdin).

A continuación se muestra un ejemplo de uso:

```
programacion@shell:~$ ./mensajeUsuario.sh gonzalo < mensaje.txt
```

Tras lo cual, el usuario recibe el mensaje en todas las terminales asociadas:

```
programacion@shell:~$ Gonzalo: El administrador del sistema le
recuerda que debe cambiar su password.
```

AC 6.6

Linux es un sistema operativo multiusuario, por lo que múltiples usuarios pueden acceder y llevar a cabo acciones sobre el mismo simultáneamente. Además, son múltiples las tareas de administración de usuarios que se pueden llevar a cabo, como pueden ser crear usuarios, deshabilitarlos o eliminarlos, gestionar contraseñas, etc.

Crea un *script* que permita realizar las tareas más importantes de la administración de usuarios.

```
#!/bin/bash
# administrarUsuarios.sh
# Script para la administración de usuarios

function uso
{
  echo "Uso:"
  echo "Añadir un nuevo usuario"
  echo "$0 -adduser usuario password"
  echo
  echo "Eliminar un usuario"
  echo "$0 -deluser usuario"
  echo
  echo "Establecer el shell por defecto para el usuario"
  echo "$0 -shell usuario SHELL_PATH"
  echo
  echo "Deshabilitar una cuenta de usuario"
  echo "$0 -disable usuario"
  echo
  echo "Activar una cuenta de usuario deshabilitada"
  echo "$0 -enable usuario"
  echo
  echo "Asignar fecha de expiración de la cuenta"
  echo "$0 -expiry FECHA"
  echo
  echo "Cambiar la contraseña"
  echo "$0 -passwd usuario"
  echo
  echo "Crear un nuevo grupo de usuarios"
  echo "$0 -newgroup grupo"
  echo
  echo "Eliminar un grupo"
  echo "$0 -delgroup grupo"
  echo
  echo "Añadir un usuario al grupo"
  echo "$0 -addgroup usuario grupo"
```

```
    echo
    echo "Mostrar información detallada del usuario"
    echo "$0 -details usuario"
    echo
    echo "Mostrar ayuda"
    echo "$0 -usage"
    echo
    exit
}

# Debe ejecutarse en modo root
if [ $UID -ne 0 ]; then
    echo "Debe ejecutar $0 como Root."
    exit 2
fi

case $1 in
    -adduser)  [ $# -ne 3 ] && usage ; useradd $2 -p $3 -m ;;
    -deluser)  [ $# -ne 2 ] && usage ; deluser $2 --remove-all-files;;
    -shell)    [ $# -ne 3 ] && usage ; chsh $2 -s $3 ;;
    -disable)  [ $# -ne 2 ] && usage ; usermod -L $2 ;;
    -enable)   [ $# -ne 2 ] && usage ; usermod -U $2 ;;
    -expiry)   [ $# -ne 3 ] && usage ; chage $2 -E $3 ;;
    -passwd)   [ $# -ne 2 ] && usage ; passwd $2 ;;
    -newgroup) [ $# -ne 2 ] && usage ; addgroup $2 ;;
    -delgroup) [ $# -ne 2 ] && usage ; delgroup $2 ;;
    -addgroup) [ $# -ne 3 ] && usage ; addgroup $2 $3 ;;
    -details)  [ $# -ne 2 ] && usage ; finger $2 ; chage -l $2 ;;
    -usage) uso ;;
    *) uso ;;
esac
```

Por ejemplo, si se desea mostrar la información del usuario "gonzalo":

```
programacion@shell:~$ ./administrarUsuarios.sh -details gonzalo
Login: gonzalo                          Name: gonzalo
Directory: /home/gonzalo                Shell: /bin/bash
On since Sat Aug 13 11:05 (CEST) on tty1   54 minutes 28 seconds idle
     (messages off)
On since Sat Aug 13 11:05 (CEST) on pts/0 from :0.0
On since Sat Aug 13 11:22 (CEST) on pts/1 from :0.0
    1 minute 13 seconds idle
Mail last read Fri Aug 12 18:16 2011 (CEST)
No Plan.
Last password change                                    : Apr 24, 2011
Password expires                                        : never
Password inactive                                       : never
Account expires                                         : never
Minimum number of days between password change          : 0
Maximum number of days between password change          : 99999
Number of days of warning before password expires       : 7
```

El funcionamiento es bastante sencillo, ya que solo comprueba que los argumentos sean correctos, y si es así ejecuta directamente comandos del sistema para llevar a cabo la administración.

EL SISTEMA DE ARCHIVOS

AC 6.7

Indique los comandos que permitan realizar las siguientes acciones:

- Búsqueda de todos los ficheros .txt salvo los ocultos:

```
$ find . -type f \( -name "*.txt" ! iname ".*" \)
```

- Localización del fichero httpd.conf en todos los directorios del sistema:

```
$ find / -type f -name httpd.conf
```

- Mostrar información de todos los ficheros con extensión .cpp del sistema:

```
$ find . -name "*.cpp" -type f -exec ls -l {} \;
```

- Localización y eliminación todos los ficheros .bak del directorio actual:

```
$ find . -type f -name "*.bak" -exec rm -f {} \;
```

AC 6.8

Los ficheros con el bit setuid activo se pueden ejecutar por un usuario con el permiso del usuario propietario del mismo. Cree un *script* que muestre todos los ficheros con el bit setuid activo, salvo los que se encuentren en un directorio dado.

```
#!/bin/bash
# findsetuidon.sh
# Localiza los ficheros con el bit setuid activo que cuelguen del
directorio dado

if [ $# -ne "1" ] ; then
  echo "Uso: `basename $0` directorio"
  exit 1
fi

DIRECTORIO="$1"
find $DIRECTORIO -xdev -type f -perm +u=s -print
```

AC 6.9

Localice todos los ficheros del directorio dado con una antigüedad superior a 30 días y elimínelos.

```
#!/bin/bash
# removeoldfiles.sh
# Localiza los ficheros antiguos del directorio dado y los elimina
```

```
if [ $# -ne "1" ] ; then
  echo "Uso: `basename $0` directorio"
  exit 1
fi

DIRECTORIO="$1"
find $DIRECTORIO -type f -mtime +30 -delete
```

AC 6.10

Si necesita archivar muchos ficheros (unos cientos) mediante tar y comprimirlos posteriormente, debe hacer uso de un *script* que añada ficheros al archivador, uno por uno, mediante un bucle y la opción -r. Esto se debe a que tar tiene limitado el número de archivos que recibe desde la línea de comandos.

```
#!/bin/bash
# comprimir.sh
# Comprime mediante gzip un archivador (tar) de un listado de
ficheros dado

LISTADO="fichero1 fichero2 fichero3"

for file in $LISTADO
do
  tar -rvf fichero.tar $file
done
gzip fichero.tar
```

AC 6.11

Cree un *script* que cada vez que se ejecute genere una copia de seguridad con tar comprimida mediante gzip del directorio /home en la carpeta /backup. El nombre del fichero contiene la fecha de cuando se ha llevado a cabo la copia de seguridad (por ejemplo, backup_220811.tar.gz).

```
#!/bin/bash
# backuphome.sh Crea una copia de seguridad del directorio /home
# y los almacena en la carpeta /backup

#definición del directorio de backup
directorioBackup="/backup/"
#fecha de la copia
fecha=`date '+backup_%d%m%Y.tar.gz'`
nombreFichero="$directorioBackup$fecha"

#se crea el fichero
tar zcvf $nombreFichero /home
```

AC 6.12

Las bases de datos son una parte muy importante del sistema ya que almacenan la información de los sitios webs, aplicaciones, etc. En los sistemas GNU/Linux el servidor de base de datos más utilizado es MySQL.

El objetivo del ejercicio es crear un *script* que permita realizar una copia de seguridad diaria del directorio de trabajo de MySQL (/var/lib/mysql), que es donde se almacenan las diferentes bases de datos. La copia de seguridad se almacenará en el directorio /copia y se creará un directorio con la fecha de creación de la copia de seguridad.

```
#!/bin/bash
# backupMySQL.sh Crea una copia de seguridad del directorio /var/lib/mysql
# y la almacena en la carpeta /copia

#definición del directorio almacen de backups
directorioBackup="/copia"
#directorio origen
directorioOrigen="/var/lib/mysql"
#fecha de la copia
set $(date)
#Definición del directorio de destino de la copia diaria
#formato (p.e. 10sep2011)
destino=$directorioBackup/$3$2$6
#fichero de copia
fichero="backup.tar.gz"

#creación del directorio destino de la copia
mkdir $destino
#ruta completa del fichero resultante
nombreFichero="$destino/$fichero"

#se crea el fichero
tar zcvf $nombreFichero $directorioOrigen
```

Dado su carácter diario, se debe programar mediante cron, por ejemplo ubicando este *script* en el directorio /etc/cron.daily.

PERMISOS

AC 6.13

Cree un *script* que reciba como parámetro el nombre de un archivo e indique los permisos del mismo para el usuario propietario.

```
#!/bin/bash
# permisos.sh
# Muestra los permisos de usuario del archivo pasado como argumento
```

```
# Comprobación de los argumentos
if [ $# -ne "1" ] ; then
  echo "Uso: `basename $0` archivo"
  exit 2
fi

echo "Características del archivo $1"

if [ -r $1 ] ; then
  echo " * Permiso de lectura"
fi

if [ -w $1 ] ; then
  echo " * Permiso de escritura"
fi

if [ -x $1 ] ; then
  echo " * Permiso de ejecución"
fi
```

AC 6.14

Cree un *script* que reciba como parámetro el nombre de un archivo, verifique que existe y que es un archivo común, conviértalo en ejecutable para el propietario y el grupo y muestre el estado de permisos resultante.

```
#!/bin/bash
# chgPermisos.sh: Cambia los permisos al archivo dado

if [ $# -ne "1" ] ; then
  echo "Uso: `basename $0` archivo"
  exit 2
fi

ARCHIVO=$1
if [ -f $ARCHIVO ] ; then      # existe y es archivo regular
  chmod ug+x $ARCHIVO
  ls -l $ARCHIVO
else
  echo "`basename $0`: el archivo $ARCHIVO no existe"
fi
```

AC 6.15

Como se ha podido comprobar, una parte muy importante que afecta a la seguridad del sistema son los permisos en el sistema de ficheros. En los directorios donde tienen acceso otros usuarios o servicios (por ejemplo, el servidor web) resulta recomendable ver los permisos que tienen los ficheros, por si algún usuario ha intentado cambiarlos utilizando algún *exploit* que aproveche alguna vulnerabilidad del sistema.

El objetivo del ejercicio es crear un *script* **que cada cinco minutos restablezca correctamente los permisos del directorio de trabajo del servidor web, teniendo en cuenta los siguientes criterios:**

- El directorio de trabajo es /var/www/html.

- El usuario y grupo propietarios del directorio es html.

- En el directorio /var/www/html ningún usuario puede modificar su contenido y el servidor web (usuario html) únicamente tiene permisos de lectura y ejecución.

```
#!/bin/bash
# permisosWEB.sh: Cambia los permisos y propietarios del directorio
WEB

#definición del directorio web
directorio="/var/www/html"
#definición del usuario propietario
usuario="html"
#definición del grupo propietario
grupo="html"

#Se cambia el usuario y grupo propietario (recursivo a todo el
contenido)
chown -R $usuario.$grupo $directorio

#se aplican los permisos
chmod 644 $directorio -R
```

Para aplicarlo cada 5 minutos, se debe crear la entrada correspondiente en el crontab:

```
*/5 * * * * permisosWEB.sh
```

COMUNICACIONES

AC 6.16

Copie, mediante rsync, todos los ficheros del directorio /home a /mnt/backup, salvo aquellos que tengan extensión .txt.

```
$ rsync -azv /home /mnt/backup --exclude "*.txt"
```

AC 6.17

Copie, mediante rsync, todos los ficheros que empiecen por "s" del directorio /home a /mnt/backup, excluyendo todos los demás.

```
$ rsync -azv --include "s*" --exclude "*" /home /mnt/backup
```

AC 6.18

Copie, mediante rsync, todos los ficheros del directorio /home a /mnt/backup, siempre que su tamaño sea inferior a 1 MB.

```
$ rsync -azv --max-size='1MB' /home /mnt/backup
```

AC 6.19

Un factor importante, a la hora de llevar a cabo copias de seguridad, es su dispersión. Es conveniente tener varias copias del mismo archivo en diferentes lugares. El siguiente *script* utiliza scp para realizar copias de un archivo en un conjunto de servidores, los cuales se indican a través de un listado con su dirección IP.

```
#!/bin/bash
# Copia archivos desde un host a un grupo de host

# Parámetros
FICHERO="/home/backup.tgz"
DIRDESTINO="/mnt/backups"
HOSTFILE="/home/hostsBackup.txt" #listado con los host de destino

if [ -f $FICHERO ]
then
  printf "Fichero encontrado, preparando la transferencia\n"
  while read server
  do
   scp -p $FICHERO ${server}:$DIRDESTINO
  done < $HOSTFILE
else
  printf "Fichero \"$FICHERO\" no encontrado\n"
  exit 0
fi
exit 0
```

6.7 EJERCICIOS PROPUESTOS

1. Cree un *script* que obtenga información de un determinado usuario, mediante el comando **id**.

2. Cree el *script* (infoGrupo.sh) que, dado un nombre de grupo, determine si existe en el sistema, y si es así, presente el nombre, número de grupo (GID) y lista de usuarios que pertenezcan a él, ya sea como grupo primario (consulte /etc/passwd) o como grupo secundario (consulte /etc/group).

3. Utilizando el archivo /etc/passwd, escriba un *script* (listarUsuarios.sh) que liste los nombres de usuario, el directorio propio del usuario y el intérprete invocado por defecto de todos los usuarios, ordenados alfabéticamente por nombre de usuario.

4. Utilizando únicamente el archivo **/etc/group**, escriba los siguientes *scripts*:

    - **grupo1.sh**. Lista los nombres y números del grupo y de la lista de usuarios de cada uno, ordenados por nombre.

    - **grupo2.sh**. Igual que el anterior, pero ordenados por número de grupo.

5. A la hora de crear usuarios por lotes se puede utilizar el comando **newusers**, el cual crea usuarios a partir de un fichero de texto que contiene la descripción de cada usuario en el mismo formato que el fichero /etc/passwd (*usuario:password:uid:gid:comentario: directorio_home:shell*). Por ejemplo:

```
homer:HcZ600a9:1008:1000:Homer Simpson:/home/homer:/bin/bash
```

Cree un fichero de texto (familia_Simpson.txt) con el contenido que se lista a continuación y cree el lote de usuarios.

```
homer:HcZ600a9:1008:1000:Homer Simpson:/home/homer:/bin/bash
marge:1enz733N:1009:1000:Marge Simpson:/home/marge:/bin/csh
bart:1y5eJr8K:1010:1000:Bart Simpson:/home/bart:/bin/ksh
lisa:VGz638i9:1011:1000:Lisa Simpson:/home/lisa:/bin/sh
maggie:5lj3YGQo:1012:1000:Maggie Simpson:/home/maggie:/bin/bash
```

6. Cree un *script* copiabin.sh que mueva todos los archivos ejecutables del directorio hacia el subdirectorio **bin** del directorio propio del usuario, muestre los nombres de los ejecutables que mueve e indique cuántos ha movido o que no ha movido ninguno. Si el directorio bin no existe, deberá ser creado.

7. Cree el *script* permisosRecursivo.sh, que, dado un listado de directorios, recorra su contenido y cambie los permisos de todos los archivos y subdirectorios que encuentre de modo recursivo.

8. Los archivos **core** se producen como resultado de programas que no han terminado su ejecución de modo correcto. Son generados por el sistema

operativo con la información necesaria para hacer una depuración de los problemas que ha ocasionado el final inesperado del programa (volcado de memoria de cuando ocurrió el problema, estado del programa y del procesador en el momento del fallo). Estos archivos suelen ser de gran tamaño y muchas veces se acumulan en el disco . Cree un *script* que localice todos los ficheros core a partir del directorio en el que se encuentren y elimínelos.

9. Localice todos los ficheros **.bak** a partir del directorio en el que se encuentren y elimínelos pidiendo confirmación al usuario.

10. Cambie los permisos a todos los ficheros del directorio ~/**código** a 0700.

11. Localice los ficheros, a partir de un directorio dado, con el bit **setgid** a on.

12. Dado un fichero de origen y un listado de archivos a excluir, desarrolle un *script* que elimine todos los ficheros de dicho directorio, con una fecha de modificación superior a siete días, pidiendo confirmación de todos los ficheros a eliminar.

13. Las copias de seguridad, no solo de los datos personales, sino de la configuración, son imprescindibles en todo sistema. Por ello, desarrolle un *script* que realice una copia de los directorios de datos del sistema (/home, /root, /usr/local/httpd) y de la configuración del mismo (/etc, /var/lib). Una vez a la semana, los domingos, la copia será completa y los demás días, incremental. Las copias se realizarán en un disco externo que montará en /mnt/backup.

14. Cree un *script* que lleve a cabo una copia de seguridad de todos los directorios y ficheros listados en un fichero dado (~/.mybackup) y que envíe el resultado por correo electrónico con formato **tar.gz**.

    Nota: para poder enviar datos adjuntos en un correo debe tener instalado **mutt**.

15. Para completar el ejercicio anterior, realice un *script* que añada ficheros y directorios al archivo que contiene el listado de ficheros y directorios a salvaguardar.

16. En algunas ocasione,s cuando se trabaja con transmisiones FTP, son necesarias comunicaciones con un nivel de seguridad mucho más alto, sobre todo si la información que se intercambia es comprometida. Por lo tanto, se deben aplicar todos los esfuerzos para evitar intrusiones o robos de información. Un modo de asegurar las conexiones FTP es mediante GPG (GNU Privacy Guard - *software* de cifrado en sistemas Linux/ Unix).

GnuPG es un programa de *software* de cifrado híbrido que utiliza una combinación convencional de criptografía de claves simétricas para la velocidad, y la criptografía de clave pública para facilitar el intercambio seguro de claves, por lo general, mediante el uso de la clave pública del destinatario, para cifrar una clave de sesión que solo se utiliza una vez. Este modo de operación es parte del estándar OpenPGP y ha sido parte del PGP desde su primera versión.

Desarrolle un *script* que permita el envío de datos entre equipos, haciendo uso de GPG para asegurar la transferencia.

17. Dada la potencialidad que aporta el uso de claves en *scripts* que hacen uso de SSH, ya que permite llevar a cabo conexiones sin necesidad de introducir contraseñas, es necesario un mecanismo para proceder al intercambio de las llaves entre equipos. Por lo tanto, cree un *script* que envíe la clave pública de SSH a un equipo remoto.

18. Suponiendo que dispone de claves SSH generadas de cara a una comunicación sin contraseñas entre equipos, desarrolle un *script* que lleve a cabo el replicado de un servidor local, salvo los ficheros de *log* relativos al acceso ("*access.log") y a los errores ("*error.log"), en dos discos diferentes de un servidor remoto.

19. Una opción que se puede valorar, a la hora de llevar a cabo la conexión SSH, es la utilización de claves creadas ex profeso para dicha comunicación, que, una vez acabada la misma, se eliminan. Se podrían definir como **claves temporales**. Basándose en esta premisa, implemente un *script* que cree unas claves SSH, las envíe al equipo remoto, de cara a llevar a cabo la comunicación, y, una vez finalizada la misma, las elimine.

Recuerde

En la página web del libro podrá encontrar los ejercicios resueltos.

Capítulo 7

DEPURACIÓN DE SCRIPTS

7.1 INTRODUCCIÓN

A lo largo de este capítulo se ven técnicas útiles para la depuración de *scripts*. La técnica básica, empleada en todos los lenguajes de programación, es mostrar el estado de las variables en los diferentes puntos del programa, de cara a comprobar cómo evoluciona el mismo. En Bash puede utilizar el comando **echo** para tal cometido.

El objetivo de este capítulo es enseñar más y mejores técnicas a la hora de depurar *scripts*. Para ello, tras ver el uso de las técnicas de depuración de *scripts*, se desarrolla un depurador de *script* con Bash.

7.2 CÓMO IMPLEMENTAR BUENOS *SCRIPTS*

Las principales consideraciones que se deben tener en cuenta a la hora de crear buenos *scripts* son las siguientes:

- Un *script* debe ejecutarse sin errores.
- Debe realizar la tarea para la cual se ha implementado.
- La lógica interna del *script* debe estar bien definida.
- Un *script* no realizará acciones innecesarias.
- El *script* debe ser reutilizable.

7.2.1 Estructura

La estructura de un *script* es muy flexible. A pesar de esta libertad que ofrece Bash, se debe asegurar la corrección lógica, el flujo de control y la eficiencia, del mismo de modo que el usuario pueda utilizar dicho *script* de forma fácil y correcta.

Cuando se comienza el desarrollo de un nuevo *script*, hay una serie de aspectos que se deberían tener en cuenta:

- ¿Se necesita alguna información del usuario o de su entorno?

- ¿Cómo almacenar la información?

- ¿Se necesita crear ficheros? ¿Dónde y con qué permisos y usuarios?

- ¿Qué comando utilizar? Si se utiliza el *script* en diferentes sistemas, ¿tienen estos nuevos sistemas las versiones apropiadas de estos comandos?

- ¿Hay que notificar al usuario? ¿Cuándo y por qué?

- ¿Cuándo se ejecuta el *script*?

7.2.2 Recomendaciones de programación

Como cualquier otro programa, un *script* Bash puede requerir un cierto mantenimiento que incluya modificaciones, actualizaciones o mejoras en el código, por lo que el programador debe trabajar como si de otro programa se tratara.

Una práctica ordenada permite una verificación y comprensión más cómoda y rápida, facilita las modificaciones futuras y ayuda al usuario a ejecutar el programa correctamente. Para ello, debe seguir las siguientes recomendaciones:

- Incluir espacios y sangrías, que separen claramente los bloques del código, para que este sea fácilmente legible,

- Añadir comentarios sobre el funcionamiento general del programa principal y de las funciones, que contengan: autor, descripción, modo de uso del programa, versión y fechas de modificaciones.

- Incluir comentarios para los bloques u órdenes importantes que requieran cierta aclaración.

- Agrupar comentarios y ayudas sobre la ejecución del programa.

- Depurar el código para evitar errores, procesando correctamente los parámetros de ejecución.

- No desarrollar un código excesivamente enrevesado ni complicado de leer, aunque esto haga ahorrar líneas de programa.

- Utilizar las funciones y estructuras de programación adecuadas para evitar código reiterativo.

- Saber que los nombres de las variables, funciones y programas deben ser descriptivos, pero que no han de confundirse con otras ni con las órdenes internas o externas.

- Escribir todos los nombres de funciones y de programas en letras minúsculas, mientras que las variables acostumbran a definirse en mayúscula.

7.3 OPCIONES DE BASH PARA DEPURACIÓN

En ciertas ocasiones, el funcionamiento del *script* no es el esperado, ante lo cual se debe determinar cuál es la causa de ese funcionamiento incorrecto.

Es por ello que Bash dispone de una serie de opciones de depuración, las cuales, o bien se pasan como argumentos al lanzar bash, o bien se activan de la siguiente forma:

```
# set -o opción
```

Para desactivar la depuración, debe utilizar:

```
# set +o opción
```

Las opciones de depuración de *scripts* de Bash aparecen reflejadas en la Tabla 7.1.

La opción **xtrace** muestra tanto el comando a ejecutar como la expansión de las sustituciones de los parámetros, de las sustituciones de los comandos y de todas las demás sustituciones que se realicen.

Tabla 7.1. Opciones de Bash para depuración

Opción de *set*	Opción de *Bash*	Descripción
noexec	-n	No ejecuta los comandos, solo comprueba su sintaxis.
verbose	-v	Imprime los comandos antes de ejecutarlos.
xtrace	-x	Imprime los comandos a interpretar y las distintas expansiones que se realizan antes de ejecutarlo.

Por ejemplo, se va llevar a cabo una traza del Ejemplo 7.1, el cual suma dos números dados:

Ejemplo 7.1. Suma de números

```
#!/bin/bash
# suma.sh
# uso Suma numero1 numero2
function suma (){
  c=$(expr $1 + $2)
  return $c
}

suma $1 $2
resultado=$?

echo $resultado
```

La traza resultante de ejecutar este ejemplo es:

```
programacion@shell:~$ bash -x suma.sh 2 5
+ suma 2 5
++ expr 2 + 5
+ c=7
+ return 7
+ resultado=7
+ echo 7
7
```

Cada símbolo + al principio de la línea indica un nivel de expansión. En el ejemplo se lleva a cabo una llamada a la función **suma**, para lo cual se realiza una expansión de los dos parámetros contenedores de los números a sumar (observe que la llamada es "suma 2 5").

La evaluación de la expresión **expr 2 + 5** se realiza en un nivel de expansión más bajo, tras lo cual vuelve a subir un nivel para llevar a cabo las demás operaciones.

El símbolo + es personalizable usando el cuarto prompt (PS4). Por ejemplo:

```
programacion@shell:~$ export PS4='xtrace->'
programacion@shell:~$ bash -x suma.sh 2 5
xtrace->suma 2 5
xxtrace->expr 2 + 5
xtrace->c=7
xtrace->return 7
xtrace->resultado=7
xtrace->echo 7
7
```

De cara a una mayor legibilidad de la traza, para múltiples niveles de expansión solo se imprime el primer carácter, como se observa en **xxtrace->expr 2 + 5**.

Puede personalizar aun más el prompt, poniendo variables en este. Por ejemplo, la variable especial **$LINENO** permite saber la línea del *script* que se está ejecutando. Para posponer la ejecución de la variable hasta que se vaya a mostrar el prompt, se debe encerrar entre comillas:

```
programacion@shell:~$ export PS4='$0:$LINENO:'
programacion@shell:~$ bash -x suma.sh 2 5
suma.sh:9:suma 2 5
ssuma.sh:5:expr 2 + 5
suma.sh:5:c=7
suma.sh:6:return 7
suma.sh:10:resultado=7
suma.sh:12:echo 7
7
```

Lo interesante de la opción **xtrace** es que permite encontrar errores en el *script*, al poder ver cómo se expanden los valores.

La opción **noexec** se utiliza para que Bash no ejecute los comandos, sino que simplemente los lea y compruebe su sintaxis, y con **verbose** se imprimen los comandos antes de ejecutarlos.

```
programacion@shell:~$ bash -v suma.sh 2 5
#!/bin/bash
# suma.sh
# uso Suma numero1 numero2
function suma (){
  c=$(expr $1 + $2)
  return $c
}

suma $1 $2
expr $1 + $2)
expr $1 + $2
resultado=$?

echo $resultado
7
```

7.4 SEÑALES FALSAS

Las señales falsas (*fake signals*) son un potente mecanismo de ayuda a la depuración. Se trata de señales producidas por Bash y no por un programa o suceso externo al Shell. Estas señales se resumen en la Tabla 7.2.

Tabla 7.2. Señales falsas de Bash

Señal	Descripción
SIGEXIT	El *script* terminó de ejecutarse.
SIGERR	Un comando ha devuelto un código de terminación distinto de cero.
SIGDEBUG	El Shell va a ejecutar una sentencia.
SIGRETURN	Una función o *script* ejecutado con *source* ha acabado.

7.4.1 Señal SIGEXIT

Esta señal se activa justo antes de terminar de ejecutarse un proceso. La señal se debe solicitar por el proceso (no por el proceso padre que lanza el proceso).

Esto quiere decir que si intenta capturar la señal desde fuera del *script*, dicha señal no se va a producir. Po ejemplo, si tiene el *script* descrito en el Ejemplo 7.2:

Ejemplo 7.2. Captura de señal errónea

```
#!/bin/bash
# Ejemplo de señal SIGEXIT erróneo

echo "Comienza el script" %s.
```

Si intenta capturar la señal desde el shell, no obtendrá el efecto deseado:

```
programacion@shell:~$ trap "echo 'Finaliza el script'" EXIT
programacion@shell:~$ ./capturar.sh
Comienza el script
```

Para que se lleve a cabo adecuadamente, la indicación de captura de señal debe estar incluida en el mismo *script*.

Ejemplo 7.3. Captura de señal

```
#!/bin/bash
# Ejemplo de señal SIGEXIT

trap "echo 'Finaliza el script'" EXIT
echo "Comienza el script" %s.
```

Si ejecuta el Ejemplo 7.3, la señal de finalización se captura de modo satisfactorio:

```
programacion@shell:~$ ./capturar.sh
Comienza el script
Finaliza el script
programacion@shell:~$
```

La señal se lanza, independientemente de cómo acabe el *script*: al ejecutar la última línea del mismo o por encontrar un exit.

7.4.2 Señal SIGERR

La señal SIGERR se lanza siempre que un comando de un *script* acaba con un código de terminación distinto de cero (0). La función que la captura puede hacer uso de la variable **?** para obtener su valor.

Por ejemplo (Ejemplo 7.4), se va a definir una función errónea (la palabra reservada "function" debe estar en minúscula y no en mayúscula):

Ejemplo 7.4. Captura de señal

```
Function CapturarERR
{
  Cte=$?
  echo "El comando devolvió el código de error $Cte"
}
trap CapturarERR ERR
```

La ejecución del *script* produce el siguiente resultado:

```
programacion@shell:~$ ./error.sh
./error.sh: línea 1: Function: orden no encontrada
El comando devolvió el código de error 127
```

Una posible mejora a la funcionalidad anterior es la inclusión del número de línea donde se ha producido el error. Debe tener cuidado al hacerlo, ya que si lo hace del siguiente modo:

Ejemplo 7.5. Captura de señal y línea –erróneo–

```
Function CapturarERR
{
  Cte=$?
  echo "Código de terminación $Cte en la linea $LINENO"
}
trap CapturarERR ERR
```

Lo que obtendrá será el número de línea de la sentencia de la función **CapturarErr**.

```
programacion@shell:~$ ./error.sh
./error.sh: línea 2: Function: orden no encontrada
Código de terminación 127 en la linea 5
```

Puede resolver este problema del siguiente modo:

Ejemplo 7.6. Captura de señal y línea

```
Function CapturarERR
{
  Cte=$?
  echo "Código de terminación $Cte en la linea $LINENO"
}
trap 'CapturarERR $LINENO' ERR
```

Es necesario encerrar entre comillas el comando a ejecutar por **trap**, ya que, de lo contrario, la variable se sustituye por el número de línea del comando trap y no el número de línea donde se detecta el código de terminación erróneo.

Existe una forma alternativa de pedir al Shell que informe de si un comando acaba con un código de terminación distinto de cero, y este es fijando la opción del Shell **set –o errtrace** (o set –E). Esta opción está disponible únicamente a partir de la versión 3.0 de Bash.

7.4.3 Señal SIGDEBUG

La señal SIGDEBUG, cuando se activa con **trap**, se lanza justo antes de ejecutar un comando. Un problema que tiene esta señal es que no se hereda en las funciones que se ejecutan desde el *script*, por lo que si desea heredarla, tiene tres opciones:

- Activarla con **trap** dentro de cada función.

- Declarar la función con **declare –t**, que hace que la función sí herede el trap.

- Fijar la opción del Shell **set -o functrace** (o set -F), que hace que todas las funciones hereden el trap de SIGDEBUG.

7.4.4 Señal SIGRETURN

La señal SIGRETURN se lanza cada vez que se retorna de una función o se retorna de ejecutar un *script* con *source*. La señal no se lanza cuando se acaba de ejecutar un comando del *script* (a no ser que se ejecute con *source*). Si quiere realizar esto último, debe usar SIGEXIT.

Al igual que SIDGEBUG, la señal SIGRETURN no es heredada por las funciones. Por lo tanto, para hacer que una función herede esta señal, debe declarar la función con **declare –t** o bien activar la opción **set –o functrace**.

7.5 UN DEPURADOR BASH

La mayoría de los depuradores tienen numerosas características que ayudan al programador a seguir paso a paso la ejecución de un programa. Entre ellas está el poder ejecutar y parar el programa en determinados puntos, llamados

puntos de ruptura o *breakpoints*, así como el poder examinar y cambiar el valor de las variables.

A lo largo de este apartado se va a construir un pequeño depurador de *scripts* Bash. Para ello, se utilizan los conceptos aprendidos en los capítulos anteriores.

El depurador a desarrollar dispone de las siguientes características:

- Posibilidad de especificar puntos de ruptura, tanto por número de línea como por condición booleana a cumplirse.

- Posibilidad de ejecutar el *script* paso a paso, lo que se denomina *stepping*.

- Posibilidad de leer y cambiar el valor de las variables del *script* depurado.

- Posibilidad de imprimir el programa con indicadores donde se encuentran los puntos de ruptura, y dónde se encuentra el programa.

7.5.1 Estructura del depurador

El depurador a desarrollar, denominado **bashdb**, recibe como argumento un *script* a depurar, el cual se va a notar como *script* **original**, y lo almacena en otro *script*, que se llama *script* **modificado**, al cual se añade cierta funcionalidad de cara a ayudar a ejecutar el *script* paso a paso. Este proceso es transparente para el usuario.

El depurador consta de tres módulos:

- El *driver* (fichero bashdb).

- El preámbulo (fichero bashdb.pre).

- Las funciones del depurador (fichero bash.fn)

7.5.1.1 DRIVER

El *driver* es el encargado de configurar el entorno y coordinar el comportamiento de los demás módulos para depurar el *script*.

Ejemplo 7.7. Bashdb

```
#!/bin/bash
# Driver del depurador

#Comprobación del número de argumentos
if (( $#<1 )) ; then
   echo "Uso: bashdb <script>" >&2
   exit 1
fi

#Tratamiento del fichero original
_original=$1
if [ ! -r $_original ] ; then
   echo "No se puede leer el fichero $_original" >&2
   exit 1
fi

#Conversión de $1 en $0 y ubicación de los argumentos
#de script original
shift

#Creación del fichero modificado
_tmpdir=/tmp
_libdir=.
_modificado=$_tmpdir/bashdb.$$
cat $_libdir/bashdb.pre $_original > $_modificado

#Ejecución del nuevo script
exec bash $_modificado $_libdir $_original "$@"
```

Bashdb recibe como primer argumento el nombre del *script* a ejecutar, y el resto de argumentos son los argumentos del *script*.

Si bashdb pasa los test iniciales, construye un fichero temporal en el que guarda el *script* modificado, el cual consta del preámbulo y del *script* original. La variable **_libdir** indica el directorio donde están situados los ficheros del depurador. En principio está fijada al directorio actual, pero, una vez acabado el programa, se pueden cambiar estos ficheros a otro sitio (por ejemplo /usr/local/lib).

Para modificar la entrada/salida de todos los comandos posteriores, se hace uso del comando **exec**. Dicho comando también lo puede utilizar para reemplazar el *script* actual que está ejecutando Bash por otro que se le pase como argumento ($_modificado). Esto evita crear un subproceso aparte y ejecutar el *script* modificado en el mismo proceso. El *script* recibe dos argumentos: el directorio de librerías ($_libdir) y el nombre del fichero original ($_original). Observe que todas las variables del depurador se han precedido por guión bajo (_) para reducir conflictos con variables del *script* original.

7.5.2 El preámbulo

El preámbulo se ejecuta antes que el *script* original, y configura este último. Su implementación se muestra en el Ejemplo 7.8.

Ejemplo 7.8. bashdb.pre

```
#!/bin/bash
# Preámbulo

#Recogida de argumentos
_modificado=$0
_libdir=$1
_original=$2
shift 2

#Declaración de variables necesarias
declare -a _lineas
declare -a _lineasbp
let _trace=0

#Activación de SIGDEBUG dentro de las funciones
#del script original
set -o functrace

#Cargado de las funciones
source $_libdir/bashdb.fn

#Cargado en _lineas de las líneas del script original
let _i=0
while read ; do
   _lineas[$_i]=$REPLY
   let _i=$_i+1
done < $_original

#Indica que nada más empezar ejecute la primera
#sentencia del script original
let _steps=1

#Fijación de los traps
trap '_finscript' EXIT
trap '_steptrap $(($LINENO-37))' DEBUG
```

El preámbulo comienza recogiendo los argumentos que recibe el *driver* y aplica un desplazamiento (shift), de forma que **$0** acabe siendo el nombre del *script* original y el resto de los argumentos del *script* se coloquen a partir de **$1**.

Después de esto, declara los *arrays* **_lineas** y **_lineasdb**, que almacenan, respectivamente, las líneas del *script* original y los puntos de ruptura que se vayan fijando. También desactiva la traza (_trace=0). Hecho esto, el bucle **while** carga el *script* original en el *array* _lineas. Estas líneas será necesario tenerlas almacenadas en la memoria por dos razones:

- Para poder mostrarlas junto con los puntos de ruptura.

- Para mostrarlas cuando el modo de trace este activado.

Observe que **read** no recibe como argumento una posición del *array*, sino que se lee la variable $REPLY, ya que se trata de una variable que preserva los espacios que sangran las líneas del *script* original.

Por último, se fijan dos **traps**, una (_finscript) para que, cuando acabe el *script* original, libere el fichero temporal, y otro (_steptrap) para que avance un paso en el fichero original. **_steptrap** detiene el depurador cuando _steps valga cero o cuando esté en un punto de ruptura. **_steps** puede tomar un valor positivo indicando el número de pasos a avanzar (por ejemplo, _steps = 3 indica que se debe avanzar tres pasos y parar); puede ser cero, en cuyo caso detiene el depurador; o puede ser un número negativo, en cuyo caso no detiene el depurador.

7.6 FUNCIONES DEL DEPURADOR

Las funciones del depurador se definen en el fichero **basdb.fn**.

7.6.1 Avanzar paso a paso

La función **_steptrap** es llamada por el Shell cuando se activa el trap SIGDEBUG, después de leer y antes de ejecutar cada línea del *script*. Su implementación se muestra en el Ejemplo 7.9:

Ejemplo 7.9. Función _steptrap

```
#Cada vez que se va a ejecutar una línea
function _steptrap
{
  _lineaactual=$1

  #Sale si llega al final
  if (( $_lineaactual==${#_lineas[@]} || $_lineaactual<0 )) ; then
    exit 0
  fi

  #Imprime la línea adecuada si se esta trazando
  (( $_trace )) && \
  _msg "$PS4:$_lineaactual:${_lineas[$_lineaactual-1]}"

  #Decrementa el número de pasos (si es >=0)
  if (( $_steps >= 0 )) ; then
    let _steps=$_steps-1
  fi

  #comprueba la existencia de un breakpoint
```

```
  #para parar la ejecución
  if _tienebp $_lineaactual ; then
    _msg "Detenido en breakpoint en la línea $_lineaactual"
    _cmdprompt
  elif [ -n "$_condbc" ] && eval $_condbc ; then
    _msg "Se cumplió la condición \'$_condbc\' en la "\
  "línea $_lineaactual"
      _cmdprompt
  elif (( $_steps==0 )) ; then
    _msg "Parado en línea $_lineaactual"
    _cmdprompt
  fi
}

#Imprime los argumentos
function _msg
{
  echo -e "$@" >&2
}
```

Cada vez que se ejecuta esta función, se decrementa el número de pasos a dar antes de detenerse (_steps), siempre que su valor sea mayor o igual a cero. Al llegar a cero es cuando se debe parar.

La función comprueba si se cumple un punto de ruptura (por línea o por condición), en cuyo caso se detiene, mostrando el prompt. También se detiene si el número de pasos (_steps) vale cero. Si no se cumplen estas condiciones, se sale de la función y se ejecuta la siguiente línea.

7.6.2 El menú de comandos

Cada vez que se ejecuta la función **_cmdprompt**, se muestra un prompt en la salida de errores estándar y se ejecutan los comandos introducidos por el usuario, hasta que este abandone (opción q), pida ejecutar sin traza (opción g), con lo que ejecuta hasta encontrar un punto de ruptura o se acabe el programa, o hace ejecución paso a paso (opción s –*stepping*–). La Tabla 7.3 muestra un resumen de comandos del menú (los imprime la función _menu cuando el usuario introduce en el prompt el comando h o ?):

Tabla 7.3. Menú de comandos

Comando	Descripción
bp N	Pone un punto de ruptura en la línea N.
bp	Lista los puntos de ruptura.
bc condición	Para cuando se cumple la condición "condición".

bc	Borra el punto de ruptura condicional.
cb N	Borra el punto de ruptura de la línea N.
cb	Borra todos los puntos de ruptura.
p	Muestra el texto del *script* original junto con los puntos de ruptura y la posición actual.
g	Empieza/continua con la ejecución (*go*).
s [N]	Ejecuta N pasos (por defecto, 1 paso).
x	Activa/desactiva la traza.
h,?	Imprime un menú de ayuda.
!cmd	Pasa el comando cmd al Shell.
q	Salir (*quit*).

Dentro de las funciones no es necesario preceder las líneas por guión bajo, ya que se pueden utilizar variables locales.

El Ejemplo 7.10 muestra la función que recogen los comandos del prompt.

Ejemplo 7.10 Función _steptrap

```
#Recoge los comandos del prompt
function _cmdprompt
{
  local cmd args
  while read -e -p "bashbd>" cmd args
  do
   case $cmd in
     \?|h ) _menu ;;
     bc ) _ponbc $args ;;
     bp ) _ponbp $args ;;
     cb ) _borrabp $args ;;
     p ) _print ;;
     g ) return ;;
     q ) exit 0 ;;
     s ) let _steps=${args:-1}
       return ;;
     x ) _xtrace ;;
     !* ) eval ${cmd#!} $args ;;
     * ) _msg "Comando incorrecto: '$cmd'" ;;
   esac
  done
}

function _menu
{
```

```
_msg 'Comandos de bashdb:
bp N Pone un punto de ruptura en la línea N
bp          Lista los puntos de ruptura actuales
bc cadena   Pone un punto de ruptura con condición cadena
bc          Borra el punto de ruptura condicional
cb N Borra el punto de ruptura de la línea N
cb          Borra todos los puntos de ruptura
p           Imprime el script depurado
g           Empieza/Continua la ejecución
s [N]       Ejecuta N sentencias (por defecto N=1)
x           Activa/Desactiva la traza
h,?         Imprime este menú de ayuda
! cadena    Pasa la cadena al shell
q           Salir'
return 1
}
```

7.6.3 Puntos de ruptura por número de línea

A continuación, se estudian los comandos asociados a los puntos de ruptura en un número de línea.

El comando **bp** llama a la función _ponbp, la cual puede hacer dos cosas:

- Si no recibe argumentos, lista los puntos de ruptura llamando a la función **_print**.

- Si recibe argumentos, fija un punto de ruptura en el argumento dado.

Puede ver la implementación de dicha función en el Ejemplo 7.11:

Ejemplo 7.11. Puntos de ruptura por número de línea

```
#Pone un punto de ruptura o los lista si no recibe parámetros
function _ponbp
{
  if [ -z "$1" ] ; then
   _print
  elif [ -n "$(echo $1 | grep '^[0-9]*')" ] ; then
    if [ -n "${_lineas[$1]}" ] ; then
      local i
      _lineasbp=($(echo $( (for i in ${_lineasbp[*]} $1
      do
       echo $i
      done) | sort -n) ))
    else
     _msg "La línea $1 está vacía"
    fi
  else
   _msg "Debe dar como argumento un valor numérico"
  fi
```

```
}

#Imprime las líneas del script con puntos de ruptura
#indicando además la posición actual
function _print
{
(
  local i     #itera el array _lineas
  local j=0   #itera el array _lineasbp
  local bp=' '        #símbolo del punto de ruptura
  local pos=' '       #Símbolo de posición actual

  for ((i=0; i<${#_lineas[@]} ; i++ ))
  do
   if [ ${_lineasbp[$j]} ] && (( ${_lineasbp[$j] == $i )) ; then
     bp='*'
     let j=$j+1
   else
     bp=' '
   fi

   if (( $_lineaactual == $i )) ; then
     pos='>'
   else
     pos=' '
   fi

   echo "$i:$bp:$pos${_lineas[$i]}"
  done
) | more
}
```

Existen dos problemas que se pueden presentar a la hora de que el usuario introduzca un punto de ruptura:

Que ponga el punto de ruptura más allá de la longitud del *script* original. En este caso, el punto de ruptura nunca se alcanza.

Que ponga el punto de ruptura en una línea en blanco, la cual no produce la señal SIGDEBUG y, al usar el comando g, el programa no se detiene. Por ello, se ha introducido una condición que detecta e informa de este tipo de incidencia (if [-n "${_lineas[$1]}"]).

Después de realizar estas comprobaciones, se podrá añadir el punto de ruptura al vector **_lineasbp**, el cual contiene los números de línea donde el usuario ha definido puntos de ruptura. Para realizar esto, se debe generar un vector con los elementos del vector anteriores más este nuevo elemento ${_lineasbp[*]} $1. Tras esto, el texto se pasa por el comando **sort –n** para ordenar los números y, por último, se genera un vector encerrando la sustitución de comandos entre paréntesis.

Para poder borrar el punto de ruptura, se ha creado la función **_borrarbp**, que muestra el Ejemplo 7.12. Su funcionamiento es parecido al de la función para poner puntos de ruptura (_ponbp).

Ejemplo 7.12. Borrar puntos de ruptura

```
#Borra el punto de ruptura indicado o todos si no
#se le da argumento
function _borrabp
{
  if [ -z "$1" ] ; then
    unset _lineasbp[*]
    _msg "Todos los puntos de ruptura fueron eliminados"
  elif [ $(echo $1 | grep '^[0-9]*') ] ; then
    local i
    _lineasbp=( $(echo $(for i in ${_lineasbp[*]}
    do
       if (($1!=$i)) ; then
         echo $i
       fi
    done) ) )

    _msg "Eliminado punto de ruptura de la línea $1"
  else
    _msg "Debe especificar un número de línea válido"
  fi
}
```

La otra función relacionada con los puntos de ruptura es **_tienebp**, la cual indica si existe un punto de ruptura en la línea indicada como argumento. Esta función es llamada por **_steptrap** cada vez que se ejecuta, con el fin de comprobar si en esa línea hay un punto de ruptura. Su implementación se muestra en el Ejemplo 7.13.

Ejemplo 7.13. Comprobar la existencia de puntos de ruptura

```
#Comprueba si la línea pasada como argumento tiene
#un punto de ruptura
function _tienebp
{
  local i

  if [ "$_lineasbp" ] ; then
    for (( i=0; i<${#_lineasbp[@]} ; i++ ))
    do
       if (( ${_lineasbp[$i] == $1 )) ; then
         return 0
       fi
    done
  fi

return 1
}
```

7.6.4 Puntos de ruptura condicionales

El depurador proporciona otro medio para detener el *script* original: usar un **punto de ruptura condicional**, que es una cadena especificada por el usuario que se evalúa como un comando (mediante eval). Si la condición se cumple (el código de terminación es cero), el depurador se detiene (se ejecuta _cmdprompt).

Esto permite, por ejemplo, ver cuándo una variable alcanza un determinado valor (por ejemplo, `(($x<0))`) o cuándo se ha escrito un determinado texto a fichero (`grep texto fichero`).

Para fijar esta condición, se utiliza el comando **bc cadena**. Para eliminarla, utilice **bc** sin argumentos, lo cual coloca la cadena vacía que es ignorada por la función **_steptrap**, que, a su vez, solo evalúa aquellas cadenas que no son nulas.

La función **_ponbc** se encarga de quitar y poner el punto de ruptura. Puede ver la implementación de la misma en el Ejemplo 7.14.

Ejemplo 7.14. Poner/quitar puntos de ruptura

```
#Pone o quita un punto de ruptura condicional
function _ponbc
{
  if [ -n "$*" ] ; then
   _condbc="$*"
   _msg "Punto de ruptura condicional para: \'$*\'"
  else
   _condbc=
   _msg "Punto de ruptura condicional desactivado"
  fi
}
```

7.6.5 Trazar la ejecución

Para fijar la traza de la ejecución, Bash dispone del comando **set -o xtrace**. El problema es que si se activa dicha variable, se trazaría incluso el comportamiento del depurador. Para evitarlo, dentro de la función **_steptrap** se comprueba el valor de la variable **_trace**, de modo que si está activada, se mostrará un mensaje de traza.

```
#Imprime la línea adecuada si se esta trazando
(( $_trace )) && \
_msg "$PS4:$_lineaactual:${_lineas[$_lineaactual-1]}"
```

La función _xtrace del Ejemplo 7.15 se encarga de modificar el valor de este *flag*.

Ejemplo 7.15. Xtrace

```
#Cambia el valor del flag _trace
function _xtrace
{
  let _trace="! $_trace"
  if (( $_trace )) ; then
    _msg "Traza activada"
  else
    _msg "Traza desactivada"
  fi
}
```

7.7 EJEMPLO DE EJECUCIÓN

Para demostrar cómo funciona el depurador, suponga que tiene el siguiente *script*:

Ejemplo 7.16. Prueba.sh

```
a=0
echo "El valor de la variable a es $a"
a=1
echo "El valor de la variable a es $a"
```

A continuación, se muestra un ejemplo de la ejecución del depurador para este *script*.

```
programacion@shell:~$ ./bashdb.sh prueba.sh
Parado en línea 0
bashbd>x
Traza activada
bashbd>p
0: :>a=0
1: : echo "El valor de la variable a es $a"
2: : a=1
3: : echo "El valor de la variable a es $a"
bashbd>bp 2
bashbd>p
0: :>a=0
1: : echo "El valor de la variable a es $a"
2:*: a=1
3: : echo "El valor de la variable a es $a"
bashbd>s
+ :1:a=0
Parado en línea 1
bashbd>g
El valor de la variable a es 0
+ :2:echo "El valor de la variable a es $a"
Detenido en breakpoint en la línea 2
bashbd>g
+ :3:a=1
El valor de la variable a es 1
```

7.8 EJERCICIOS PROPUESTOS

1. Localice los errores del siguiente *script*.

```
#!/bin/bash
#Depurame.sh

if ( $(whoami) -ne root ) ; then
   echo "Debe ser root para ejecutar el script"
   exit 1
fi

echo "El root es todopoderoso"
```

2. Realice el trazado del siguiente *script*, utilizando el depurador desarrollado en la unidad.

```
#!/bin/bash
echo "Comenzando..."

if [[ $1 -eq 10 ]] ; then
   if [[ $2 -eq 100 ]] ; then
     echo "Hacer algo"
   fi
fi
```

3. Trazado interno condicional. Ejecute el siguiente *script* con el valor de la variable _DEBUG en *on* y en *off*, y compruebe qué sucede.

```
#!/bin/bash
_DEBUG="on"
function DEBUG()
{
   [ "$_DEBUG" == "on" ] && $@
}

DEBUG echo 'Depurando...'
DEBUG set -x
a=2
b=3
c=$(( $a + $b ))
DEBUG set +x
echo "$a + $b = $c"
```

Recuerde

En la página web del libro podrá encontrar los ejercicios resueltos.

ÍNDICE ALFABÉTICO

A

Administración de usuarios 190
Anacron 162, 174
Archivos de configuración del usuario 207
Archivos de inicialización 205
At 162, 177
Awk 70

B

Bash 19, 21
Batch 162, 177
Break 129

C

Case 118
Cat 212
Cauces 67
Cd 211
Chage 196
Chfn 194
Chgrp 230
Chmod 228
Chown 229
Comandos empotrados 23
Continue 129
Cp 211, 212
Cron 162, 163
Crontab 164
Csh 20

Cut 68

D

Depuración 269

E

Entrada y salida estándar 60
Expansión 99
Expresiones 86

F

Filtros 67
Find 211, 212
For 121
For in 122
Ftp 237
Funciones 132

G

Gawk 70
Gpasswd 198
Groupadd 198
Groupdel 198
Groupmod 198
Groups 198
Grpck 199
Gzip 225

I

If 110
If … then … elif 117
If … then … else 113

K

Ksh 19

L

Less 212
Línea de comandos 23, 55
Locate 211, 212
Ls 211

M

Matrices 85
Metacaracteres 24
Mkdir 211
More 212
Mv 211, 212

N

Newgrp 199

P

Passwd 195
Permisos 226
Programación de tareas 164
Puntos de ruptura 282
Pwck 197
Pwd 211

R

Recursividad 136
Redirección 33

Rm 211, 212
Rmdir 211
Rsync 243

S

Scp 247
Script 24, 80
Select 130
Señales 272
Sh 19
Shell 17
Sistema de ficheros 209
Sort 69
Ssh 231

R

Tar 222
Tcsh 20
Tee 67
Touch 212
Trazar la ejecución 285
Tree 211

U

Ulimit 194
Until 128
Useradd 191
Userdel 194
Usermod 193

V

Variables 81
Variables de entorno 38

W

Wall 208
While 126

www.ingramcontent.com/pod-product-compliance
Lightning Source LLC
Chambersburg PA
CBHW082036230426
43670CB00016B/2671